地球を翔《かけ》た異風者《いひゅうもん》

古賀武夫伝

橋本和喜

石風社

地球を翔《かけ》た異風者《いひゅうもん》　古賀武夫伝◉目次

プロローグ　7
第一章　泣き虫　11
第二章　悪友　25
第三章　バンカラ　39
第四章　自立　51
第五章　留学　63
第六章　結婚　95
第七章　地球市民の会　103
第八章　アジアへの視線　119
第九章　テラトピア　139
第十章　同志　159
第十一章　道場　177

第十二章　酒　195
第十三章　人間の翼　213
第十四章　ミャンマープロジェクト　225
第十五章　家族　233
第十六章　零戦　253
第十七章　夢の学校　265
第十八章　いのちのまつり　275
第十九章　病魔　285
第二十章　受け継がれる魂　311
エピローグ　326
あとがき　328
古賀武夫の歩み　332

地球を翔《かけ》た異風者《いひゅうもん》

古賀武夫伝

プロローグ

平成二十年三月十九日、斎場となった北佐賀装苑のホールは千五百人を超える弔問客で埋め尽くされた。祭壇には、詰襟の黒服を着てにっこり微笑む古賀武夫の遺影。それを見上げ、佐賀県知事の古川康（現自民党衆議院議員）は、友との昔日を懐かしむように弔辞を読み上げた。

古賀さんは、ほかの誰とも違う人でした。「桃太郎」のようでした。背中に「日本一」の旗をつけ、いろんな仲間を引き入れ、ピュアな思いで世間の荒波を乗り越えて、いろんなことにチャレンジしておられました。うまくいったものもあれば、なかなかそうはいかなかったものもありました。そのたびに、周りはハラハラし、ドキドキし、でも、結果にかかわらず、怒る人はいませんでした。みんな古賀さんのことが大好きだったからです。

古賀さん、零戦の復元のこと、覚えておられますか？


「平和のシンボルとして零戦ば復元するけん、協力してくれんね」と言われましたよね。

「わかりました、資金のめどはあるとですか」

「いや」

「復元したらどこに置くのかあてはあるとですか」

「いや」

驚いていたら、古賀さんはこう言われました。

「零戦ば作ってしもうたら、どっかに置かんばけんが、なんとかなるさ」

さらに私にこう言われましたよね。

「古川さん、先ばっかり考えよったらなーんもできんよ。まずやってみる。やっているとと助ける人が出てくる。やってみる前から助けてくれる人はおらん。やってみらんば。やってみたらなんとかなるて」

日本一の男、古賀武夫。私たちはあなたと同じ時代を生き、一緒の空気を味わうことができました。いまどきの日本にこういう男がいるのかと思わせるような人でした。

(中略)

古賀さん。私たちは今あなたに、あなたがお好きだった言葉を贈ります。

いのちのひかりは　どこまでもとどく　今も昔も照らしてきたよ
これからずっとずっと　照らしていくよ　いのちをありがとう!

多くの人にとって大事な先輩であり友人であり恩師だった古賀武夫さん。古賀さんと一緒だった情景を思い起こすと、古賀さんはいつも笑っておられました。なんでもないことが古賀さんと一緒にいると愉しく感じられました。その笑顔を私たちの胸にしまいつつ、心からご冥福をお祈り申し上げ、お別れといたします。

古川は、佐賀大学教育学部附属中学の出身で、古賀武夫の八年後輩にあたる。平成十五年、自治省（現総務省）を退官して佐賀県の知事選に打って出たとき、古賀武夫は第一回の総決起大会に駆け付けて締めの挨拶をした。

「みなさん、心配はいりません、案ずるより古川やすし!」

得意の親父ギャグを飛ばして会場を沸かせたが、あれではいけないと選挙スタッフからクレームがついた。

来場者の志気を煽るような、何か心に残るような、古賀さん、そういうことを言ってくれんば。大会のもつ意味を滾々《こんこん》と説き、この次は「ちゃんとした挨拶を」と念押しした。投票日直前の最後の決起大会。再び壇上に立った古賀武夫は、前回にもまして元気な声を張り上げた。

「案ずるより古川やすし！！」

結果は、まさしく「案ずるより」になった。

佐賀の県民性を表す言葉に「いひゅうもん」がある。漢字で「異風者」と書き、変わり者、頑固者の意味がある。あるいは「ふうけもん」という言葉がある。「風狂者」と書き、馬鹿者、お調子者といった意味がある。この点からすれば、古賀武夫は、まさしく佐賀男児を象徴する人物といってよいかもしれない。ただ、右の弔辞にあるように、この男は、ほかの誰とも違う人だった。いひゅうもんやふうけもんの気質をもった同郷の仲間たちでさえ、彼を「奇人、変人」呼ばわりした。それほどまでに並みはずれた強い個性の持ち主だった。

認定NPO法人「地球市民の会」。古賀武夫はこの民間団体を率いて半生を社会貢献活動にささげた。生まれ故郷の佐賀を地球の中心と定め、ここから世界に向けて発信し、行動を起こした。人間教育、地域活性、国際交流、国際協力、地球救済と活動内容は多岐にわたる。たゆまざる活力の源は酒、武器は語学と空手。追い求めたものは「本物の豊かさ」。世界中の人々が真の豊かさを手に入れ、地球上に笑顔が満ち溢れることをひたすら願って国内外を駆け巡った。

数多《あまた》ある行跡の中で、とりわけ突飛とされた一つが「零戦」の復元である。戦後五十周年に当たる平成七年、彼は、プロ野球界でただ一人の神風特攻隊員・石丸進一の短い生涯を描いた戦争映画の製作に関わることになる。「世界平和のためなら」と製作・上映資金の調達を請け負い、借金まみれになりながら映画を完成へと導いた。上映後、映画で使われたゼロ戦の模型は京都の映画関係者のもとに十年間保管された。「ボロボロだから廃棄したい」と連絡を受けたとき、彼はこれを引き取り、平和のシンボルとして甦らせることを思い立った。映画同様、復元には莫大な費用が要った。資金調達はままならなかった。戦争を美化する行為だと批判され、その奇行を笑われた。それでも彼は賛同者を求めて駆けずり回った。古川が弔辞の中で述べたエピソードは、金策に追われていたころの一時を切り取ったものである。

やってみらんば。古賀武夫の行動はつねにこの一言から始まった。ひとたび行動を起こせば、実現するまでやり抜いた。その過程には、いつでも夢、情熱、感動があふれていた。

グローバル時代を先取りし、人・地域・国の境を超えて「笑顔」の種蒔きをした九州の雄。笑いあり、涙あり。五十七年に濃縮された人生の軌跡をここに振り返る。

第一章　泣き虫

佐賀市県道30号線。JR佐賀駅方面に向かって大財《おおたから》通りを東に折れた高木町の一角に「地球平和道場」の看板を掲げた二階建ての建物がある。一階に広さ百畳の空手道場。吹き抜けの玄関を上がった二階に多目的ラウンジ。建物内からは、連日、道場生の気合の声や地域住民らの笑い声が響き渡ってくる。

かつてこの敷地内には、古い日本家屋と歯科医院の洋風家屋が隣接していた。両家の間には柿と桃とぶどうの木が植えられ、日本家屋の庭にはポンプでくみ上げる井戸があり、産み立ての卵をとる鶏小屋があり、ナスやトマトを収穫する畑があった。家の脇を日蓮宗・観照院の細長い参道が延び、家の裏口には一跨《また》ぎで渡れる小川が流れていた。

日本家屋の一階には十畳と六畳の板間、八畳（二間）と六畳と四畳の和室。二階は、階段をのぼった手前から廊下伝いに六畳、八畳、四畳半（床の間半畳）の和室。一階の十畳の板間には硬式用の卓球台が据えられ、六畳の板間にはそれより一回り小さい軟式用の卓球台が食卓代わりに置かれていた。

戦後から昭和の経済成長期、一家の暮らしが営まれたこの日本家屋で、古賀武夫は一九五〇（昭和二十五）年三月二十八日に産声を上げた。父の漸《すすむ》にとっては第一子、母の玿江《たまえ》にとっては六番目の子。七人きょうだい（五男二女）の四男坊として戸籍上に名を連ねる武夫の人生は、母の連れ子である五人の姉兄たちを見上げながらの幕開けとなった。

母・玿江

武夫は複雑な家庭環境に育った。それは彼を産んだ母親の特殊事情によるものである。母の名は玿江といった。王を召すと書いて「たま」と読む。「美しい玉」の意味がある。これに江戸の江がついて「たまえ」。名のとおり、珠玉の美しさに江戸っ子のきっぷを兼ね備えたような女丈夫だが、その気質は武夫にも受け継がれた。

玿江は、大正元年八月二十八日、父・堀内善次郎と母・武藤ヤスの次女として生まれた。父の善次郎は長崎県東彼杵《そのぎ》郡の郷士の出身。医者と歯医者を兼業するかたわら、粉石鹸や花かつおの考案、朝鮮での金鉱山採掘など、さまざまな事業に着手したアイデアマンであり、地元の人たちからは「堀内さま」と慕われた。いっぽう、母のヤスは佐賀市大財町の名刹・佛心寺（黄檗禅宗）の系譜を引くお嬢様で、品格が高く教育熱心なことで知られた。

玿江は長崎に生まれ、幼少のころに佐賀市に移り住んだ。市立勧興《かんこう》小学校に通っていたころからお勉強のよくできる子として一目置かれ、昭和四年には難関の県立佐賀高等女学校（佐高女）に進んだ。佐高女では髪をショートカットにし、男物の自転車を乗り回して同校の自転車通学第一号となった。新しもの好きのハイカラお嬢さん。周囲は「おなてん（おてんば）」とはやし、本人は本人で女バンカラを気取った。

医業に携わる家系であったから、玿江も佐高女に入学した当初から内科医になろうと腹に決めていた。ところが、卒業の前年、東京の女子医大を目ざして勉学に励んでいた矢先、腹膜炎を起こして一年間の休学を余儀なくされた。結局、これがもとで医者の道を断念せざるを得なくなった。

五人の子持ち

昭和六年三月、玿江は佐高女を卒業すると同時に呉服の行商をしていた古賀卯之吉（佐賀県三養基《みやき》郡中原村出身）と見合いで結ばれた。十八歳。当時の女性の平均初婚年齢（二十三～二十四歳）からしてもかなりの早婚といえるが、翌年には早くも長女・広栄《ひろえ》を出産し、翌々年には長男の嘉茂（のちに改名して眞佐夫）をもうけた。昭和十二年に次女の文子、昭和十四年に次男の学、昭和十七年には三男の和夫と、三男二女の子宝に恵まれた。

戦後の混乱のなか、夫の卯之吉は古物市場に出て昼夜兼行で働いていたが、昭和二十一年の十二月、脳溢血で倒れて不帰の人となった。四十五歳。いちばん上の広栄は附属中学の三年生（十四歳）、末っ子の和夫は四歳になったばかりだった。

玿江は五人の子供を養うために、亡き夫の仕事を引き継いで古物市場に出かけるようになった。裕福な家庭で自由奔放に育ち、結婚後も稽古事にうつつを抜かしていたかつての「おなてん」も、海千山千の男どもの巣窟で商売する姿はいかにも危うかった。だが、ほどなく救世主が現れる。重い荷物に難儀していると、ひょいと持ち上げてくれる。商売のコツも一つひとつ伝授してくれる。そういうことが度重なるうちに、いつしか親切な若い男に恋心を抱くようになった。男の名は小林漸《すすむ》といい、玿江より四つ年下だった。

漸は父・小林竹一と母・イソの長男として佐賀市多布施《たぶせ》に生まれた。小学校を卒業するとすぐに熊本の衣料問屋に丁稚奉公し、二十代で番頭に上り詰めた。戦中は二度応召し、ノモンハンの近郊で国境警備に当たり、炊事兵も務めた。台湾で終戦を迎え、復員後しばらく女性と同棲していたが、玿江との出会いを機に別れ、昭和二十二年に古賀家に婿入りした。このとき玿江は三十七歳、漸は三十三歳だった。

上は思春期真っただ中の多感な年頃、下は物心つくかつかぬかの洟《はな》垂れ小僧。五人の子供たちは、それぞれ複雑な思いで新しい父親を迎え入れた。「よくもまあ、五人の子持ちを受け入れてくれたものだ。俺にはとても真似できん」。長男の眞佐夫には、漸のとった行動がにわかには信じられなかった。他のきょうだいにしても、驚きや戸惑いのほうが大きく、すぐに馴染むというわけにはいかなかった。

教育ママ

漸と再婚してから玿江の生活態度は一変した。商売に精出すあまり、子供たちの養育を顧みなくなった。それまでの玿江といえば、それこそ絵に描いたような教育ママであった。たとえば長女の広栄が附属小学校で学んでいたころは、毎週水曜日になると欠かさず授業の様子を見に行った。体の具合はどがんか、わからんところはなかかね。娘の机に張り付いてあれこれ指図し、何事もなければ安心したように教室から出ていった。

長男の眞佐夫は、附属小学校二年のときに玿江から大目玉を食らった。一学期の通知表で算数の欄に初めて「乙」がついた。幼稚園に通っていたころから電気じかけの電車のおもちゃを分解するような早熟の子。「この子には工学の才がある」と見込んでいた玿江の落胆ぶりは大きかった。それで夏休みには算数の猛特訓。「がんばらんば」と容赦がなかった。後年、眞佐夫は、小学校の同窓会で、恩師から「おまえのお母さんは教育熱心やったねえ」と、皮肉交じりに言われた。自分の顔は忘れられても、「古賀」と名乗っただけで、すぐに玿江のことが口の端にのぼった。それほど学校では有名な母親だった。

昭和二十四年ころから景気は徐々に上向き、古物市場の開かれた松原神社の境内は卸商や小売業者で活気に満ち溢れていた。そのなかに玿江と漸の姿もあった。戦後の物資不足も手伝って背広や着物が飛ぶように売れた。夫婦は仕入れや売掛の集金などで猫の手も借りたいほどの忙しさだった。そうしたなか、昭和二十五年の年が明けると、玿江の腹の膨らみが目立つようになった。

真っ赤っか

桜の見ごろを迎えた三月二十八日、佐賀市の上空は朝から青く晴れ渡っていた。お昼時、一階の居間にいた小学二年の和夫は、「生まれたあ」という声を聞いて跳びあがった。ドタドタと階段を駆け上がって一番手前の六畳の間に足を踏み入れると、生まれたばかりの赤ん坊が母親の傍らに寝かされていた。

「ありゃあ、ほんまに真っ赤やなあ」

自分にとって初めての弟は、文字通り、顔も体も真っ赤っかの赤ちゃんそのものだった。武夫は八〇〇匁（約三千グラム）の健康体でこの世に生まれ落ちた。「皇太子が生まれよったねえ」と、お手伝いのヒデが感慨深げに言うのを耳に入れながら、和夫はすやすやと眠っている弟の寝顔にいつまでも見入っていた。

その年の初節句（端午の節句）には家の軒先に何本もの幟がはためいた。待望の初孫の誕生とあって、漸の両親はまさに万々歳の喜びようで、兜飾りやら武者人形やら、お金に糸目をつけずに派手な祝いをした。

羽振りがよかったこの当時、家には漸の母・イソとお手伝いの岩崎ヒデ、吾郎の親子が同居していた。岩崎親子は神戸で小料理屋を営んでいたが、戦災で焼け出され、武雄《たけお》市の知人宅に身を寄せていた。ヒデは若かりしころ花柳界に身を置いていたこともあり、芸達者な玿江とは気が合った。息子の吾郎も旅館の調理場で修業を重ね、料理の腕は確かだった。子供の養育に手が回らなくなった玿江にとって、二人に住み込みで働いてもらうことは、何かにつけ好都合だった。

玿江は産後の肥立ちもままならぬうちに古物市場に繰り出し、朝から出ずっぱりで帰宅も遅かった。武夫とゆっくり触れ合えるのは授乳のときくらいで、そのお乳も容器に絞って出かけることが珍しくなかった。そうであったから、ヒデは武夫の養育を自分の使命と受け止め、イソが嫉妬するほどの溺愛ぶりを示した。昭和二十七年に弟の芳夫が生まれると、「たけぼう（武夫）は私、よしぼう（芳夫）はおばあちゃん」と養育の役割をイソと分担し、ますます武夫に熱を注いだ。武夫は武夫でヒデになつき、四六時中そばから離れなかった。

ばあや、ばあや

三歳になった武夫は、家からほど近い高木町の藤影幼稚園に入園した。入園式を無事に済ませ、順調な滑り出しを見せたが、三日目、ヒデが幼稚園に送り届けて帰ろうとすると、「ばあや、ばあや」と後追いし、そのまま家に戻ってきてしまった。翌朝も出がけに駄々をこね、「（幼稚園に行くのは）いやだ、いやだ」とヒデにしがみついた。人見知りが激しく、一度泣き出したら手に負えない。玿江もヒデも困り果て、結局、通わせるのは無理だと諦めた。武夫の通園生活はわずか三日で幕を下ろした。

武夫のヒデに対する思慕の強さは、傍目には母親に対する以上のものだった。ある日のこと、育児を巡って玿江とヒデが激しく衝突した。

「ヒデさん、あんまい、甘やかさんでくんしゃい」

「なんば言いよっか。あんたがようせんけん、たけぼう、寂しがっとろうもん。気に入らんなら、あんたの好きにしたらどがんね。わしら出ていきんしゃい」

「ああ、そうしんしゃい。今すぐ出ていきんしゃい！」

派手にやり合った後、岩崎親子は荷物をまとめて出ていった。シーンと静まり返った家に後味の悪い余韻が残った。ふと気づくと、武夫の姿が見当たらない。居合わせた家族は騒然とし、「さあ、探せ」となった。手分けして近所を駆けずり回ったものの、どこへ行ったものやら影も形も見えない。三男の和夫が勘を働かせて白山商店街まで足を延ばすと、いた、いた！　武夫は呉服屋の前で、半べそをかきながらうろうろしていた。「ばあや、ばあや……」。

和夫は泣きじゃくる武夫をなだめて家に連れ戻した。岩崎親子も呼び戻されて一件落着したが、こうした騒動は大小取り混ぜてその後もたびたび繰り返された。ちなみに、ヒデは昭和四十四年に八十三歳で亡くなるまで、吾郎は昭和四十九年に六十九歳で亡くなるまで、古賀家の住人として武夫の成長を見守ることになる。

剣道を習うも一年で挫折

幼少期の武夫はコロッと太っていたが、体はそれほど丈夫でなかった。兄の学と和夫が街区にある杉町道場で柔道を習い、めきめき力をつけていくのを見て、ヒデは、「たけぼうにも体力をつけさせんば」と剣道を習わせた。近くの豆腐屋のお兄さんが毎朝呼びに来て、朝稽古に連れて行ってくれた。見よう見まねでそれなりの型も身につき、冬の寒稽古も何とか乗り切ったかに見えたが、結局、この試みも一年あまりで頓挫した。いやだいやだの泣き癖はなかなか治らなかった。

武夫は運動よりもむしろ家での遊びを好んだ。粘土細工に夢中になり、戦車や動物などを器用に作り上げた。絵も好んで描いた。そうなったのは弟の芳夫の影響が大きい。玿江は武夫が三日で退園したのに懲りて、芳夫を幼稚園に通わせなかった。そのため芳夫は小学校入学後、他の子供たちが苦もなくできる「お絵描き」の仕方がよくわからなかった。それで玿江は大学生の家庭教師を雇い、勉強のついでに絵も習わせた。このとき武夫も興味を示して弟の横に座った。芳夫はさっぱりうまくならなかったが、兄のほうはどんどん腕を上げ、暇があればクレヨンを手にするようになった。

武夫は弟の面倒見がよく、一日中一緒にいても喧嘩することがなかった。天気の良い日は松原神社の境内に連れて行き、日が暮れるまでメンコやビー玉に興じた。腹がすけば近所の駄菓子屋から焼き芋を買ってきて二人で食べた。賄いの吾郎さんが台所に小銭入れを無造作に置いておくので、そこからくすねることがよくあった。

二八水でどん底生活

「うちはねえ、一日にこれだけ儲かりよっとよ」

　玿江は商売の売掛帳をときどき子供たちに見せることがあった。小学生の和夫は、手書きされた五桁の数字の意味もわからぬながら、「うちは」と近所の子供たちに振れ回った。たちまち「あそこはすごか」と噂になった。武夫がヒデの袖を引いて甘えていたころ、家の商売は隆盛を極め、売上高が新聞に載るほどだった。しかし、弟の芳夫が生まれて一年もすると、一家の暮らしは一気に暗転する。

　昭和二十八年、六月二十六日から二十九日にかけて九州北部を集中豪雨が襲った。筑後川や嘉瀬川などの河川が氾濫し、福岡や佐賀・熊本・大分の流域一帯が大水に浸った。死者・行方不明者一〇〇一人、浸水家屋四十五万棟、被害者数約一〇〇万人。世にいう「二八水《にはちすい》」（昭和二十八年西日本水害）である。

　九州史上まれにみる大水害は、玿江と漸の商売にも壊滅的被害をもたらした。取引先の多くが被災し、「人のいい」漸の性情も災いして売掛金の回収が不能になった。これにより夫婦は一千万円の負債を抱え、廃業に追い込まれた。昭和二十九年、武夫が五歳のときである。

　水害は一家の生活を丸ごと変えた。支払いの滞った電気とガスを止められ、しばらくして水道も不可となった。庭にある井戸は汚染されて飲用に適さないため、飲み水は観照院の門口にある共同ポンプを利用した。風呂用の水は家の井戸水を浄化槽に汲みとり、それを水槽にためてからバケツで浴槽に移した。飲み水を汲みに行くのも、風呂に水を運んで沸かすのも子供たちの重要な日課になった。

　家の窮乏は武夫が小学校に入ってからも解消されることはなかった。家にいると、見知らぬ男たちがズカズカと上がり込んできて、タンスと言わず、テレビと言わず、あらゆる家具に赤い紙をペタペタ張っていった。

　そのころ弟の芳夫は、お昼どきになると循誘《じゅんゆう》小学校に出かけて行くのが習慣になっていた。校舎の前で一人ぽつねんとしていると、武夫のクラスメイトが呼びに来て給食を分け与えてくれた。兄が学校でどんな話をしていたのかわからないが、級友たちは「飯が食えない事情」をよく知っているようだった。

新店舗「新古賀」が大繁盛

武夫たちが耐久生活を強いられている間、玿江は商売を再興するための金策に走り回っていた。佐賀市内にある老舗の金融機関に当たったが、どこからもすげなく断られた。当時の一千万円は個人商売が抱える負債額としてはあまりにも大きすぎた。だが、玿江は諦めなかった。知人に足の裏の相を鑑定してもらったとき、「あんたは金蔵《かねぐら》をもっている」と言われた。その言葉を頼みの綱とし、天恵を待った。

当時、佐賀市内には新しくできたばかりの金融機関が一つあった。昭和二十四年創設の佐賀信用金庫。玿江は一か八かで飛び込んだ。応対したのは森と名乗る男性幹部。これがかなりの堅物で、玿江の希望する融資額に頑として応じなかった。「これ以上は無理」。言われて玿江は啖呵を切った。

「森さん、あんたが貸さんていうなら、私、ここで首ば、かっ切るとよ」

のちに豪傑で勇名を馳せる専務理事もこの一言で折れざるを得なくなった。運転資金を手に入れた玿江はこのときの恩義を忘れず、以後、取引金融機関は佐賀信用金庫一本のみで通した。

昭和三十年、夫婦は高木町の一角に「古賀質店」を開業した。商売はまた忙しくなり、一時のどん底生活もしだいに過去のものとなっていった。

開業から二年後の昭和三十二年には、長女の広栄がテーラーの川松靖史と結婚し、次女の文子も同じ年に祐徳バスに勤める草場重治のもとに嫁いでいった。長男の眞佐夫は明治大学工学部建築学科を卒業後、大阪の工務店に勤めたが、不況の煽りを受けて倒産したため、佐賀に帰って家業を手伝った。次男の学は佐賀商業高校、三男の和夫は附属中学校、そして武夫は循誘小学校に通い、やんちゃ坊主としての本領を発揮しはじめていた。

昭和三十四年、夫婦は新馬場通り（現松原町三丁目）の貸店舗を借り受け、小売と質屋を兼ねた「新古賀」をオープンした。先に働いていた長男に佐賀商業を卒業した次男が加わり、店はかつての活況を取り戻した。

新装なった店舗でも羅紗《らしゃ》の背広や着物がよく売れた。年中無休、千客万来。仕入れても仕入れても追いつかず、品物はたちまち底をついた。大晦日も裾上げを待つ客や集金に来た業者でごったがえし、元旦の四時まで店を開けた。いったん店を閉じて家に戻ると、一族を迎えて盛大な新年の祝いをし、それが終わればまた引き返して店を開けた。着物は仕入れ値の三～五倍、宝石類は二～三倍。売れに売れてビルの一～二軒が建つほどの儲けを出し、玿江は倒産時の憂さを晴らすかのように、近所の料亭「千鳥」で豪遊を重ねた。

離婚騒動

武夫が市立循誘小学校に入学したのは、昭和三十一年である。学校は家から子供の足で一〇分足らずの距離にあったが、武夫は正規の通学路を使わず、家の裏口から出て、小川をポイと飛び越えて通った。すでに人見知りは消え、入学後はクラスに多くの友達をつくった。やんちゃぶりもこのころから発動されるが、それは好奇心旺盛な性格の発露でもあった。

小学二年のある日、武夫は馴染みのエイジ写真館に一人で出かけて写真を撮ってきた。兄の和夫が何をするのかと見ていると、一枚の書類を添えて郵便封筒のなかに忍ばせた。送り先は東京の某映画会社。子役の募集に応募したのだった。牛島天満宮の秋の例祭でお稚児さんに選ばれたとき、ヒデの口から「可愛いかあ」とため息が漏れたほどの愛くるしい目鼻立ち。吾郎さんに唆《そそのか》され、本人もその気になってチャレンジしてみたが、結果は不採用。とりあえず「役者」の道はお預けとなった。

そんな無邪気な日を送っていた武夫をよそに、玿江と漸は相も変わらず商売に入れ込んでいた。水害の痛手を振り払い、一蓮托生で「古賀質店」を「新古賀」に新装したのは武夫が小学四年に進級した年だったが、同じ年、どういう経緯からか、離婚沙汰を起こした。

夜、芳夫と一階の和室で寝ていると、隣の部屋から二人の言い争う声が聞こえてきた。別れるとか別れないとか、激しい口調でやり合っている。その喧嘩が止むと、突然、襖がガラッと開いて漸が入ってきた。武夫と芳夫は外に連れ出され、そのままタクシーで多布施にある父の実家まで運ばれた。何があったか事情もわからぬまま、武夫は不安の中で眠りについた。翌朝、五時ころに目覚めると、急に玿江のことが心配になった。矢も盾もたまらなくなり、芳夫を叩き起こした。

「おい、いまから帰るけん」

寝間着のまま連れ出されたので、着替えも履物も持ち合わせていなかった。父に見つからぬよう家をそっと抜け出し、裸足で四キロの道のりを走って帰ってきた。

その日の夕方、子供たち全員が玿江の前に集められた。

「もし、お母ちゃんが離婚したらどっちに付くか」

上の姉兄たちはみな母に付くと答えた。武夫も「お母ちゃん」と答えた。芳夫だけが違うことを言った。芳夫は、異父きょうだいがそう答えるのは当然と思ったが、武夫兄までそれに与《くみ》したことに少し不満を覚えた。その不満は、離婚話が立ち消えになった後も、ずっと尾を引いて胸の中でくすぶり続けた。

勉強の筋がいい

食卓代わりに使っていた軟式用の卓球台とは別に、家には本格的な練習ができる硬式用の卓球台も備えてあった。暇を見つけてはきょうだいで球を打ち合ったが、とりわけ熱心だった長姉の広栄は国体に十年連続で出場するほどの実力をつけ、のちに佐賀県卓球協会の会長まで務めた。学究肌の眞佐夫を除き、姉や兄たちはみなスポーツ万能だった。体格に勝る学と和夫は柔道では向かうところ敵なしの強さを見せ、また体力に物を言わせて野球にも打ち込んだ。武夫は、二人の兄が観照院の参道にマウンドをつくってピッチングの練習をするのを羨望の目で眺めていた。

姉や兄たちは成績も優秀で、みな附属小学校から附属中学校へと、エスカレーター式のコースを辿った。それを知ってか知らずか、武夫は市立の小学校でやんちゃを繰り返し、勉強の評判よりも、「うるさくて手に負えない」という悪評のほうを際立たせた。家では少年漫画に耽り、机に向かっているかと思えば漫画のキャラクターを描いているようなていたらく。教育係として年下の面倒を見ていた長男の眞佐夫は、勉強のほうはどうなっているのかと、武夫の悪評が届くたびに心を痛めていた。

武夫が小学六年になると、御厨《みくりや》という担任の先生がちょくちょく家を訪ねてきた。家庭訪問という堅苦しいものではなく、要は父の漸と酒を飲んで歓談するのが目的だった。御厨先生が来ると、武夫と芳夫は二人のそばに座って話を聞いた。陽気で話題が豊富な先生の話はいつ聞いても面白くてためになった。その御厨先生が、「武夫君は勉強の筋がいい」と褒めるのを芳夫は聞き逃さなかった。兄貴はいったいいつ勉強しているんだろう。一緒に寝起きしているのにまるでわからなかった。

小学六年の二学期、武夫は突然、「附属中学に行きたい」と言い出した。親も姉兄たちも仰天したが、それ以上に、やっとやる気になったと喜んだ。附属中学に行くためには外部受験して上位百人の中に入らなければならない。やってみんしゃい、受けんしゃい。玿江もかつての教育ママの顔を取り戻して武夫の背中を押した。

第二章　悪友

日本でいちばん不幸な中学一年生

昭和三十七年四月、武夫は佐賀大学教育学部附属中学校への入学を果たした。一クラス五十名の四クラス編成で一学年二百名。このうち附属小学校からの内部進学組が百名、残り半分が受験で合格した外部からの入学組だった。

武夫は一年四組に編入された。このクラスに同じ外部入学組で生涯の友となる佐久間博がいた。佐久間は化粧品店を営む家に生まれ、市立の観興《かんこう》小学校を卒業していた。

佐久間は武夫を見た当初から「妙なやつ」だと感じていた。学生服の胸ポケットに万年筆を四本も指している。他の生徒は自分も含めてせいぜい二本、万年筆一本にシャープペンシル一本くらいのものだ。どうでもいいことだが、佐久間にはこれがえらく気になった。「なんでそがん持ちよっとか」。尋ねてみると、武夫は思わせぶりにポケットから万年筆を取り出した。

「こいは『新古賀』にしか売っとらん特別の万年筆や」

四色のものやら針のようにペン先の細いものやらをひけらかし、ひとしきり講釈を垂れてから最後にこう言った。

「欲しかったら、おいの店で買わんば」

佐久間は、なかなか面白いやつだと思った。

佐久間の家は、附属中学校と武夫の家のちょうど中間あたりに位置していた。その家に武夫が毎朝立ち寄り、いっしょに登校するようになったのはそれから間もなくだった。直接のきっかけはこうである。

ある日、学校で武夫と二人きりになったとき、佐久間は、「おいは、日本でいちばん不幸な中学一年生たい」と切り出した。

「おふくろは客相手に一生懸命化粧品ば売って、それで生計ば立てよる。おやじは毎晩外で酒ば飲みよる。酔っぱらって帰ってきて、売れていないとおふくろに辛く当たる。そいがおいには辛い。いつかおやじば、ぶん殴っちゃろかと思っとるばい」

佐久間は慰めの言葉をかけてもらえるものと期待したが、逆に、「おいの話ば聞け」と武夫に制せられた。

「おいは全部で七人きょうだい。弟と自分は同じ父ちゃんやが、上の兄三人と姉二人は、母ちゃんはいっしょやけど、父ちゃんが違う。おいは兄ちゃんとしょっちゅう喧嘩する。まあ、これはよかばってん。父ちゃんと兄ちゃんが喧嘩するのはたまらん。つかみ合いの喧嘩まですっとよ。おいこそ、日本でいちばん不幸な中学一年生たい」

二人は意気投合し、次の日から登下校をともにする仲になった。

附属中学校の始業は八時三〇分。武夫はその十五分前、ちょうどＮＨＫの朝の連続テレビ小説が始まるころに佐久間の家に立ち寄った。

「さーくま君」

玄関から呼び出すと、奥で佐久間の母の甲高い声が上がる。

「早う起きらんば、古賀君が迎えにきとっとよー」

朝寝坊の佐久間が慌ただしく玄関に飛び出てくると、それからは二人して全力疾走。わーっと叫んで滑り込みセーフという登校劇を繰り返した。

笑い部

武夫は中学で卓球部に入部した。家の卓球台でたしなみ程度の腕を磨き、体が小さくても通用するだろうと高をくくっていたが、幼少時に習った剣道同様、一年と続かなかった。

帰宅部の身になって暇を持て余した武夫は、次に「笑い部」に所属した。笑い部とはなんぞや。学校公認の部活ではない。部員は二人。一人は武夫。とくれば、あとの一人はおのずと知れた。

「今日もいっちょやるか」

「おう！」

学校の帰り際、互いに声を掛け合うと、武夫と佐久間は意気揚々と松原町にある商工会館を目指した。商工会館は五階建てのビルで、当時、佐賀市内でいちばん高い建物だった。そのビルの前にはバスの停留所があり、乗車待ちの客で常時ごったがえしていた。

武夫と佐久間は、バス停の手前に差しかかると、ビルの屋上を見上げて、それっとばかりに大声でわめいた。

なんばしょっか、そがんところにおってからー、あぶなかぞー、〇×△□凸※☆！

今にも人が飛び降りてきそうなシチュエーション。なんだ、なんだと色めきだつ客の間を縫って、二十メートル先へと猛ダッシュをかける。振り返ると、マヌケ顔の集団がぼーっと突っ立っている。二人は、キャッキャ、キャッキャと腹を抱えて笑った。

またあるときは、県庁前の貫通道路（旧国道34号線）に足を向けた。今とは違い、当時はそれほど交通量が多くなかった。車の流れが途切れるのを待って、二人は道の中央に飛び出し、大の字に寝転がった。信号が変わって車が近づいてくる。ギリギリのところでさっと跳ね起き、わーっと道端に取って返す。ばっきゃやろー。ドライバーの慌てぶりが可笑しくて、やめるにやめられなかった。「笑い部」に活動停止の処分はなく、時と場所を変えて生涯存続した。

秘密基地

附属中学校の裏の広場は、今でこそきれいな公園に整備されているが、当時は大人でさえ隠れてしまうほどの葦が一面に生い茂っていた。中学二年のとき、葦の湿地帯を眺めていた武夫は、「秘密基地をつくらんばいかん」と佐久間に声をかけた。「おう！」。これに数人の仲間が加わった。拾い集めてきた材木で四本柱を立て、周りを段ボールで覆うと、四〜五人は入れそうな基地らしい代物が出来上がった。

さて、何をするか。寒い季節であったので、思いついたのが中で火を焚くことだった。近くに佐賀大生のオンボロ学生寮があり、その脇に炭俵が積んであった。空っぽの炭俵（袋）はそのまま失敬し、炭が詰まっていれば中身を空けて基地に運んだ。炭俵はよく燃え、体が温まったが、そのうち暖を取るだけでは飽き足らなくなった。ぐるり見渡すと、民家の庭に夏みかんがたわわに実っている。

「あいば焼いたらどがんやろかね」

武夫の提案に全員が「おう！」と呼応し、失敬してきたものを皮が真っ黒になるまで焼いて食べてみた。

「甘味が増してなかなかうまかばい」

これに味をしめ、放課後に基地に行くのが慣例になった。

ところが、ある日行ってみると、秘密基地はきれいに撤去されて跡形もなかった。誰かがちくったのか、学生寮から苦情が出たのか。内心びくついて数日を過ごしたが、学校からは何のお咎めもなかった。以来、基地遊びは取りやめになった。

夏みかんをくすねてきた民家とは別に、武夫と佐久間にはすきっ腹をいつでも満たしてくれる果物の供給基地があった。その家は附属中学校からほど近く、二人が学校帰りに立ち寄るには格好の場所にあった。塀の中の種々の庭木は、季節ごとに、無花果《いちじく》、みかん、枇杷《びわ》、柿を実らせ、重くなった枝を塀の外に垂らした。

悪行のとっかかりは、枇杷の季節だった。塀の前までやってきた武夫と佐久間は、こんな問答をした。

「あの枇杷は、誰のもんか」

「そりゃあ、道路に出てるけん……」

「誰が食ってもよかということね」

「おう！」

枝を引っ張り、実をばかばかもぎ取ると、二人は例によって猛ダッシュをかけた。このときから二人の行為は常習化した。

いっぽう、「古賀」と表札のかかった家のなかでは、「(枝を)切る！」「切らんでもよか」の押し問答が繰り広げられていた。家には小学校に通う三人の姉妹が住んでいた。「切る！」と言い張るのは三姉妹の祖母。「切らんでもよか」と引き止めるのは三姉妹の母。祖母はしょちゅう盗まれるのに腹を立て、「いっそ」と自《や》棄《け》になった。母は「私らも食べられんごとなる」ともっともな理屈を述べた。結局、祖母の主張が通り、無花果と柿の木の枝は切り落とされることになった。正体の知れぬ盗人が未来の夫になるとは、このとき三姉妹の長女は知る由もなかった。

初恋

佐久間は小学校時代、NHKの子供サークルに所属し、ラジオ番組などに出演していた。そのサークルに「よし子」という名の可愛い女の子が通ってきていた。どういう因果か、附属中学一年四組のクラスでも一緒になった。つまり、武夫とも共通のクラスメイトになった。二年に進級したある日、武夫は切ない胸の内を佐久間の前で吐露した。

「あの子ば好いとる。家はどこやろかね」

密かに好意を抱いていたのは佐久間も同じだったが、大の親友がそこまでいうならと、家探しに付き合うことになった。放課後、二人は、よし子ちゃんが下校するのを待って、後をつけていった。

赤松町の龍泰寺《りゅうたい》。大隈重信の菩提寺として知られるお寺のそばまでやってくると、彼女は生垣のある大きな家に入っていった。それを見届けてから、佐久間は塀のそばに駆け寄って中の様子を窺った。

「ここば、ここば」

手招きして彼女の部屋がよく見える場所を教えてやったが、近眼の武夫は「わからん、わからん」。そうこうしているうちに、家主に見つかってしまった。こらーっ！

龍泰寺の墓地にダーッと逃げ込み、しばらく墓石の陰で息を殺していた。そして性懲りもなくまた覗きに行った。武夫が初恋の相手に対してなし得たのはその程度にとどまった。思いの丈を打ち明けて交際するなど夢のまた夢。まだまだ純情で奥手な少年だった。


私の附中（附属中学校）は、胸キュンなのです。私は今が最高の人生なのですが、「今を除いて一番楽しかった一年は？」と聞かれたならば、附中の二年生の時だと答えます。何ででしょう？　やっぱり、多感だったのでしょうね。きっと、初恋、それだったのでしょう。といっても、単なる片思い。学校に行けば会えるのが楽しくて、日曜日や夏休みが恨めしく思えたものです。けなげにも毎日毎日、一人のことを思い続け、中学生の幼い知恵を一生懸命働かせ、どうすれば自分に振り向いてもらえるのかを考えていました。（「古賀武夫ブックレット」平成九年一月二十三日）

あこがれのよし子ちゃんは、その後、父の仕事の関係で東京に転校していった。死んでいるんか、生きているんか。杳《よう》として行方も知れず、もう死んだものと諦め、偲《しの》ぶ会まで開いた。

ところが三十年あまりの歳月を経て、再びめぐり合う機会が訪れた。附属中学校の同窓会に駆けつけてきてくれたのである。このとき幹事を務めた佐久間は、よし子ちゃんの手をとって武夫に引き合わせた。ともに一家を構えて久しい身の上。武夫は身を小さくして、何やらもじょもじょと話し込んでいた。

一次会が終わり、二次会は繁華街のパブに流れた。音楽が流れ出すと、一人、また一人と席を離れてダンスを踊り出した。武夫も酒の勢いに乗じて席から立ち上がった。「行け、行けっ」。みなにはやし立てられ、彼女の前に立った。

「踊ろっか」

「だめっ」

佐久間は、ざまみやがれと内心ほくそえんだ。

武夫が亡くなる少し前、永遠のマドンナから小さな小包が届いた。

「おい、佐久間、よし子ちゃんから送ってきたぞ。うらやましかろうが」

武夫は病床から半身を起こし、誇らしげに佐久間の面前に突き出した。モーツアルトのテープだった。

コンプレックス

武夫の身長は中学に入ってぴたりと止まった。一六四センチ。背の低さは、一六〇センチそこそこだった父親譲りかといえば、弟の芳夫は一七〇以上であるから遺伝とも言い切れない。その弟に身長で追い越されたとき、武夫は「人生最初で最大の屈辱」を味わった。弟のお下がりを着せられたのだ。「なんで芳夫のお古を着らんばならんとか」。母親に文句を言い、周囲には「歯がゆうてたまらん」と愚痴をこぼした。

中学二年のとき、長兄の眞佐夫が盲腸をこじらせ、腹膜炎を起こした。県立病院にジープで運ばれ、二か月あまり入院した。退院して家に帰ってきたら身長が伸びていて、父（漸）の背丈を超えた。武夫はこの話を聞いて、長く寝ていれば身長が伸びるのではないかと考えた。それで近所の副島病院に出かけ、「盲腸ば手術してほしか」と頼み込んだ。痛くも痒くもない盲腸を手術してほしいとは何事か。医者は訝ったが、この無理難題はなぜか受け入れられた。病院のベッドで数日間を寝て過ごし、無事退院して身長を測ってみたら、残念無念、一ミリも伸びていなかった。

後年、人に身長を訊かれれば、「一めーとる六十四てん七」とコンマ以下の数字にまでこだわった。酒が入れば、「仕事もお金もいらんばい、おいはもすこし背が欲しい」とお笑い芸人のセリフをパロって周囲を笑わせた。大人になってから笑いの種にできたコンプレックスも、思春期のころは切実な悩みの種だった。

もう一つ、武夫には運動神経が鈍いというコンプレックスがあった。佐久間に言わせれば、「全然話にならない運動音痴」であり、とくに走ることにかけては「からっきしダメ」という不甲斐なさであった。そういう佐久間は学年対抗リレー代表の常連であり、佐賀城址のお濠を一周する長距離走では学年で一番、全校でも三番をとる好走者だった。

その佐久間をあっと言わせたのが、中学三年のときだった。一九六四（昭和三十九）年、東京五輪開催の年。武夫は佐久間を差し置いて、県の聖火ランナーの伴走者に選ばれた。慣れぬ走り、きつい練習。さんざんにしごかれ、晴れて路上の人になってみると、沿道の声援は耳に心地よく、いっぱしのランナーになったような気分を味わえた。これを契機に武夫は陸上に目覚め、自主的に走り込みを始めるようになった。小柄でぽってりしていた体つきはぐっと引き締まり、太腿には筋肉が盛り上がる。短足を蹴って走る百メートルは十三秒九。突然変異のように豹変し、勢いづいて高校では陸上部に入部することになる。

長兄に渡された二冊の英語の本

「おい、古賀と佐久間、ちょっと来てみい」

中学二年の技術家庭の時間。終業のチャイムが鳴ったあと、二人は担当の梶山先生に呼び出された。目の前に突きつけられた一枚の紙に、赤と青のペンでぐにゃぐにゃと線が描かれていた。

「赤が古賀、青が佐久間。おまえらがウロウロしとったけん、どがん動いとったか、ずっと描きよったとよ」

他の生徒を冷やかして自分たちの工作はほったらかし。もっと落ち着け、ふざけるのも大概にしろと叱責を受けた。そうした奇行を教室内で重ねていた一学期の終わり、武夫は長兄の眞佐夫の部屋に呼び出され、二冊の参考書を手渡された。

「夏休みに読みなさい」

それはかなり使い込まれたもので、表紙にそれぞれ「英語の基礎」「英文法」と表題されていた。武夫はその分厚い本を神妙な面持ちで受け取った。十七歳も年上の兄に厳しい口調で言われたのでは、黙って従うよりほかないというふうだった。

英語の参考書は、中学二年生が読むにはかなりハイレベルの内容だった。ところが後日、眞佐夫が勉強の進捗状況を確認すると、武夫は本文の一節を流暢な英語でスラスラと読み上げた。これには眞佐夫も驚かずにはいられなかった。

同じ時期、京都の外国語大学に通っていた眞佐夫の妻の弟が、夏休みに帰省した折に武夫の部屋をのぞいた。そこで武夫が話す英語を耳にし、「自分にはとても真似できない」と舌を巻いた。武夫の発音はネイティブそのままだった。

武夫の語学能力には瞠目《どうもく》すべきものがある。国連英語検定特A級、実用英語技能検定一級、通訳技能検定英語二級をはじめ、フランス語でもほぼ同様の資格を取った。他の外国語も含めれば、さしずめ語学のデパートといえた。その片鱗は中学から見え始め、学校では口の動かし方が「日本人らしからぬ」と褒められた。佐久間によれば、武夫のクラス順位は五十人中十番前後。好位置につけられたのは英語の成績が良かったからだという。

最初に英語と出合ったのは小学校のとき。兄が三人いて、定期テストだ、模擬テストだといって、声を出して英語の本を読み、大学受験ラジオ講座などに耳を傾けていた。そのわけのわからぬ文字や音に得体の知れぬ魅力を感じ、「英語というのはカッコイイもんだ」と内心思った。ローマ字の教科書を手にし、これこそ英語だと感激（勘違い）し、姉に読んでもらうと出てくる音は全部日本語。そんなはずはない。再度聴いても同じ。腹が立って「英語で読んで！」と言ったら、姉が癇癪を起こした。（「教育社トレーニングペーパー中二英語」昭和五十二年十一月号）

武夫が英語に目覚めた「最初の最初」は、兄の和夫が附属中学の一年に進級した直後、武夫が小学校に上がったばかりのころだった。いっしょに風呂に入ったとき、和夫は習いたての英語の歌を毎日のように口ずさんだ。武夫は不思議そうに聴いていたが、実はこのときそらで歌詞を覚えていた。中学のときに調べてみたら、「（暗記した歌詞が）ほとんど正確だった」と、後年、和夫に打ち明けている。

武夫の語学力について、周囲には天賦の才と見る人もあれば、努力の賜物だという人もいる。姉や兄たちは後者、つまり「武ちゃんは努力家だった」という点で見方が一致している。ところが、いちばん近くにいた弟の芳夫は兄が努力している姿を見たことがない。ただ一度、どんな勉強をしているのかと訊いたことがあったが、そのときは、ＮＨＫのラジオ講座を毎日聴き、テレビの英会話も暇なときに見ていると答えてきた。

中学で武夫の英語熱に火をつけたのは、授業の一コマを担当した米国人教師だった。初めて目にした異邦人に、「これがガイコツ人か」と衝撃を受け、生で聞く外国の言語と文化にあこがれを抱いた。一般家庭にまだテープレコーダーが普及していなかった時代、武夫は「新古賀」で扱っていた自慢の商品を教室に持ち込み、ガイコツ人教師の授業をこまめに録音した。そして家に帰ればテープを回し、発音の練習に励んだ。また、短いフレーズをカードに記入し、和文を見てパッと英文を言えるようになるまで口誦を繰り返した。

英語への興味は音楽にも注がれた。ビートルズに熱狂し、発売されるそばからレコードを買いそろえた。「ビートルズがやってくるヤア！　ヤア！　ヤア！」が封切られるや、学校指定外の映画だったにも拘らず、臆せず観に行った。教室では日本語の歌詞を口から出まかせに英語で歌い、校外ではアメリカの宣教師が無料で教える英語のレッスンに通った。イギリスの雑誌に「ペンパル求む」と書き送って、一度に百通も返事がきてびっくりしたこともある。あらゆる機会をとらえて英語との接触を図り、いつか外国に留学して、「佐賀に語学の殿堂を開く！」と息巻いたのも中学時代。単なるハッタリではなく、自信に裏打ちされたものであることを級友たちも感じ取っていた。

西高も間違いなし

次姉の文子は、中学三年の進路懇談会に商売で忙しい母親に代わって出席した。クラス担任との個人面談では、頭もよく性格もいいとベタ褒めされた。やんちゃで手に負えないと悪評の高かった弟がそれほど高く評価されているとは、まったく思いがけないことだった。最後に「西高も間違いなし」と太鼓判を押され、「私もう、うれしくなっちゃって」。鼻高々で家路につき、母の琇江に報告した。

姉の喜びとは裏腹に、武夫は受験勉強の重圧に苦しんだ。ガリ勉に猛反発し、しょうもない悪ふざけばかりしていたが、なんだかんだ言っても名門中学に籍を置く受験生。周囲の期待が高まれば高まるほど不安が増幅し、勉強が手に付かなくなった。どうにも気分が乗らなかった夜、苦し紛れにこんな歌をノートに綴った。

　勉強を　しようと思えど　蛍光灯　つかぬときこそ　残念なれ

逆境をユーモアで跳ね返し、どうにかこうにか高校受験を乗り切った。

受験勉強から解放され、晴れて自由の身となった休日、武夫は佐久間ら悪友三人をサイクリングに誘った。天気は上々、春うらら。「今日は気色《きしょく》よかあ」と、「塩サバ号」と名付けた新品の自転車（当時の「新古賀」の人気商品）に乗って現れた武夫は、なぜか釣り竿を手にし、固形燃料と醤油まで用意していた。

「釣ってから、おまいらに焼いて食わしてやるけん」

目指すは喜瀬川上流にある北山《ほくざん》ダム。釣りのスポットで知られる北山湖（人工の貯水池）があり、湖岸はサイクリングロードが整備されている。

「おう！」

武夫は先頭に立ってペダルをこいだ――

湖面に映る夕日を背にして、四人は帰り支度を始めた。武夫は、出番のなかった固形燃料と醤油を自転車の前かごに収めた。来るときは苦労してのぼった坂道も帰りは爽快なダウンロード。ダーッと下っていると、後ろから軽四輪車が迫ってきた。「絶対抜かさん！」。ペダルの回転数を上げ、四人固まって狭い道をふさいだ。道が平らになり、広く開けたところで追い抜かれた。「このくそがきゃー」。車を止めた男の周りに数人の大人たちが集まってきた。

「どがんしたとか」

「こいのが抜かさんのじゃ、頭にきた」

四人の悪ガキは言いたい放題なじられ、身を縮めた。車が去ったあと、今度は武夫がブチ切れた。うおーっ。勢いよくこぎ出したはよかったが、すってーんとすべって自転車ごと転がった。「縁起でもなか」。合格発表のことが頭にちらついた。

第三章　バンカラ

佐賀西高校入学

昭和四十年春、武夫は佐久間と肩を並べて県立佐賀西高校の門をくぐった。江戸時代の藩校・弘道館の流れを汲み、旧制佐賀中学校、新制佐賀高等学校を前身とする県下随一の進学校。質実剛健・鍛身養志を校是とし、九州大学をはじめ、関西・関東の難関大学に多数の合格者を輩出してきた。

武夫はこの伝統校に三回生として入学した（新制佐賀高等学校は、全校生徒数三千以上という日本一のマンモス校に膨れ上がったため、昭和三十八年に西高、北高、東高の三校に分割され、校舎敷地や校歌等は西高に引き継がれた。西高が誕生した三年目に武夫たちが入学したことで、一年から三年まで全学年がそろった）。

古い校舎は鉄筋コンクリートの二階建てで、白壁には空襲を避けるために墨で迷彩を施した跡が残っていた。一クラス五十五名、学年全体で五三〇名。男子八クラス、女子二クラスという編成だった。

> 私の青春前期、高校時代は、三年間とも男クラス。当時の「これが青春だ」などの青春もののテレビ番組などとは似ても似つかぬものだったように思う。（中略）。豪傑指向、男らしさは体力だという家庭環境に育っていながら、生まれつきひ弱な私は、中学時代も、部活（卓球）に一年で挫折し、何度か不良におどろかされた嫌な経験もあり、それに義憤も感じていたので、高校に入ったら、「体も精神も鍛えてやるぞ！」という強い意気込みをもっていた。（佐賀西高校卒業三十周年記念誌「ともだち」より）

おんよん党

質実剛健の校風は、体と精神を鍛えようと意気込む武夫の気概にマッチした。入学早々、バンカラを地で行こうと、学ランの腰に手ぬぐいを提げ、白二本線の学生帽を破り、襟章のバッジをぐにゃりと曲げた。

五組で同じクラスになった西久保孝幸（松尾建設株式会社専務）は、破帽から頭頂部をぽっこり出した武夫を一目見て、「変わったやつがおるなあ」と思った。そして数日後には、摩訶不思議な磁力に引き寄せられていた。西久保は、武夫が仲間内から奇妙なあだ名で呼ばれていることが気になった。

「おんよんって、なんね」

「知るか。みんながつけよるが」

おんよん——附属中学時代の仲間がつけたそのあだ名を成章中学出身の西久保は知る由もなかった。中学二年のとき、武夫は佐久間、島内ゆきお、西ひろしの悪友三人を巻き込んで、ガリ勉を揶揄する「おんよん党」を結成した。おんよんの名は、メンバーの一人である島内に一回り年下の妹が誕生したことに由来する。島内は赤子を抱っこしながらいつもこんなふうにあやしていた。

〽おんよん、おんよん、おんよんよんよん

武夫はそのあやし方がよっぽど気に入ったとみえ、口を開けばどこでも「おんよん、おんよん、おんよんよんよん」と口ずさむようになった。これを目ざとい佐久間に突っ込まれ、気がついたときには、あだ名として定着していた。

おんよんの出所は定かではないが、どうも「陰陽《おんみょう》」らしいとにらんだ武夫は、白い布地に「陰陽大明神」と大書し、これを「おんよん党」の党旗として仲間の結束を固めた。おんよんは、そのまま高校にも持ち越され、自主結成した演劇集団の名にも冠せられた。

陸上部に入部

武夫が心身の鍛錬のためにとった実質的な手段は陸上部に入ることだった。中学三年で走りに自信をつけたのに加え、「安上がり」というのも選択理由の一つになった。

ところが、期待を胸に飛び込んだ陸上部は、想像をはるかに超える厳しい世界だった。ランニング、ストレッチ、スタートダッシュ、インターバル……。大学出たてのバリバリの顧問・江下先生は、血気に任せて新入部員をしごき、息つく暇も与えなかった。入部から一か月、武夫は早くも音を上げた。

「こがんきつかとば、ふうけもんのごと、もうさるっもんか（できるものか）」

こうきつくては体がもたない。しごきに耐えている自分が馬鹿らしくなり、もう辞めるしかないと、退部を申し出に行った。しかし、一筋縄ではいかなかった。

「古賀、おまえ、まあだ、一か月しかしとらんぞ」

「ばってん先生、きつかとよ。体のもたんごたる（もたないようだ）」

「そいはみな同じじゃ。ふうたんぬるか（生ぬるい）のう。そがん根性でどがんすっか」

やめる、やめさせん、やめる、やめさせん。意地の張り合いをしているうちに、カーッと頭に血が上った。

「よ〜し、わかったくしゃ、そんないそいでよか。ぜったい辞めん。おいがどいだけしきっこっじゃい、見とけよ！（俺がどれだけできるか見とけよ）」

先生を半ば逆恨みし、目にもの見せてやらんと、そのままグラウンドに出て全力疾走を繰り返した。

武夫は短距離に活路を見出し、二百メートル走を中心に練習に打ち込んだ。顧問への意地もあり、練習をさぼるわけにはいかなかった。毎日ゆで卵入りの弁当を食い、購買部のパンで不足を補ったが、消耗するエネルギーには何ほどのこともなかった。しごきはきつい。へこたれそうになる。そんな日々の連続のなかに佐久間の支えがあった。

　高校に入って武夫の通学手段は徒歩（猛ダッシュ）から自転車に変わったが、佐久間を誘って登下校する習慣は変わらなかった。サッカー部に入った佐久間とは部室が隣り合わせであったから、互いの部屋を行き来し、走り込みを一緒にすることも多かった。

「さあて、今日もいっちょやるか」

　あるときも肩を並べてグラウンドを駆け出した。第一コーナーを回ったところで、武夫の尻からぷっと屁が漏れた。

　ぷっ、ぷっ、ぷっ。ぷっ、ぷっ、ぷっ
　足を前に突き出すたびに、武夫は小気味よい屁をリズミカルに放ち続けた。

「ん〜、こいはどういうことやろか。ケツの穴の開くタイミングは、走るのといっしょやなかろうか」

　わけのわからぬことをぶつくさ呟いた。

「笑いながら屁ぶったらどがんなるか」

　佐久間も武夫に調子を合わせた。

「笑うときは息を口から出すやろ。屁ぶっときも出すけん、これは同時にでけんばい」

「死ぬってことね」

「そうばい」

　他愛もない佐久間との会話が、試練の日々の一服の清涼剤となった。

　休まず練習を続けたおかげで高二時にはキャプテンに推挙され、部員の信頼も得た。足はさして速くならなかった。県大会の予選までは通過したが、退部するまで全国大会とは無縁だった。この間、一緒に入部した同輩たちが一抜け二抜けと櫛の歯が欠けるように辞めていった。「勉強と両立できない、塾に行く」。みな同じような言い訳をした。そもそも、「運動部なんかに入っていたら、現役で合格できない。入るなら高校は四年間だと思いなさい」と陰で本音を言うような学校であった。武夫の頭にも常にこの強迫観念が渦巻いていた。いっぽうで、勉強は自分でするもの、お金を出して人に教えてもらうものではないとの思いもあった。その自負が三年間の陸上部生活を全うさせた。

明日に向かってダダ走れ

知らないやつはいないと言われるほど、武夫は校内で目立つ存在になった。陸上で鍛えた精神力が新たなバイタリティーを生み出したのか、学級をまたいで仲間をつくり、統率力を発揮した。また、ユニークな言動から「愉快な男」の定評を得た。

学校の伝統行事でも存在感を示した。高二の文化祭では、「おんよん劇団」を結成し、自ら脚本・演出を手掛けて「おんよん群島、かく滅亡せり」を上演した。アメリカとソ連の冷戦を痛烈に風刺したドタバタ劇。全員がドンゴロズ（麻袋）一枚の原始人の衣装で出演し、戦争の愚かしさを笑いの中に封じ込めた。これが大いに受け、武夫の声価を一気に高めた。

演劇に関して言えば、卒業後も同窓会や結婚式でプロデュース能力を発揮した。たとえば三十一歳のときに実行委員を任された同窓会では、「劇団パー」を編成し、母校の受験体制を痛烈に批判した。このときの演題は、「明日に向かってダダ走れ」。若いもんが勉強ばかりしとったらいかん。ディスコ部を作って青春を謳歌しよう！　主役の「火の鳥子」を演じた佐久間をステージ中央に置き、出演者全員、腰をふりふりしてディスコを踊った。この風刺劇も会場を爆笑の渦に巻き込んだ。最前列で最もよく笑っていたのは、ほかならぬ、エリート教育を牛耳っていた当時の校長だった。

武夫は天性の明るさでクラスの人気を博したが、中学時代同様、浮いた話はとんと聞かれなかった。男女の交際が今ほど自由でなかった時代背景もあるが、男子と女子の比率が八対二という激戦校の校内事情もあった。その激戦の埒外にあった武夫にとって、女子と肌で触れあえる唯一のチャンスといえば、体育祭のフォークダンスをおいて他になかった。

フォークダンスでは、男子一学年に対し、女子は数合わせのために一年から三年まで「全員集合」がかかった。踊り始めは男女手を取り合って胸もはち切れんばかりだが、いかんせん女子の絶対数が足りない。パートナーが途中からいかつい男子に切り替われば、とたんに熱が冷め「はがいかー」となるのもやむを得なかった。前身の佐賀高等学校から同じ年に分離してできた北高は、男女半々で校舎も新しく、明るい学園ムードを醸していた。武夫を筆頭に西高のモテない男どもには、それが眩しく、羨ましくもあった。

ストームリーダー

武夫が無二の親友となる兵動盛政と出会ったのは高三の西高祭（文化祭と体育祭）のときだった。夏休み明けの九月中旬に開催される西高祭は、旧制佐賀中学の伝統を汲む西高最大のイベントであり、なかでも前夜祭に行われるファイヤーストームは、同校の男子生徒が熱き血をたぎらせる青春の舞台そのものといえた。前夜祭を統括する正・副のストーム委員長は高三の候補者のなかから投票で選ばれ、その下に高三の各クラスから選出されたストームリーダー五十人が配置される。ストームリーダーはくじ引きで決まるが、男の誉とあって毎年希望者が殺到する。武夫と兵動は五十人のストームリーダーの上に立つ十人の準備委員に選ばれ、ここで互いの磁力を引き合わせた。

準備委員の仕事はファイヤーストームに使う材木集めから始まった。まず、心柱にする電信柱を調達し、燃えないようにするために春先から川に浸け込んで湿らせておく。いっぽうで燃料用の薪は旧国鉄に手配して枕木などを確保しておく。炎天下での材木運び、連日の打ち合わせ、下級生に対する応援歌の指導。準備委員は諸々の作業に時間を取られ、受験勉強どころではなかった。

武夫も兵動も高二までは主役の高三生を盛り立てる応援団の一員にすぎなかった。放課後、教室や体育館に集められ、「歌えー」の命令一下、二十曲あまりの応援歌を問答無用で叩き込まれた。夏の暑いさなか、竹刀を持って怒声を上げる上級生のしごきは過酷極まりなく、憎悪の念さえ抱くほどだった。高三になって立場は逆転したものの、逆に今度は「リーダーは模範生たれ」と重責を課せられた。気を抜けぬことはどちらも同じだった。

ファイヤーストームは女人禁制で、女子生徒は校内から締め出された。唯一、炊き出し係の生徒会役員だけが出入りを許され、ストームリーダーたちのための食事を用意した。武夫と兵動は彼女らが作った握り飯で腹ごしらえし、高校生活最後の祭典に臨んだ。

日が没すると、積み上げられた材木の周りを千二百人の男子生徒が二重の円陣を組んで取り囲んだ。校庭の中央に紅白の幕が張られた櫓《やぐら》が組まれ、その上に白い羽織袴に襷《たすき》がけの正・副委員長が陣取った。いざ点火！　委員長が高らかに檄文を朗詠する。副委員長が大太鼓を打ち鳴らす。歌えー。ストームリーダーたちが漢字一字を墨書した大旗を振り回すと、円陣から地鳴りのような声が立ち上がった――

〽楠の青葉を　吹きならし　海こえ来る　朝の風
夕はあふぐ　天山の　山なみさして　雲かへる
ちくし平野の　ただ中に　長き藩治の城のあと
聞かずや高き　学びやの　のぞみに揃ふ　うたのこゑ
胸の血汐の　熱ければ　はげみ貫く　ふみの業
若き心の　清ければ　理想は高し　空の星

ああいざさらば　わが友よ　日本の栄え　求めつつ
世界の平和　祈りつつ　力ためさむ　この生命

西高の校歌、応援歌、讃歌。旧制佐賀中学と旧制佐賀高の伝統歌。都ぞ弥生（北大）、嗚呼玉杯に（一高）、紅萌ゆる（三高）と、旧制高校の寮歌が北から南へ順に続く。頃合いを見計らって運動部員がストームの薪を補給し、バケツで重油を給油する。パーッと紅蓮《ぐれん》の火柱が立ち、炎嵐の熱気に包まれる。法螺貝《ほらがい》が鳴るなかを全員がダッシュして円陣を組み変える。妻をめとらば、デカンショ節……。点火から二時間後、掉尾《とうび》を飾ったのは旅順高寮歌。「栄光、我を去り行く」の歌詞が延々と上空にこだまし、やがて消え入る炎のなかに吸い込まれていった。全員が櫓に駆け寄っていくと、ストームリーダーたちは最後の力を振り絞って大旗を振り回した。うおーっ、うおーっ、武夫と兵動は感極まっておいおい泣いた。準備から本番までの長きを力合わせてやり遂げた無量の感に打たれた。

西高の近くに住む三姉妹の長女は、のちに自身も九回生として入学する高校の祭典を二階の窓から眺めていた。薄闇の中に立ち上がる赤い炎、胸にずーんと響く男どもの蛮声。物心つくころから体の細胞の一つひとつに親和させてきた。昭和四十二年の前夜祭、枇杷の盗人がストームリーダーになって感涙に咽《むせ》んでいるなど、まだ知る由もなかった。

受かったら逆立ち

高三で武夫は理系クラスに進み、国立大学に狙いを定めた。当時の国立大学は三月上旬に入試を行う一期校と三月下旬に行う二期校に分かれており、国立大志望者は、一期校に失敗すれば、二期校の受験に臨むのが一般的だった。武夫の本命は一期校の大阪大学工学部。落ちたらどうするか、二期校のことはあまり頭になかった。

一学期は陸上とストームリーダーの活動に明け暮れ、勉強はほとんど手つかずじまい。秋に控える西高祭のことを考えれば、夏休みに少しでも後れを取り戻しておきたかった。

その夏休み、武夫は受験勉強に専念するため、武雄市山内町にある義兄（次姉の文子の夫・草場重治）の実家に身を寄せることにした。田んぼと畑に囲まれた古風な日本家屋。現在、甥の草場一壽が陶彩画の工房を開いているその家に、当時は義兄の母が一人暮らしをしていた。武夫はあてがわれた八畳の和室に丸一か月蟄居《ちっきょ》し、日がな一日参考書と向き合った。市街地より涼しいとはいえ、三十度を超える猛暑がときどき襲った。そんな日は畳の上にビニールシートを敷いて水を撒き、海水パンツ一丁になってペンを走らせた。

武夫が引き揚げていってから、義兄の母は、「息子もよう勉強しよったけんが、あげん勉強した子は見たことなかよ」と、訪ねてきた文子に話して聞かせた。

しかし、夏休みの猛勉強も空しく、高三・二学期の成績は芳しくなかった。学年下位まで落ち込み、佐久間の目から見ても「最悪」という状況だった。そのためか、この時期、姉の文子に進路の迷いを打ち明けている。文子は、「あなた英語が得意だし、大好きでしょ。その道に進めばいいじゃないの」とアドバイスしたが、武夫は「そがんね……」と言った切り、あとは口を閉ざして何も語らなかった。

願書の提出日が迫ってきても、武夫はなかなか踏ん切りをつけられずにいた。佐久間には、早くから阪大工学部を受けると公言していたが、このころは「二期校はどがんすっか」と、迷いの中に弱気をのぞかせていた。その武夫が藪《やぶ》から棒《ぼう》に「東京外大一本で行く」と言ってきたのは、二期校の願書が「まだ間に合う」というギリギリの段階だった。

武夫が願書を出し終えてから、兄の和夫は二学期の模試の結果を見て鼻で笑わった。

「なんじゃい。何が東京外語じゃい。この点数で上がったら（受かったら）佐賀の街ば逆立ちして歩いちゃるばい」

これがよっぽど気に障ったのか、武夫は狂ったように追い込みをかけた。もともと集中力があることは佐久間も認めていた。中学時代、定期試験前に「今日は徹夜で勉強すっぞ」と武夫の部屋に転がり込むと、佐久間は早々に音を上げて寝てしまったが、武夫はうんうん唸りながら夜を徹していた。やるときはやる男。それを裏付けるように、直後に受けた全国模試の英語で佐賀県内三番の成績をとった。

白けた残念会

二期校の合格発表があってから、佐久間、兵動、石橋武才《たけとし》の三人が武夫の家に集まった。武夫は東京外国語大学に「奇跡の現役合格」を果たし、兵動は早稲田の文学部から合格通知を受け取った。二人は相談して、桜散った佐久間と石橋の残念会を開くことにした。佐久間と石橋は、来年がんばろうと気炎を上げ、しこたま酒を呷《あお》って酔いつぶれた。朝になって、佐久間のもとに母親から電話がかかってきた。北九州大学から補欠合格の通知が届いたと。

「石橋、すまんやった、おい受かっとった。帰るけん」

二日酔いで雑魚寝していた部屋の中に白々とした空気が流れた。いきなり梯子を外された格好の石橋は、京大不合格の痛手を引きずって一人浪人生活に入った。

兄の和夫は、「逆立ち」の約束を有耶無耶にした。受験前は鼻で笑われた弟が、受験後には兄の鼻を明かす結果になった。

昭和四十三年三月二十八日、武夫は十八歳の誕生日を迎えた。同じ学び舎で過ごした仲間のことを忘れずにおこうと、佐久間、兵動、石橋に声をかけ、在校時に世話になった林写真館に集合させた。敝衣破帽《へいいはぼう》、いかにも旧制中学のバンカラ学生といったスタイルで、腕組みをし、凛としてカメラに収まった。

「よし、今は十八、次は二十八、その次は三十八」
十年ごとにここで記念写真を撮ろうと誓い合った。二回目の二十八歳のとき、それは実現した。だが、三回目は果たせなかった。石橋が三十五歳で多発性硬化症（ＭＳ）を発病し、写真館に駆けつけることができなかった。
附属中学・西高時代を共にした石橋を、武夫は「仏様に一番近い男」といって尊敬していた。中学では勉強でなかなか勝てず、「打倒、石橋！」と机の前に張り出して奮起した。侍然とした品格を備え、他の悪友たちとは一線を画していた。一浪して入った法政大学では謡曲部に所属し、武夫の結婚式でみごとな能を披露した。筋肉が萎縮し、呼吸も困難になる難病中の難病。闘病に耐え、最長といわれていた存命記録をクリアしたとき、武夫は「おまえが世界一になった」と電話を入れた。だが、石橋から返ってくる声はほとんど聞き取れなかった。その石橋が病院のベッドから原稿用紙二枚の手紙を送ってきたことがあった。一日二十字、一か月以上かかって書き上げたその中にこんな一節があった。

野を焼いて萌えあがりたる生命《いのち》かな

立春も過ぎ、野焼きのころとなりました。春は新芽が生まれ、萌えあがる時です。野焼き――古い生命《いのち》の一切を焼き、やがて新しい生命《いのち》を誕生させるもの。一灯を引っ提げて暗夜を行く。暗夜を憂うなかれ。一灯を頼め。炎を背負った仏、不動明王。野を焼いて萌えあがる生命《いのち》にお詫びし、誕生した新しい生命《いのち》に感謝。南無不動明王の中に暗夜、一灯を思います――

お詫び、感謝、報恩。恨みも絶望もない石橋の超然とした態度に武夫は胸を打たれた。そして後年、自身が病に伏したとき、この文面の意味を心の深いところで理解した。

第四章　自立

いざ東京へ

高校三年の時には、「世界は俺のものだ」と天下を取った気にもなった。友にも恵まれ、西高に行ってよかったと思った。やり残したことは当然多々あった。学問、読書、芸術、そして、心身の鍛錬。人生観の確立はまだ余りに不十分であった。しかし、これらはこの後、私を待ち受ける東京での波乱万丈の大学生活に舞台を移すことになる……。

早稲田大学への進学が決まった兵動は、渋谷区にある松濤学舎（公益財団法人佐賀育英会が運営する佐賀県出身者のための学生寮）に入るつもりでいた。その矢先、武夫から「いい下宿があるけん」と電話で誘いがかかり、下見に同道した。

下宿は東京外国語大学の西ヶ原キャンパスから歩いて五分とかからない場所にあり、近くを都電荒川線が走っていた。ごく普通の木造の民家で、二階に襖で仕切られた六畳の空部屋が二つあった。先住者が転勤で出ていって空いたのだと大家から説明を受けた。

「兵動、おまえも早稲田に行かれるけん、いっしょに住もうや」

最寄り駅の西ヶ原四丁目から早稲田までは十駅あまり。三十分ほどで通える至便さもあって、兵動は武夫の提案を受け入れた。

入学式には兄の和夫が付き添った。佐賀駅から急行（夜行）に揺られて二十六時間。早稲田卒の和夫は、その車中で自身の体験や東京暮らしの心得などを武夫に話して聞かせた。東京駅で降りてからは、にぎやかな街を案内し、中古の家具屋に立ち寄って机や本棚などを買い揃えた。兵動と一緒に住むと聞いて少しは安堵したが、好奇心旺盛な弟のこと、また何かおかしなことをしでかすのではないかと心配の種は尽きなかった。

フランス語科に入学

武夫は大学でフランス語を専攻した。二十以上ある言語学科の中からフランス語科を選んだのは、受験後に見たテレビに「可愛いフランスの女の子が出ていたから」という不純な動機だった。

入学後しばらくは授業にまじめに出席したが、フランス語科の雰囲気にはあまり馴染めなかった。おのずと勉強の比重は好きな英語に傾き、いっぽうで、北京語、ロシア語、スペイン語、朝鮮語を独学でかじった。複数の外国語に触れてみて、それぞれの言葉が独特の匂いや味をもっていることに気づいた。一つひとつの言語はきれいな調べをもった音楽のようであり、たくさんの秘密が入った宝の箱のようでもあった。クラスの雰囲気は好きではなかったが、フランス語それ自体は耳に心地よく、北京語と並んで好きな言葉の一つになった。

多数の言語が飛び交うキャンパス内で、武夫は好きな語学に打ち込める至福のときを過ごした。ひとたび横文字の本をひもとくと、つい夢中になって時間が経つのも忘れた。それが災いしてか、心身に疲れを来し、「頭ばっかデッこうなってもかなわん」と解消策を模索した。

そうしたとき、兵動が早稲田で空手を始めた。話を聞いているうちに「これたい！」と心が動いた。空手は心身の解放のみならず、強くなりたいと望んできた自分の夢の具現化にふさわしい手段に思えた。善は急げとすぐに入部手続きを取った。

和道流空手に染まる

高校時代の陸上部同様、武夫は大学の空手部でも厳しい試練に直面した。入部当初は先輩のしごきに打ちのめされ、恨みつらみを吐く毎日だった。西日本新聞に掲載された「思い出の旅」（昭和五十七年）というコラムには、そのころの様子が次のように記されている（要約して掲載）。

大学の空手部の合宿で、毎年春夏二回、長野や伊豆へよく出かけた。中でも入部して初めての夏合宿の思い出は、今でも強烈な印象をもって残っている。諸先輩から聞かされていた夏合宿の恐ろしさは、楽しさを期待するどころではなかった。生きて帰れるだろうか。半ば本気でそう考えていた。朝六時からのランニングでは何百段もの石段を上らされた。こけむした石段の割れ目からのぞく雑草、両側の緑の草むら。午前中三時間、午後四時間のけいこ。精神力と体力の限界への挑戦である。やっと一日の練習が終わり、ほっとするのも束の間、ザッと汗を流して夕食をとると、もう寝る時間。食う、寝るだけが楽しみ。布団に入ると、どうしても翌朝のことを考えてしまう。隣りの二年生に、「またあの長い階段を上るんですね」というと「ああ、やめろ、やめてくれ、古賀」。

合宿の最後は、諏訪湖畔往復二十キロのマラソン。鬼の四年生のことをくそみそに言いながら、上半身裸で走った。汗をさらう風の感覚、太陽の光と裸足に感じるアスファルトの熱。終わった、終わった。夜は打ち上げコンパ。飲めば誰かが潰れ、ゲロを吐く。騒ぐのは大得意。文部省唱歌からワイ歌までヒットメロディーを披露。この日、東京外国語大学空手部第一のエンターテナーとなる基礎が確立された。

東京外語大の空手部は、和道流の最高師範大塚博紀（二代目）の道場に定期的に通って指南を受けた。和道流は空手四流派（他に剛柔流、糸東流、松濤館流）の一つに数えられ、相手の攻撃を受け流す型に特徴がある。たとえば真剣白羽取りは、相手の凶器を無効化して戦う。武道であるのに和。そもそも「武」という字は弋《ほこ》を止めると書き、戦いを止めるためのものである。戦わないゆえに和が保たれる。和を保つために心身を鍛えるのが基本であるから、単に強くなることや敵を倒すことが目的ではない。「平和を極める道が和道流」。そのことに武夫は目を開かされた。

大塚最高師範との邂逅後、武夫の大学生活は空手一色に染まった。「勝ちといふは味方に勝つ事なり。味方に勝つといふは我に勝つ事なり。我に勝つといふは、気をもって体に勝つことなり」、「名人も人なり、我も人なり、何しに劣るべきと思ひて、一度打ち向かへば、最早《もはや》其の道に入りたるなり」。佐賀鍋島藩の武士道の真髄を説いた「葉隠《はがくれ》」のことばを空手着の上着の裏にマジックで黒々と書き込み、気合を入れて稽古に励んだ。三年時には主将となり、和道流十大学戦で二位に入賞した。卒業までに三段を取得し、これを機縁として、和道流空手は武夫の後半生を支える屋台骨の一つとなる。

下宿のまさこちゃん

下宿では、帰りの早い武夫が食事係を務め、兵動は成り行き上、後片付け役に回った。どこにそんな才能があったのか、武夫はどんな料理も器用に作り、ときどき弁当まで持たせて兵動から重宝がられた。

西高のクラスメイトだった西久保孝幸は、一年浪人して青山学院大学に入った。東京生活にも慣れてきたころ、武夫と兵動が共同生活をしていると聞いて、西ヶ原の下宿を訪ねていった。懐かしい友の来訪に感激した武夫は、夕食にレバニラ炒めを作ってもてなした。山のように盛られたそれを西久保は「うまか、うまか」とバクバク食べた。腹が膨れると、快食快便を自認している健康体に自然現象が催してきた。西久保は共同トイレに立ち、悠長に時間を費やしていた。

「おい西久保、もうよかろう、出てこんかい」

イラついた武夫の声に慌てて紐を引っ張り、水を流して出てくると、武夫は忍者のごとく中に消え、ドアを閉めた途端、血相を変えて飛び出してきた。

「なんば食いよっか、くさかー」

「おまえが今、食わせたやっか」

トイレの前で騒々しくしているところへ、別室の戸がスーッと開き、中から五十がらみの女性が出てきた。

「何をそんなに騒いでいるんですか」

すみません、高校時代の同級生が遊びに来たもんで、かくかくしかじか。

「そうですか、もっと静かにしてくださいね」

見覚えのない女性は、穏やかに言って戸を閉めたが、出てきた部屋から察するに「まさこちゃん」の母親に相違なかった。

まさこちゃん――武夫と兵動が入居する前から二階に間借りしていた女子学生。講道館に通う女柔道家でもあったが、愛嬌たっぷり、武夫と兵動の好みのタイプであった。

西久保は、トイレ騒動後も懲りずに西ヶ原の下宿を訪ねていったが、そのたびに聞かされたのは、恋のさや当ての行方だった。

「いまのところ、おいのほうが分がいい」

兵動不在の日、武夫はにんまりして、ライバルより先にまさこちゃんの唇を奪ったと戦況を報告した。純情だった武夫は、東京に出て一皮も二皮も剥けた。

楯の会

武夫は大学でも交友の輪を広げ、同輩や後輩を下宿に連れ込んでよく酒盛りをした。高校時代から武夫が感激屋であることを知る兵動は、遊びに来た連中と「今日も泣かせてやらんば」と画策し、酒で上気した武夫を褒め殺しにした。

「おまえは、男の中の男たい」

褒められれば武夫は、目頭を熱くしてポロポロと涙をこぼした。そして、泣けばますます上機嫌になり、「おい、もっと飲まんば」と仲間に酒を強要した。酒の強さは父譲りだが、武夫の酒は父と違い、いつでも周囲を陽気にさせた。

そんな兵動との共同生活にも、一年半でピリオドが打たれた。武夫は杉並区の阿佐ヶ谷に引っ越し、兵動は中野区江古田に移り住んで法政大に通っていた石橋武才と共同生活を始めた。その江古田のアパートに、武夫が一升瓶を提げて訪ねてきたことがあった。

「兵動、おまえ楯《たて》の会に入らんか」

「楯の会？　なんやそれは」

武夫は酒を勧めながら、楯の会の何たるかを語り出した。そうして酔うほどに話がくどくなった。

「なあ、入らんか。おいより、おまえのほうが相応しい。推薦するけん」

「いや、入らん。おいは絶対入らん」

この年、一九六九（昭和四十四）年は、学園紛争で東大入試が中止になるなど、全国で学生運動が活発化した。兵動もキャンパスで友達に会えば、やれ革命だ、やれマルクス主義だと熱気の議論に引きずり込まれた。兵動のいた早稲田は革マル派が強かったが、彼らの口から勝つための理論を吹き込まれても、宗教のごとき世界に染まる気は毛頭なかった。兵動も武夫に似て、見るからに西高の気風を継いだバンカラ気質。かといって、左翼でなければ右翼かといった単純な話にはならない。

「おいはセクトに縛られとうなか」

自由に伸び伸びとキャンパスライフを楽しみたいのは武夫も同じだった。最後には折れ、二度と勧めてくることはなかった。

武夫は入会こそしなかったが、楯の会の会員だった仲山徳隆とは三十年に及ぶ親交をもった。三歳年上の仲山とは、互いが剣道部と空手部の主将という縁でキャンパス内で知り合った。「同輩では仲山君ほどの豪傑はいない」。風貌からして人を慄《おのの》かせるほどの迫力をもった大男。おうまんがっちゃん、ううばんぎゃあ（ハチャメチャでいい加減）の性格は相通じ、武夫は仲山と酒を飲んで議論するのを楽しみにした。

楯の会の主宰者である三島由紀夫は、身長が一六三センチと小柄だった。その貧相な容姿にコンプレックスを持ち、ボディビルや剣道などの武道を通じて肉体改造を図った。心身を鍛えようと空手に打ち込んだ武夫には、楯の会の主義信条よりも、むしろ負の側面を克服しようとした三島個人の生き方に魅かれる面があったかもしれない。

仲山は卒業後に中国に渡り、東京との間を行き来しながら武夫との交流を重ねた。東京外語大の名物男として勇名を馳せた二人だが、屈強に見えた仲山も、平成二十三年、武夫のあとを追うようにしてがんで逝った。

どくだみ荘

武夫が、「こいからは独立独歩でいく」と宣言して家からの仕送りを断ったのは大学三年のときだった。当時、長姉の広栄は衣料品の外商をしていた夫の川松靖史と阿佐ヶ谷で暮らしていたが、武夫はその家の一室を借り、近所の小中学生に五教科を教えて学費と生活費を稼いだ。

同じころ、次姉の文子も一家で阿佐ヶ谷北に居を構えていた。祐徳自動車（バス会社）に勤めていた夫の草場重治が衆議院議員に初当選した社長の愛野興一郎の一等秘書官になり、足掛け四年この街で暮らした。その家にも武夫は仲間を連れてちょくちょく顔を出した。みなお金のない貧乏学生ばかりで、いつも腹をすかしていた。飯を食わせ、酒を飲ませ、風呂に入れて帰してやるのが草場家の務めだった。

草場家の長男・一壽《かずひさ》は、愛敬島《あいけいじま》（現佐賀市愛敬町）で暮らしていた幼いころから聴診器やメスの入ったおもちゃの医療セットを特別にお土産に買ってもらうなど、甥っ子の中でもとくに武夫に可愛がられた。武夫は一壽を「かー坊」と呼び、一壽は武夫を「武にいちゃん」と呼んで慕った。武夫が阿佐ヶ谷南に越してきたのは一壽が中学一年のときだったが、休日になるとよく呼び出されてアパートに遊びに行った。

四畳半、共同便所、風呂なし。福谷たかしの人気漫画『独身アパート・どくだみ荘』の世界をそのまま再現したような暮らしぶりだった。西ヶ原の下宿で兵動と共同生活をしていたころとは違い、部屋には自炊道具もほとんど見当たらず、あるものといえばアルミの鍋と卓上コンロくらいのものだった。一壽が遊びに行くと、武夫はそれでインスタントラーメンをこさえ、「箸、なかもんねえ。鉛筆でよかろ」と言いながら、食え食えと勧めてきた。

殺風景な室内には貧乏暮らしに似つかわしくない黒電話が一台あった。それはアパートの住人たちの共有物として使われていた。電話がかかってくると、武夫は窓から顔を出して「〇〇さ～ん」と住人の名を呼び、隣室から隣室へと壁伝いに電話機を手渡していった。バケツリレーのような住人たちの連係プレイが一壽にはたまらなく可笑しかった。

部屋のドアには、賑やかしに似顔絵などが貼りつけてあった。大学に入ってからも、武夫は相変わらず絵を描き続けていた。一壽が上手やなあと感心して眺めていると、武夫は「本物ば見に行かんば」と、なけなしのお金をはたいてゴッホやピカソなどの展示会に連れ出してくれた。演劇好きが高じて劇団ひまわりの面接を受けたときも武夫が同伴してくれた。

「いいか一壽、ここは目立たんといかんからな。おいはハワイ帰りの叔父さんたい。英語しかしゃべらんけんな」

目立ったのはどっちだったたか。とまれ、一壽は無事に入団を果たすことができた。

左翼運動に傾倒した弟

大学が長期休暇に入ると、武夫は学内の留学生を伴って佐賀に帰省した。欧米人のときもあれば、中国人や韓国人のときもあった。男子のときもあれば女子のときもあった。そのなかで、夏休みの帰省時の慣行となったのが、アメリカ・インディアナ州のアンダーソン・カレッジの学生夏季奉仕団の受け入れ（ホームステイ）だった。姉妹関係にある「佐賀神の教会」の招きで来日した彼らを、武夫は大学一年のときから「英語の勉強になるけん」と家に泊めた。以来、卒業するまで丸五年、定宿の提供者になった。

武夫の高校時代から交換留学生を受け入れてきた家の者たちにも外国人に対するアレルギーはなかった。「それにしてもまあ、いろんな国の若者ば連れてきよるばい」。兄の眞佐夫や和夫も、来れば酒でもてなし、話の輪に加わった。武夫の成長ぶりに目を見張りつつ、自分たちも国際感覚にどっぷりと浸った。

そのころ弟の芳夫は、兄と同じ西高に通っていた。武夫が帰ってくると、「ちょっとよかね」と部屋に呼び出された。芳夫は共産主義にかぶれ、校内でアジ演説やビラ配りを繰り返して学校から睨まれていた。全共闘反対派の立場に立つ武夫は、弟を嗜《たしな》めるように議論を吹きかけた。世の中を何とかしたいという気持ちは一緒。戦争には反対。ただ、天皇制を認めるか認めないかの議論になると激しい火花が散った。

芳夫は高校卒業後、郵便局を皮切りに建設会社（生コン）や運送会社を渡り歩いたが、組合活動がもとでいずれの職場にも長くとどまることができなかった。不安定な四年間を過ごしてどうにも食えなくなり、家に戻って「新古賀」の手伝いをしていたとき、「将来性のあるもんが大学に行かんでどがんすっか」と義兄に諭され、一念発起して日本大学に進んだ。大学では部落問題を深く探求し、武夫とは違う路線で虐げられている人々の救済に心血を注いでいった。

なべプロ面接

武夫は、語学と空手、アルバイトに明け暮れる四年間を過ごした。当初は人並みに就職するつもりでいたが、今一つやる気が起きず、卒業を一年見送った。留年中も塾で教えながら語学と空手の三昧生活を続け、合間に韓国などへの旅行を挟んだ。そのかたわら、外務省（外交官）に狙いを定めて試験勉強を進め、また民間では、渡辺プロダクション（なべプロ）に的を絞って就活に臨んだ。自分の適性能力を考えれば、これがベストの選択に思えた。

なべプロは最終選考まで残った。重役面接に臨んでこんなやりとりをした。

「君は外務省も受けているみたいだね」

「はい」

「両方受かったらどちらに行くつもりですか」

「もちろん外務省です」

正直者に採用通知は来なかった。受かっていたら小柳ルミ子の付き人になっていたかもしれないとうそぶいたが、さほど悔しい素振りは見せなかった。結局、外務省からも朗報は届かなかった。

昭和四十八年三月、武夫は二十三歳で大学を卒業した。働き口が見つからぬまま佐賀に帰ったが、次の行動計画は決まっていた。「好きな語学を極めたい」。中学のときから夢に描いていた外国への留学。フランスへ！　この時期を逃して決行するチャンスはないと思った。

第五章　留学

フランス・ディジョン

昭和四十八年七月五日、武夫は横浜港からウラジオストク行きの船に乗った。港には姉や兄たちが見送りにきてくれた。次姉の文子には、デッキに立つ武夫の姿が青年将校のように凛々しく見えた。観光気分で浮かれている他の乗船客とは違い、胸に秘めた決然とした意志が伝わってくるようだった。

ウラジオストクからはシベリア鉄道で大陸を横断し、ヨーロッパに入った。それが一番安いルートだったからだ。オーストリアの首都ウィーンからスイスのバーゼルを経て目的地であるフランスのディジョンへ着いたのは、横浜港を発ってから九日目の七月十三日、パリ祭の前日だった。両手の重い荷物を駅に預け、そこからバスで二十分ほどのディジョン大学に直行し、手始めに夏季講座の申し込み手続きを済ませた。

コート・ドール県の首都ディジョン。人口十五万人。ブルゴーニュの名で世界的に知られるワインの名産地。ひと夏だけ過ごすつもりだったこの地に、二年間居座ることになるとは夢にも思っていなかった。

大学で空手を教える

フランスでは、サッカーに次いで第二のスポーツ人口を抱える柔道をはじめ、合気道や空手が大変なブームになっていた。空手の道場はディジョン市内だけで六か所、最も大きいところで生徒数二百人を数えた。

武夫はディジョン到着の三日後、大学から空手の指導を頼まれた。いいバイト代になると安請け合いしたが、これが元で夏季講座履修後も大学から離れられなくなった。改めて歴史学科への入学手続きを取り、十月からスタートした新学期の授業に臨んだ。しかし、語学力の不足から内容が理解できず、三か月後には外国人向けのフランス語科に編入せざるを得なくなった。

いっぽう空手の出だしは上々だった。大学の道場には百人近くの生徒が集まってきた。多様性の国だけあって、黒人もいればアラブ人やベトナム人もいる。学生のみならず教授や大学職員も多数参加してきた。流派ごとに細かい規定がある日本と違い、フランスでは自己流も許され、日本では考えつかない技も多用されていた。和気藹々《わきあいあい》としてストイック性に欠けるきらいはあるが、逆にそこに強くなれる要素が含まれているのではないか。そう感じるほど、有段者の力には侮れないものがあった。武道の精神について学びたいと言ってくる者も多く、外国人に日本的なものが理解できないというのは誤りだと気づいた。

稽古中、町の厄介者と疎まれていたチンピラの親分が嫌がらせにきたことがあった。空手のポーズをとって凄んで見せたが、武夫が本物の技を披歴すると尻尾を巻いて逃げていった。再び現れたときには、武夫のことを「センセイ」と呼び、さかんに愛想を振りまいた。フランス人が「センセイ」というとき、そこには特別の敬意と親愛の情が込められている。親分とはその後、親しい間柄になった。

この一件以来、武夫は大学きっての名物男になり、道場に集う人たちに愛着をもって受け入れられた。町で喧嘩が起きると仲裁役に引き出され、教授たちからは食事に招待された。寮の部屋には入れ代わり立ち代わり学生たちが訪れ、「せからしい（うるさい）くらい」だった。

弟子丸泰仙と出会う

休みの日には、鉄道に揺られてパリにも足を延ばした。花の都では十八世紀ごろにつくられた石の建造物がごく普通に見られた。教会の塔を仰ぎ、石だたみの街路を歩いて、「パリの街には歴史の重みの染みちいとっぱい」と何度もため息をついた。かと思えば、狭い街路をホンダやヤマハのオートバイが爆音も凄まじく走り抜けていく。トヨタにダットサン、ソニーにセイコー、サンヨーあり、ナショナルあり。日本製品の多さに渡仏前のイメージが少々ぐらついたが、それでもフランスはフランス、古い歴史と伝統に根差した精神文化の重みは、ずっしりと胸にこたえた。

　パリでは、渡仏から四か月目の十月に弟《で》子《し》丸《まる》泰仙《たいせん》との邂逅があった。同郷の佐賀郡諸富町の出身。昭和四十二年に禅を布教するために渡仏し、武夫と出会ったときにはパリに在住してヨーロッパ禅協会の会長を務めていた。

「人生の師」と仰いだ弟子丸禅師とは、作家のアンドレ・マルローが寄進したという書斎で初対面の挨拶を交わした。愛飲しているジョニーウォーカーを勧められ、飲みつつヨーロッパでの活動内容について訊いた。「座禅、読書、講演」の三昧生活。その具体的な中身を知れば知るほど常人の域を逸脱していると感じた。全身にみなぎる生命力と活力、枠に因われないオープンな人柄、大胆にして繊細。四十五万人もの会員の心をつかむ大人物の爆発的エネルギーに圧倒され、「このオヤジは大したもんばい！」と心中で叫んだ。

　南フランスの禅のキャンプでも起居を共にし、時間を忘れて師の話に聞き入った。このとき弟子丸禅師は、渡仏の動機を改めて武夫に語った。

「今までヨーロッパ文明に日本が与えたものは何もなかった。日本人は自分が何をしとるかわからんで走り回っとる。日本人への警鐘として、禅を日本からヨーロッパへ持ち出し、日本へ逆輸入すれば日本人も悟るだろうと思った」

　武夫はこの話にしみじみ感じ入った。確かに日本は、経済的・技術的な分野で世界に貢献したが、精神文化の面で寄与したことは少ない。日本人の評判が思うほどよくないのは、世界に対して本質的な貢献を何もしていないからではないか……。

弟子丸禅師のもとに通い詰めていたある日、武夫は師を前にしてこう問うた。

「先生、先生はもしかしたら僕じゃなかですか。先生と僕は同一人物ではなかでしょうか」。すると師は、達磨のような目でムーッと睨み、「そうかもしれんな」と低い声で返してきた。

昭和四十九年の夏、武夫はパリの禅道場で得度を受け、「黙竜泰元《もくりゅうたいげん》」の法名を授かった。その数日後、雲水のような出で立ちでパリのオルリー空港からアメリカに飛び立った。バカンスを目的にしたこの小旅行では、行く先々で好奇の目で見られた。シカゴの街では、〝Is it Gi ?〟と、着ていた作務衣を指さして訊いてくる者がいた。Gi？　何のことか。空手着などの道着をフランスではKimonoと呼んでいたが、アメリカではGiと呼ぶらしかった。日本語の外国語化も国によってさまざまだと認識を新たにした。

アメリカには三週間ほど滞在したが、「異国」を意識することはほとんどなかった。その五か月前に訪ねたイギリスのバーミンガムでも違和感は少なかった。お茶は「ティー」、アイスクリームは「アイスクリーム」、日本語で通じる。パンも日本で食べているものと大差がなかった。ところがフランスでサンドウィッチを頼んだときは、二つに裂いたバゲットの間にチーズやハムを挟んだだけのものが出てきた。それは思い描いていたのとはまったく違う馴染みのない食べ物だった。

アメリカとフランスは明らかに違った。街並みも人の顔つきも服装も、すべてアメリカとかけ離れていた。いかに自分がアメリカナイズされた「日本的なるもの」に毒されていたか。アメリカ行脚は、フランスに「異国」を感じる旅にもなった。

戦後世代の自分は物心がついたときにはすでにアメリカ的なもので周りを取り囲まれていた。ポップス、ファッション、メーキャップ、米軍基地、様々な社会制度。学校ではアメリカンイングリッシュを習い、外国人といえばアメリカ人、外国語といえば英語。後から後からアメリカのブームやら何やらが入ってきた。そんな大量の「アメリカ」を自己の中にもち、それがアメリカであるのか、日本であるのか疑うこともなかった。しかし、ある日、実はただの日本化されたアメリカであることに気づいた。本物のアメリカは海の彼方にしか存在せず、自分の中にあるのはアメリカ風のものでしかなかった。そして、日本的咀嚼を受けたアメリカは、すでに自分と一体になっていることに気づいた。「自分の中のアメリカ」の正体を見極めること。そしてそれを超克してやろうという強い願望。それが英語学習の原動力になった。(「佐賀新聞」投稿より)

フランス便り

武夫は、フランス留学中も親のお金を一切当てにしなかった。渡航費用も生活費も、東京で暮らしていたときと同じように自分の力で工面した。兄の和夫は、留学中の武夫のことが話題に上ったとき、周りから「武夫さんはいいね」という言い方をされた。親の経済的なバックアップがあればこそと、誰もがそのような受け止め方をしていた。だが一銭も支援していない。いや、正確にはただの一度だけ例外があった。父の漸が玿江に言いつけて十万円を送金させた。頼まれたわけではなく、勝手に送りつけたのである。

留学中に武夫から手紙が届くことはなかったが、佐賀からはときどき国際電話を入れた。また、カセットテープにメッセージを吹き込んで送り届けたりもした。電話口の武夫の声はいつも元気な様子を伝えてきた。あるときはブルゴーニュの工場で飲んだワインが美味しかったと、木箱に二十本ほど入ったのを船便で送ってきたこともあった。

佐賀新聞にも日々の雑感を寄稿した。それは「フランス便り」というタイトルで数回にわたって連載された。自己の日常を語り、彼我の国の文化論を展開した。ある回ではこんな一文が載った。

「フランス人は嫌なものは嫌とはっきりいう。日本人は義理や人情のためにだらだらした曖昧な関係を持つ。

裏を返せば自分を殺しながら相手に判断を任せる甘え。日本人の美徳はフランスでは通じない。良い悪いの評価は別として、そういうやり方で一つの文化が成り立っている」

こんな文章を綴ったのも、フランスでは決してよいことばかりではなかったからである。我が強く屁理屈が多い。愛想もくそもない。デパートのレジ係や郵便局の係員の対応には何度も辟易させられた。規則に忠実なるがゆえの恐ろしいまでの頑固さは日本人には冷酷に見え、とても耐えられるものではなかった。

それでも武夫は人に恵まれた。空手を通じて出会った人たちはみな親切で、最初は取っつきにくいと感じていた学生とも一線を越えて親密になった。

武夫は生活費の大半を空手の指導料と女子寮の夜警のアルバイトで賄っていた。授業料は年間で約一万二千円。生活費は学生にはとくに安く、食事代も一般の半分程度で済んだが、それでもお金にはいつも不自由した。フランス映画『クレージーボーイ　ミサイル珍作戦』にエキストラで出演したのも、単に好奇心旺盛で目立ちたがり屋という性格のゆえだけでなく、日銭で当座をしのぐ目的もあった。もちろん、佐賀の家族に窮状を訴えたことはない。しかし、金策尽きて食うのにも困った一時期があった。このとき手を差し伸べてくれたのは、空手を教えていた七歳年上のベトナム難民だった。サイゴン出身の苦学生。その彼の屋根裏部屋で「腹が減れば同じコメの飯を食わせてもらい、冬が来れば古着や防寒靴を分けてもらった」。人間の住む世界に鬼はいない。今日ある自分の半分は彼のおかげ。武夫はこのときほど人に恩義を感じたことはなかった。

通訳で帰国費用を稼ぐ

留学二年目の秋、武夫は無理を言って哲学科の修士課程に入れてもらい、サルトルの実存主義を学んだ。単位を取得するまで学業を続けるつもりだったが、体調を崩し、なによりも経済上の問題が重くのしかかって、断念せざるを得なくなった。

日本に帰ろうと決めたものの、差し当たっての問題はお金である。すっかんぴんで飛行機代もままならない。どうしたものかと考えあぐねていたとき、寮の仲間から朗報がもたらされた。ミスユニバースのコンテストで英語とフランス語のできる日本人の通訳を探しているという。取るものもとりあえず、即応募した。通訳の経験はなく、ノウハウも知らなかった。ふつうに会話する程度のことならどうにでもなるが、専門用語に対処できるかとなると心許なかった。

「堂々とやってください。わからなくても、絶対、モジモジしないでください」

日本人の担当者から、くれぐれもと念押しされた。やるしかなかろうも！　世界の美女をじっくり観察する心の余裕もなく、三日間、ハッタリをかまし通した。日当は七万円。三日分の報酬で足代は十分に出た。

昭和五十年六月二十五日、未練を残しながらパリのオルリー空港から帰国の途に就いた。二年という留学期間はフランス文化を理解するにはあまりにも短すぎた。とはいえ、フランス文化に浸った体験は武夫の精神を根元から変えた。フランスに渡ったときに抱いた「違和感」は、それとは違った意味で二年ぶりに見た日本にも感じた。アメリカに酷似しているが、中身はあまりにも「薄っぺら」。日本という国がどこか偽物じみて、無性に腹立たしくなった。

母校の非常勤講師に

フランス文化に洗脳され、心が宙に浮いたような生活を送っていたとき、母校の佐賀西高校から非常勤講師の声がかかった。二学期から年度末までのおよそ半年間、英語を教えることになった。

枇杷《びわ》の木のあった家の三姉妹の次女・古賀かおるは、高三の夏休み明け、西高でモザイク授業と呼ばれる志望コース別の授業を受けていた。英語必修の私大文系クラス。その教室で、かおるは坊主頭の新米教師を迎え入れた。ベテラン教師の多い西高にあって、若くて威勢のいい教師の登場は新鮮であり衝撃的であった。

初日の授業。若い教師は簡単な自己紹介を済ませると、いきなりチョークを手に取ってパリのシャンゼリゼ通りを黒板に描いた。そこから留学体験の話が始まった。話の中に何度もディジョン、ディジョンと出てきたが、かおるはリヨンのことかと思って聞いていた。エキストラで映画に出た話、カワサキやヤマハの話。延々と武勇伝を語るのみで、一向に英語の授業を始める気配がなかった。

なに、この人？　自分たちは受験を控えて、一瞬たりとも時間を無駄にしたくないのに……。目の前の生徒がそんなことを考えているとも知らず、若い教師は終いまでフランスの話に花を咲かせ、何の悪びれた様子もなく教室から出て行った。

なに、この人！　かおるはいよいよもって腹が立った。実力のほどはどうなのか、試してやれと意地悪心も働いて、休み時間に問題集をもって職員室に出かけて行った。「先生、ここがわからんとです」。すると意外や意外、納得のいく丁寧な回答が返ってきた。ああ、この人、やっぱり英語の先生だったんだ……。

武夫は風変わりな先生としてたちまち評判を呼んだ。脱線に継ぐ脱線で、教科書がさっぱり進まない。かおるのように不安を抱く向きもあったが、日本人離れした発音や話術の巧みさが授業の不備を補って余りあり、生徒たちには概ね好評だった。

武夫が母校で教鞭をとっていたころ、佐久間と兵動は大迷惑を被っていた。そのころ佐久間は佐賀に帰って家業を継ぎ、兵動は佐賀新聞社に勤めていた。久しぶりに武夫の顔を見ようと二人連れ立って家の近くまで来てみると、まったく面識のない女子高生から声をかけられた。

「ひょっとしたら、アホの佐久間さんとふうけの兵動さんじゃなかですか。ウフフ」

商店街を歩いているときも、四十年輩のどこかの母親にすれ違いざまケラケラ笑われた。

アノヤロー、こんちくしょー、何を言いくさったか！

「がり勉せんでも、アホでもふうけでも、ちゃんと合格できっばい」

武夫は悪友を引き合いに出し、受験生の緊張を解きほぐしていた。半年間の在任中、のちに義妹となる古賀かおるや原口一博（民進党議員）をはじめ、後年の活動を支えた多くの後輩たちとの出会いをもった。

佐賀フランス研究会を立ち上げる

非常勤講師をしている間も、武夫はずっとフランスの熱に浮かされていた。アメリカ色に染まった日本人に精神性の高い外国文化を紹介したい。そんな思いを佐賀新聞の告知板に掲載した。たまたまこの記事を目にした副島雅雪（浄土宗潮音寺住職）は、親交のあったカトリック幼稚園のディ・ペッロ神父を誘い、武夫に会いに行った。

武夫は副島が東京外国語大（スペイン語科）の先輩であることを知ると、緊張を解いて思いの丈を語った。

「おいはフランス語を勉強するために留学したけんが、言葉だけ勉強するのは無理だとわかった。言葉の裏には文化がある。文化は国によって違う。外国文化をよく知ったうえで日本を見直さんと日本人はますます孤立してしまう。ばってん、それぞれの文化を理解するのも大事じゃが、文化にこだわっていては本当の交流ができん。文化を一度捨て、裸になって肌と肌でぶつかってみる。そがんな交流が必要になるんじゃなかろうか。おいは自分の学んだことを、自分の持っている力を佐賀の人間に還元したい。何ができるかわからんけんが、やってみんことにはそれすらもわからん。どがんな形でもよか。まずは興味のある人ば募って始めてみたらどがんじゃろうか。やりたかことはそれからみんなで決めればよかよ」

何年かかっても、地味であってもいい。上から与えられる文化でなく、自分たちの手で創り上げる文化を広めてみたい。太平をむさぼる佐賀という池に石を投げ込み、その波紋がどこまで広がるか見てみたい。この熱情が副島とディ・ペッロ神父の心を打った。

「場所を提供します。一緒にやりましょう」

昭和五十一年一月、武夫はカトリック幼稚園の一室を借りて「佐賀フランス研究会」を立ち上げた。「俺たちはゲリラだ！」。七人のメンバーで一歩を踏み出した。

武夫たちは毎週土曜日の夜に教室に集まり、例会（サークル）を開いた。友が友を呼び、滞仏経験者や外国語専攻の学生など県内全域から二十数名が参加した。前半はフランス語の講読と会話、後半はフランス文化に関する研究レポートの発表。化粧品店勤務の女性は「フランス香水史」、菓子店勤務の男性は「フランス菓子」。自分たちの趣味や職業に結びつけてユニークな文化論を展開した。

そもそも武夫はサークル活動が嫌いだった。面白いと思ったら、何でも自分で集中して楽しめばいいと思っていた。しかし、このサークルには自分の知らない知識と経験、才能とスキルをもった逸材が集まってくる。文学、美術、歴史、服飾、料理。自由に自分の興味のあることが勉強できる。佐賀にいても井の中の蛙にならず、グローバルな視点がもてる。最初はこんな田舎で何ができるかと危惧していたが、蓋を開けてみれば、佐賀にもこんな人間がおったんかと驚くばかりだった。一人でやれることには限界がある。一人では何もできない。すごかこったい。今さらのように思い知らされた。

地域住民を招いてクラシックの音楽会やフランス映画の上映会も開いた。定期的に通ってくる面子の数も三十、四十と膨らんでいった。この研究会が呼び水となって、佐賀ゾリステン、佐賀フラメンコ研究会、スペイン語研究会、イタリア語研究会、ポルトガル語研究会などの文化団体が続々と誕生した。ささやかながら佐賀の街に異国の風が吹き始めた。

東松浦高校に赴任

非常勤講師を終えた後には次なる教職の道も開かれた。県立東松浦高校に英語教諭として正式採用され、同年四月から任地に赴くことになった。

佐賀県北西部、玄界灘を望む東松浦半島。「陸のへき地」「佐賀のチベット」などと同情の声をもって送り出された新任地は、佐賀市街から車で約一時間、美しいリアス式の海岸線に集落が張り付いた裏さびれた港町だった。目と鼻の先では、産声を上げたばかりの九州電力玄海原子力発電所（玄海原発）が音もなく稼働していた。

開校三年目のほやほやの新設校。全校生徒数二百人あまり。本物の英語を教えようと張り切って教壇に上がったが、予定不調和というべきか、初日から歯車が狂った。ＡＢＣから教えなければならない生徒も少なからずおり、県内随一の進学校である母校の非常勤からいきなり飛び込むには落差が大きすぎた。宿題を出せば、「家の手伝いば頼めんごとなる」と父母からクレームがついた。

武夫は教員用の寄宿舎に入った。週末は家に帰ってフランス研究会や参禅に時間を費やしたが、平日の長い夜には身を持て余した。近くに友人がいるでもなく、飲んで騒げる場所があるでもなし。他に楽しみを見出せず、「これもよか機会じゃ」と、短波放送と通信教育を利用してフランス語と英語の勉強に埋没した。そして飽きれば、夜の浜辺に出てジョギングをした。

お月さん　二人きりなる　仮屋湾《かりやわん》

おいが走るとお月様が付いてくる。おいが止まるとお月様も止まってくれる。ああ、今宵は二人きり。賑やかな場を好んだ武夫には、何もない浜辺の暮らしが身にこたえた。

赴任から二年目、自由に操っていた英語への自信がぐらついた。英語圏の国から帰国した生徒の試験答案が正しいのか正しくないのか判断がつかなかった。

「これではいかんばい。生徒のためにもならんばい」

英語圏の生活にどっぷり浸かり、英語力を磨き直す必要性を感じた。休職して留学できないか。校長などに掛け合ってみたが、反応は鈍かった。埒が明かず、それならばと教育長のもとに出向いて直談判した。

英語を知らない教師であってはならない。もっと質を高め、自信をもって生徒に教えられる存在にならなければならない。読み、書き、話し、聞くことのできる教師を増やし、元気の出る英語教育を実践するためにも、教師の身分を保証して海外留学をさせるべきだ。そう訴えたが、「そんな制度はない、無理だ」と一蹴された。

「わかりました。そいじゃ、おいはおいで、そいができる学校ばつくりましょう」

売り言葉に買い言葉。思わず見えを切ったが、言ってしまった手前、後に引けなくなった。しょせん、県立高校の英語教師では本物の国際人を育てにくい。おいは教科の専門家であると同時に教育の専門家でもありたい。昭和五十三年七月、留学を理由に二年四か月勤めた学校に辞表を突き付けた。

カナダ留学

留学先は英語とフランス語を公用語とするカナダを選んだ。退職から二か月間で準備を整え、九月、開港して間もない成田空港から飛び立った。

学び舎となった州立ウィンザー大学は、オンタリオ州の南東部、デトロイト川を挟んでアメリカと隣接するウィンザー市の川沿いにあった。ここで武夫は哲学を専攻し、翌年の七月まで比較思想を学んだ。フランス留学中は実存主義に触れ、弟子丸泰仙から仏教（禅）を学んだが、カナダではこれに中国の哲学や他の宗教を絡めた。死をどうとらえるか。死ぬこととは生きること。洋の東西の死生観に焦点を当て、大系をひもといた。九月からは同州ハミルトンにあるマクマスター大学に籍を移し、二か月間、同じく比較思想を専攻して日本文化（東洋文化）と西洋文化の違いを研究した。

自費留学だったフランスとは違い、ロータリー財団大学院奨学生の身分で渡ったカナダでは、明確な目的をもって学業に励んだ。その甲斐あって受講した科目のほとんどに五段階の最高評価である「A」がついた。

カナダでも多くの地を見て回った。カナダは、世界各地からの移民で出来上がった多民族・多言語の国家であるという点でアメリカとよく似ていた。ただ、アメリカは多くの異なった民族・言語を溶かしあわせて、星条旗はためく合衆国という強い統一体を作り上げているのに対し、カナダは異なった民族・言語をそのままの形にして全体をうまくまとめあげていた。たとえば東部のケベック州はフランス系の移民が多いが、そこにはイギリス系やイタリア系・ドイツ系などが混在し、それぞれが母国の文化を堅持しながら平和で安定した社会を形成していた。武夫はそこに「将来の地球の縮図」を見る思いがした。

二十一世紀に向けて地球はどんどん小さくなっていく。隣に外国人が住み、同じ職場で仕事をするという社会が確実にやって来る。あらゆる国同士が互いの個性を主張しながら、調和を求め、相互理解を進めることがますます重要になる——

ばってん、違う生活習慣をもった人間が一緒に暮らすのは大変なことじゃ。国同士の交流も口でいうほど簡単なことではない。調整には骨が折れる。その前に言葉の壁がある。日本人は言葉はできても外国人とはよく話せない。話す中身ももっていない。北方領土問題のことを聞かれても、安全保障問題や自衛隊のことが話題になっても、何一つまともに意見を言える者がいない。こいは恥ずかしかこつばい。ほぼ単一民族から成り立っている日本では以心伝心も可能だが、多民族国家ではどうにもならない。きれいに間違いのない英語を話すより、何を話すか、心にどう訴えかけていくか。文法が少し間違っていようが、単語を並べただけの英語であろうが、話す筋がはっきりしていれば何とか通じるものだ。日本人はまず自国のことを知らなければならない。日本語でしっかりものを考え、もっともっと話題力や論理力を鍛えないといけない。それを教えるのが本当の語学教育じゃなかろうか。おいがやるべきことじゃなかろうか……。

英語のブラッシュアップを主眼に渡ったカナダから武夫は多くの示唆を与えられた。「地球は一つ」という考えに立った国際交流のあり方、目指すべき英語（語学）教育のあり方。日本に帰って取り組むべきそれらの方向性が鮮明になったことは、カナダで得た大きな収穫の一つであった。

婚約破棄

カナダ留学は実り多い一年であったが、同時に悩み尽きぬ一年でもあった。佐久間は、この間に武夫の苦悩が詰まった「カナダからの手紙」を頻繁に受け取った。

カナダに旅立つ前、武夫は一歳年下の女性と交際を重ねていた。佐賀フランス研究会設立後、カトリック幼稚園でフランス語を教えていたが、女性はその受講生の一人だった。二人が交際を始めてから、佐久間は「おまえには合わん、やめとったがよかよ」とたびたび忠告した。というのも、女性には他に交際相手がいたからだ。相手は武夫と佐久間の高校時代の同級生で、当時はまだ画家の卵だった。三角関係にあることは武夫も薄々気づいており、そのことをひどく気にしていた。

このころ武夫は、佐賀市呉服元町にある「かのこ」という飲み屋に足しげく通っていた。かのこは、武夫が住んでいた家の目と鼻の先にあり、武夫が西高に入学したのと同じ昭和四十年に開店した。一階にカウンターと小上がり座敷がある小料理屋然とした店構えで、独自のだしを使ったおでんと釜揚げうどんが名物になっている。

店主の「かのこのママ」こと杉谷邦枝は、古賀家が高木町に移る前、松原町に住んでいたときから家族同然の付き合いをしてきた。武夫のことも生まれたときからよく知っている。その武夫が客として店に来るようになったのは、フランスから帰国して間もないころだった。武夫は当初、フランス語を教えていた若い女性たちを引き連れてきて、先生、先生、キャーキャーと大モテだったが、しばらくするとその中の一人だけを連れて現れ、ママの前で「べたべた」するようになった。

女性は武夫にぞっこんで、行けば会えるからと、玿江が家で開いていた日本舞踊の教室にも通った。ママは二人の関係がうまくいっていると思っていたが、実はそうではなかった。ある日、女性から「とっても苦しい」と手紙を託された。武夫さんがその気になってくれない、どうしたらわかってもらえるだろうか。

武夫が一人で店にやって来たとき、ママはそのままを伝えて手紙を渡した。

「おいは好かんもん」

武夫は素っ気ない言葉を返してきたが、どのような経緯からか、その舌の根も乾かぬうちに冷蔵庫やベッドを買い込み、水ケ江にアパートを借りて同棲生活を始めた。

カナダ行きが迫ってきたとき、佐久間は武夫から相談を持ちかけられた。出発前に婚約発表したいが「どがん思うか」。佐久間は「やめとけ」と釘を刺した。

「おまえは性急すぎる。もうちょっとよく考えんば」

「ばってん、婚約ばしとかんば安心できんけんが」

武夫は親友の忠告を無視し、出発の直前、市内にある寿司屋の二階に親族や仲間を招いてお披露目をした。そうして婚約者を残し、一人で日本を発っていった。

カナダから佐久間に届いた便りには、婚約相手のことを心配する胸の内が縷々《るる》綴ってあった。「あのやろうがなんかしょっとなかろうか」。夢にまで出てきたと、激しい筆致で書きなぐってきたこともあった。

カナダに旅立ってから半年後、ママの店に武夫がひょっこり現れた。目を真っ赤に腫らしている。「どがんしたと？」「手紙ばくれんけん、心配になって帰ってきたと。アパートに行ってみたら男がおったとよ」。武夫は、裏切られたと、ママの前でさめざめと泣いた。一時帰国したことは佐久間にも知らせず、そのままとんぼ返りでカナダに戻っていった。

婚約相手が「あのやろう」のもとに逃げて挙式したのはその直後だった。昭和五十四年十月、カナダから帰国した武夫は佐久間の家に直行した。
「佐久間、立会人になれ。今から殺しに行くけん」
佐久間に運転を頼み、裏切り者の住む家まで送り届けさせた。武夫はヌンチャクをもって車から降りて行った。眉間にしわを寄せて家に向かっていったが、小一時間ほどして戻ってきたときにはさっぱりした表情になっていた。フィアンセを奪った男に「大事にしろよ」くらいのことは言ったのではないか。深く詮索はしなかったが、後腐れのないケリの付け方をしたように佐久間には感じられた。

次兄と父の死

カナダ留学中には身内に不幸が重なった。渡加直後の昭和五十三年九月二十八日、次兄の学が三十九歳の若さで急逝した。死因は細菌性心内膜炎。久留米医大で治療を受けていたが、症例が七人目という当時としては珍しい難治性の病気だった。妻の智津子との間にもうけた二男一女があとに残された。乗り越えるべき「強い兄」の早すぎる死に、武夫はショックを隠せなかった。

帰国直前の昭和五十四年五月九日には祖母イソの訃報が入った。それと相前後して父の体調のすぐれぬことも知らされていた。帰国してみれば、父は酒が元の肝硬変で入退院を繰り返していた。大学院の学生だった弟の芳夫が休学して看病に当たっていたが、容体は悪化の一途を辿り、昭和五十五年の年明け、一月四日に六十四歳で逝った。

武夫は父の漸と最後まで相容れなかった。芳夫は、兄が生前に父と真剣に対峙したのをただの一度も見たことがない。もちろん顔を合わせれば挨拶程度の言葉は交わすが、中学のころから意識的に避けているという態度がありありだった。父は父で「武夫とは話ができん。あいつは変わっちょる」と突き放していた。

世の不公平を酒で紛らわすしかなかった厭世主義者の父。これに対して兄の武夫は世の不公平を行動で変えようとした楽天主義者。語学をものにし、思索し、活動領域を広げて人間の救済に道筋をつけた。人間の救済ということを考えるならば、なぜそこに酒におぼれる父のことも含めてくれないのか。芳夫は「おやじのことをもっと考えんば、もっと話をせんば」と何度も兄を責めた。しかし、最後までうんと言わなかった。

カナダからの帰国後も武夫は父との距離を保っていた。ところが葬儀の日、火葬の段になって、それまで疎遠だった人に対する態度とは思えぬ行動を見せた。炎に巻かれる遺体に向かって響くような声を上げた。

「お父様、火加減はいかがでしょうか」

参列者の間から笑いが漏れた。この話を聞いた三遊亭歌之介（地球市民の会の賛同者）は「面白い」といって落語のネタにした。単純に受け止めれば、受け狙いのリップサービスと取れなくもない。だが、本心はどうだったのか。二人にしかわからない心の会話があったのだろうか。父の死から二十三年後の平成十四年、武夫は父の回想を会報誌に寄稿した。さまざまな人のことを書き綴った膨大な記録のなかで、父に言及したのは、次のたった四行だけだった。

「父漸は私が満二十九歳のときに亡くなった。ふだん仕事一徹、寡黙であったし、私から話しかけることもほとんどなく、父が書き残したものはほとんどないので、生前も死後二十三年経った今でも私は父を理解しているのか心もとない。理解してあげようという努力が足りなすぎたことを反省し、申し訳なく思っている」（平成十四年二月二十一日）

佐賀日仏文化会館を設立

一九七〇年代の末から八〇年にかけては、婚約破棄という自身の身に起こった不幸も含めて梅雨空のごとき心模様だった。しかし、昭和五十五年、桜の季節が巡ってくると、武夫の面前にも一条の光が射し込んできた。佐賀フランス研究会の活動が大きく前進し、新たな視界が開けたのだ。

カナダで「将来の地球の縮図」を見た武夫の志は気宇壮大なものになっていた。フランス研究会はそここの人数を集め、佐賀に外国文化を紹介する一定の役割を果たしつつあったが、まだまだ内輪のサークル活動の域を出ておらず、「国際」を標榜するにはほど遠い。そのことに武夫は物足りなさを感じていた。

もうちいと大きかことばやれんとやろか。国際交流センターのようなもんば作れんじゃろうか……。

やりたいことが次々と頭に浮かび、思い浮かべば人に話さずにはいられなかった。サークルの関係者は興味津々武夫の構想に身を乗り出したが、いっぽうで不安も募らせた。規模を拡大するとなれば、今以上に内容と質の充実が求められる。人材も要るし、お金も要る。そぎゃん簡単にはいかんじゃろうに。

「こがんなことは、本当は、お金のうんとある人がやればよかよ。ばってん、誰もやらんけん、おいがせんとしょうがなか。なんとかなっとばい」

一度火が付いたら止められない性格。次のステップに向かう武夫を制止できるものは誰もいなかった。

武夫は矢継ぎ早に準備を進めた。まず、駐日フランス大使館にかけあい、資材提供などの確約を取り付けた。次に、福岡にある九州日仏学館（フランス政府直轄）に足を運び、講師派遣の提携を結んだ。並行して、高木町の家の一部を改造し、ここを新たな活動拠点とする手はずを整えた。

こうして、昭和五十五年三月二十四日、佐賀フランス研究会は、装いを新たに「佐賀日仏文化会館」として生まれ変わった。専任講師を備えた本格的なフランス語教育機関としては、東京、京都、福岡に次いで全国で四番目、民営では全国初の設立である。

佐賀日仏文化会館は、駐日フランス大使館をバックボーンに営利を目的としない文化団体として発足した。武夫は館長に就任し、名誉顧問に九州日仏学館館長のクロード・クージーを迎え入れた。事業コンセプトは「ことば」と「文化」。つまり、語学教育と文化活動の二本立てで運営を進めていく方針がとられた。

語学教育では、手始めにフランス語講座を開講した。開講したのは、①視聴覚クラス（目と耳と口と手をバランスよく使って学習)、②一般クラス(現代フランス文明講座および初・中級の購読・会話・作文講座を備える)、③子供クラス(小中学生対象)の三コース。週三時間、十二週(三か月)で一期を修了するカリキュラムを組み、授業料は一期一万八千円~四万円とした。

指導スタッフは、九州日仏学館から派遣されたアラン・ニヤール(福岡大講師)とナディア・エルボライ(佐賀大講師)夫妻。これに専任講師のアニー柴田佐賀医科大学教授夫人(当時、佐賀市在住の唯一のフランス人)と武夫を加えた四人で教える体制をとった。

文化活動は、佐賀フランス研究会の内容をほぼそのまま踏襲した。目玉企画として、フランス菓子・料理講座、フランス大使館所蔵のフィルムを使った映画上映会、佐賀市在住の外国人や留学生をゲストに招いたインターナショナル・ティーパーティー(地球茶話会)、著名人や外国人による文化講演会。ほかに、外国語劇祭、佐賀パリ祭、英語弁論大会、国際交流キャンプ、海外旅行研修などの年間イベントを組み込み、市民への訴求力を高めた。

こうした多彩な事業内容は、物珍しさもあってマスコミ各社に取り上げられた。その宣伝効果もあって、社会人を中心に予想を上回る受講生が殺到した。フランス語講座は五クラス四十人、フランス菓子講座は二クラス四十人、ティーパーティーには一般市民も合わせて五十人あまりが参加し、「佐賀にこいだけの需要があっとね。すごかことねえ」と関係者を沸き立たせた。主宰者である武夫にとっても望外の喜びであった。

英語道場を開講

幸先のよいスタートに手応えを感じた武夫は、フランス語講座に引き続き、英語講座を開講した。自分のもっとも得意とする言語であり、世界共通語ともいえるだけに、これに賭ける意気込みは並々ならぬものがあった。

掲げた看板は「古賀英語道場」。「道場」としたのは、単に語学の習得のみにとどまらず、人間教育の場にしたいと考えたからである。学校よりも深く、塾よりも高く、会話学院よりも強く。ことばの文化（人間の行動の総体）を学び、実用としての英語を身に着け、これを武器に世界へ羽ばたいていく！　中学時代、「佐賀につくっぞ」と誓った語学の殿堂。東松浦高校で一度は潰えた国際人育成の夢。思いはさまざまに巡り、「いよいよたい、こっからたい」と気が高ぶった。

英語講座にも七十人の受講生が集まった。下は三歳、上は七十五歳。強引に誘い込んだ親戚筋や知人も含めて幅広い年齢層が狭い三つの教室を埋めた。武夫は、年齢や実力レベルに応じて大人用と子供用の十クラスを編成し、日米のスタッフ五〜六人を配して対応に当たった。しかし、武夫の高揚感はフランス語講座のときほどではなかった。中・高・大学生の集まりが悪い。計十二人、受講生全体の六分の一。外国のことばと文化に触れ、とらわれのない目で世界を見つめ、高い志を持ってどんどん海外に飛び出していって欲しい。そう願い、いちばん心待ちにしていた多感な年ごろの若い世代が、「予想を覆して」あまりにも少ないことにがっかりした。

やっぱい、進学塾のほうが手っ取り早く現実的ちゅうこつか……。

受験を目指す彼らには外国文化も国際交流も現実味のない悠長な話。大学に入れば就職活動でがんじがらめ。日本の若者が置かれた現状はそういうことなのだと割り切ろうとしたが、しかし、どうにも腑に落ちない。何のために英語ば勉強すっとか。それを問い詰めたとき、苦い思い出が胸に込み上げてきた。

あれは中学三年のときだった。社交的な次兄の学が佐世保の米軍基地の米兵たちと親しくなって家に招いたことがあった。自分たちの家ではあまりにみすぼらしいというので、歯科医院を営む叔父夫婦の家の座敷を借りてすき焼きパーティーを開いた。大勢の親族が顔をそろえたその席で、武夫と中学に上がったばかりの芳夫に、「何か英語でしゃべろ」とリクエストがかかった。まず弟の芳夫がしゃべった。

〝Do you have a pen?〟

みんながワハハハと大笑いした。米兵も手を叩いて喜んだ。武夫の番になったとき、英語が得意だからとみんなが注目した。ところが、武夫はドギマギして一言も発することができなかった。「芳夫ができて、なんで武夫ができんの」。あのときほど惨めな思いをしたことはない。

県下一斉テストで一〜二位という生徒が「ハロー」と言われてしどろもどろになっちゅうが、あんときのおいもそいと一緒やった。カードに書いて覚えた単語もフレーズも真っ白になって何の役にも立たんやった。外国人に物怖じしてろくにコミュニケーションもとれん。異文化への適応力もなか。そがんな若者ば量産しよっとが今の日本の英語教育じゃ。学校も、親も子供も、受験にとらわれすぎちょらんか。英語を学ぶ目的が受験突破のためとはつまらんとやなかか。そがん教育ばしちょったら、いつまでたっても本物の国際人は育たんのじゃ……。

武夫にとって救いだったのは、小学生以下の児童二十人（幼稚園児十人、小学生十人）が受講してくれたことだ。数は少ないとはいえ、十二人の中高生と大学生も道場の門を叩いてくれた。それを思えば、がっかりしたなどと落ち込んでいる暇はなかった。

こいらの将来が楽しみじゃ——爆発的エネルギーをもった若者が佐賀から続々と輩出し、社会や世界に貢献する姿が目に浮かぶ。「教育こそが社会を動かす最大の力たい」。そう自分に言い聞かせ、まあ、みとっけよ、おいは変えっぞ！　気合を入れ直した。

空手部をつくる

英語道場の子供クラス。その教室で、武夫が甥の古賀大之《だいじ》に「空手部ばつくるけん、おまえもやらんば」と声をかけたのは、英語講座を開講して間もなくのことだった。

大之は亡き兄・学の長男で、当時はまだ小学一年（七歳）だった。やるもやらないもないまま集合場所に行ってみると、和夫の子供をはじめ、六人のちびっ子たちが勢ぞろいしていた。「こいば着てみぃ」。武夫から真新しい空手着と白帯を支給され、わけもなくはしゃいでいると、さっそくその日から稽古が始まった。

道場の第二弾。武夫が「和道流空手道古賀道場」の前身となる空手部をつくったのは昭和五十五年四月、佐賀日仏文化会館の運営と英・仏二つの語学教室のかけもちで目の回るような日を重ねているときだった。疲れがたまり、体もなまり、体重は八十キロに迫っていた。丸めがねに丸刈りの顔はふっくらと丸みを帯びて、ついたあだ名が「テルテル坊主」。体を動かして脂肪を落とし、リフレッシュしないことには、「おかしかごとなる」。そうなると、「やっぱい、空手」である。とりあえず身内の子を寄せ集め、長く遊ばせていた和道流三段の腕前を指導に注ぐことにした。

武夫が空手部を始めたのにはもう一つのねらいがあった。それは、ボディーランゲージとしての空手の効用を国際交流に生かすことである。子供たちを海外研修旅行（スタディーツアー）に連れていくにしても、ただ一方的に学んで帰ってくるだけでは芸がない。外国語が話せなくても身体で表現する方法もある。空手の演武を海外の子供たちの前で披露すれば、彼らは日本の文化に興味を示すだろう。ぼくにも教えて！　わたしも習いたい！　友好を深める立派な懸け橋になるのだ。

空手部といっても、ちゃんとした稽古場を用意して始めたわけではなかった。武夫が六人のちびっ子たちを率いて最初に向かった先は、玿江と和夫家族の住む大財町の家だった。大広間の舞台に上がらせ、エイヤーとやらせてみたが、さすがに日舞用の舞台では狭すぎた。

次に観照院の参道、その次が循誘小学校のグラウンド。より広い空間に場所を移し、鬼ごっこなどの遊びを交えながら、「形《かた》」と「組手」の基本を一から教えた。また、「足腰を鍛えんばいかん」と市街地に繰り出し、車の往来の激しいアスファルト道を自ら先頭に立ってエッサホイサと走った。そのさまは、さながらカルガモ親子のごとくであった。

大之は入部以来、「空手は外でやるもんだ」とずっと思っていた。その青空道場から解放され、正規の稽古場（後述する「あぶさん道場」）を確保できたのが昭和五十六年の夏である。このときから武夫は、空手部に「和道流空手道古賀道場」の看板を掲げ、親戚筋以外の一般受講生の募集に踏み切った。スローガンは、一に体力、二に気力、三に知識とテクニック、それにもまして大切なのは優しい心。道場訓は、つよくやさしく、やさしくつよく。語学講座と同様、世界への「雄飛！」を謳い、市内在住の親子に入門を呼び掛けた。これにより大之ら「0《ゼロ》期生」に次ぐ一期生がぽつりぽつりと入門し、道場らしい体裁を整えたが、運営を軌道に乗せるまでにはいましばらくの時間を要した。

どんちゃん、しんしゃい

佐賀日仏文化会館の創設期、武夫の周りには優秀なスタッフが集まった。その中の一人に土井美智子がいる。通訳と翻訳を生業とする土井は、当時も今も「どんちゃん」の愛称で親しまれ、武夫からは「自分の教育に対する考え方をいちばんよく理解している」と全幅の信頼を寄せられた。

土井は佐賀市の生まれで、高校は武夫と同じ西高の出身。武夫が非常勤講師で来たときは高校三年だったが、四十二人いたクラスのうち、武夫の授業を受けなかった五人の中の一人に含まれていた。広島大学文学部を卒業した春、佐賀に帰省して秋からのイギリス留学に備えていたとき、武夫を知る高校時代の友人から「会ってみらんね。（留学の）参考になるかもしれんけん」と勧められ、もみじ饅頭を手土産に武夫を訪ねて行った。「ぎんぎんぎらぎらしたお兄さん」。それが三十歳の武夫を見たときのファーストインプレッションだった。

武夫から一通りのアドバイスを受け、帰ろうとしたとき、「あんた、明日から何すんね」と訊かれた。別

に予定はないと答えると、

「そいならバイトに来てくれんね。時給は三二〇円でよかろ」

広島の本屋でやったバイト代が確か六百円。一瞬耳を疑ったが、どうこう言える雰囲気ではなかった。九月まで武夫の下で働き、十月からは予定通りイギリスに渡った。イングランドのエクセター大学とスコットランドのエジンバラ大学で学び、奨学金が切れた翌年四月に「カスカスになって」帰ってきた。

帰国の挨拶で事務所に顔を出したとき、武夫から英語道場のパンフレットを見せられた。なんと、スタッフの一員として堂々と顔写真入りで紹介されていた。留学前に打診されたわけでなく、こちらから頼んだ覚えもない。「ただただびっくり」。しかし、ほかにするあてもなく、最後はホホホと笑って受け入れた。

正規のスタッフとして初出勤した日、武夫はパリから一時帰国した弟子丸泰仙の記念講演開催の準備に追われていた。告知用のポスターを作ったが、ミスが見つかったため、土井はその修正を任された。初仕事とあって、緊張しながら修正液で丁寧に直していると、武夫がつかつかと歩み寄ってきて、いきなり怒鳴った。

「遅かっ、はようせんね！」

えっ？　これほどエネルギッシュで、せからしか人は見たことがない。土井は初日から武夫の短兵急に振り回された。

武夫の口からは企画のアイデアが泉のごとく湧き出し、今日はこれ、明日はこれと仕事が際限なく発生した。土井には夜が明けるのが怖い時期があった。「ああ、古賀先生、今日はなんて言いさっかなあ」。朝、事務所に向かう途上で、自転車のペダルをこぎながらため息が出そうなことばかり考えていた。

佐賀日仏会館の活動内容を喧伝するための会報誌「ＡＳＴＥＲＩＸ《アステリックス》」（日・仏・英訳版）を創刊したときも、土井が編集を任された。しかし、原稿をどこの誰に頼めばいいのか、印刷発注や校正をどうすればいいのか、そんな仕事は一度もやったことがない。武夫からは具体的な指示が何もなく、ただ「どんちゃん、しんしゃい」の一言。万事この調子。文化講演会での外国人ゲストの応対も何の訓練も受けないままやらされた。

反省会は厳しく、「一生懸命やりました」が通用しなかった。武夫はつねにその時点で考えられる一番高いレベルを要求してきた。土井は「半人前」と言われ、そのたびに落ち込んだ。

「地球は丸いから、自分のいるところが中心。自分が中心ならば、つねに高いところを追い求める。それも人より高いというのでなく、今日の自分より明日の自分を高める。どんちゃん、それが大事よね」。そう言われると、落ち込んでばかりもいられなかった。

「しんどかったあ」。土井は武夫の下で過ごした二十代の後半をそう振り返る。しかし、このとき学んだことが人生の土台になったという。独立して通訳になってから仕事が途切れることはなかった。どのクライアントからも感謝される。「知らん間に鍛えられとった」。

印刷屋泣かせ

同じく佐賀日仏文化会館の創設期、武夫に泣かされた男がいる。株式会社サガプリンティングの専務・山下雄司である。雄司は印刷物の受発注を通じて武夫と知り合った。当時は父が興したガリ版刷りの印刷屋・佐賀プリント社を兄の博史が引き継いでいた。雄司はもともと家業に興味がなかったが、「大学受験に失敗して人生行路に狂いが生じた」ため、兄の下で印刷業のいろはを学んでいた。

現場で仕事をしていたある日、出入り業者である富士ゼロックスの営業マンに「うちの会社の近くに変な人がおんな」という話を聞かされた。

「誰ねん」

「佐賀日仏文化会館の古賀武夫という人や」

「ああ、あの日仏《ひぼとけ》文化会館とか言ってるやつね。坊主頭や言うし、和尚さんと違うんかい」

「とにかくおかしかけんが、山下さん、行ってみらんね」

印刷業者を探しているとのことだったので、まずは社長の博史が挨拶がてら訪ねていくことになった。その兄が、武夫から仕事をもらって戻ってきた。この日以来、兄が武夫の事務所に出入りし、弟が現場作業を請け負う態勢が出来上がった。

「こりゃあ、ちょっとたまらんね」

武夫の仕事を手がけているうち、従業員の間から嘆息が漏れるようになった。兄が持ち帰ってくるゲラは、直しが異常に多かった。一度修正して返したはずなのに、また大きく内容を変えて戻ってくる。パソコンで簡単に修正できる今とは違い、当時は修正液を流して何度もタイプで打ち直さなければならなかった。終わりの見えない作業。「修正だけは腹いっぱいさせられた」。

「おもしろか人ばってん、おまえのほうが合うとやなかろうか」

現場で息を切らしていたころ、営業から戻ってきた兄にそんなことを言われた。人と触れ合うのが好きな性分。地元の青少年活動をしていた矢先だったこともあり、似たような活動をしている男とはどんなひとかと興味津々出かけていった。

行ってみて驚いた。身長は自分とさして変わらないのに、小さな体から溢れ出るパワーがまるで違った。こんな男は今まで見たことがない。話の面白さに引きずり込まれ、たちまち虜になった。

「今度の日曜日、フランス領事館の人が来なっけん、あんた、一緒に来んね」

二つ返事でカバン持ちを引き受け、夜の酒席にも加わった。それまで接したこともないＶＩＰに引き合わされ、フランス語を流暢に操る武夫の姿を目の当たりにした。こりゃすごか。ますます武夫に惚れ込んだ――

――

「おっ、山下くん、ここ変えたけんな、頼むばい」

兄に代わって営業をするようになってから、ズタズタにされたゲラを「わかりました！」と持ち帰る日が続いた。惚れた男に頼まれたら嫌とは言えない。しかし、現場に戻れば戻ったで、従業員に「なに、これーっ」と真っ赤な顔をされた。彼らの気持ちを汲めば、これはもう堪忍袋。その心境まで追い込まれたとき、「あんたんとこ使わん」と言われてもしょうがなかと覚悟を決め、心を鬼にして武夫に直訴しに行った。

「それはわからんやった。言われたけんわかった」

取引停止どころか、拍子抜けするほど素直な言葉が返ってきた。やっぱい、言ってみるもんじゃ。胸をなでおろしていると、「山下くん、もっとチャレンジせんば」と新規の印刷物を託された。渡された原稿には、佐賀と世界をつなぐさまざまなイベント企画が盛り込まれていた。田舎の小さな印刷会社が国際交流の一端を担う、それを考えただけでモチベーションが上がった。

「山下くん、こがんな一つひとつの積み重ねが歴史や将来ば作っとよ。小さなお山の大将で終わったらいかんよね」

雄司は、仕事抜きで人間・古賀武夫にのめり込んだ。のちに古賀家の縁戚に連なり、「地球市民の会」のブレーンとして武夫を支えていくことになる。

佐賀日仏文化会館開設一周年――新たな決意の表明

佐賀日仏文化会館を開設した当初、周りには「一年ももたないだろう」と囁く者もいた。活動に賛同して集まってくる人ばかりではない。むしろ、「何事ば始めよっとか」と詮索し、ああだこうだと難癖つける者のほうが多かった。

佐賀日仏文化会館の運営で武夫がもっとも苦労したのは経済面だった。営利目的ではないといっても、資金不足では事業が立ち行かない。語学講座から上がる受講料だけでは追いつかず、かといって寄金を募ろうにも、営業や広告の専属スタッフを置けば余計に費用がかさむ。畢竟《ひっきょう》、自分で動いて宣伝に回るよりほかなかった。

とはいえ、営業活動は苦労の連続だった。こんな活動をしていますと企業などに説明に出かけていっても、横文字を見たとたんに、わからん、わからん。さもなければ、「国際交流？　なんねそりゃ。おいどんは関係なかねえ」と門前払い。せめて話だけでも聞いてみようという気にならんのか。無駄足を運ぶたびにやるせない気持ちになり、愚痴をこぼした。

何ちゅうても、佐賀んもんは足を引っ張るのが得意やけん――特別な人間をつくろうとしない。何か新しいことをしようとすると、みんなで寄ってたかって引きずり下ろす。

そがんだから、おいのような人間が出てくっとは迷惑な話たい。あいはギャーギャー言いすぎる、要らんことば言う。なんでそがん面倒なことばしよっとか、別に外人さんと仲良うならんでもよかやなかか。

田舎もんの常として、その人がいまどんな仕事をしようとしているのか見定めもせず、つまらない批評ばかりする。それが日本人の特質だといっても、「佐賀んもんの狭小性は特別のもんたい」。

武夫はフランス留学中、自分が言いたいことを言わないと存在できないと感じた。聞き手に回っていると、どうしても自己防衛の感覚が出てしまう。挙げ句、自分が正しくても間違ったことにされる。その経験を嫌というほど積んできたから、煙たがられるとわかっていてもあえて自己主張するようになった。

資金繰りに奔走するなかで、武夫は佐賀の排他性と閉塞性を改めて強く感じた。今のままでよか、何も変える必要はなか。口でははっきり言わないが、みな心中は同じような思いでいる。結局のところ、泥にまみれて苦労するのが嫌なのだ。しかし、かき混ぜないことには本当の進歩がない。新しい風を入れなければ佐賀は取り残されてしまう。固定化した狭い世界に一石を投じて外国に目を向けさせたい。地球上にはいろんな国がある。それらの国々と手をつなぎ仲良くなれば佐賀の町も活気づく。元気のない町で暮らしてなんの楽しいことがあろうか。

なんだかんだいうても、おいは佐賀ば好いとっ。好いとっからこそ、足を引っ張られても引きずり戻して、やらんばならんことをやっとばい。

一念岩をも通す、逆境こそ師。武夫は、心中でそうつぶやきながら佐賀日仏文化会館の運営に心血を注いだ。それだけに、「一年もった」ときの感慨はひとしおだった。

開設一周年を迎えた日、武夫は市内のホテルを借りて記念祝賀会を開いた。フランス総領事をはじめ、多数の賛同者や関係者が祝いに駆け付けた。彼らを前に武夫は気迫のこもった挨拶をした。なぜ国際理解が必要なのか、なぜ佐賀を拠点にして活動するのか。東京一極集中への批判を込めて、ギャーギャーと熱弁を振るった。


国際理解には三つの内容が含まれる。第一は日本から外国を理解すること。第二に外国に日本を理解してもらうこと。第三に日本が日本自身をより深く理解すること。自己を知ることなしに、他を知ることはできないと考えるからだ。

なぜ佐賀でそのような突飛かつ異常じみたことをするのか。佐賀で育ったものとして、何者にもまして土地に対する愛着が強いからである。これから創り上げていきたいことは、ある一つの地方の枠にはめ込んでしまうことのできるものではないし、世界に関わることであるが、その根拠地を九州の佐賀にしてはいけない理由は何もない。

日本という国は、政治、外交、経済、文化、その他多くのものが東京に集中している。地方はときどきおこぼれをいただければまだましなほうで、ほとんどの場合、かすりもせず通り過ぎてゆく。したがって、変化がない。変化がないほうがよいこともあるが、良い意味での進展がない。いわゆる都市化を佐賀に持ち込むとか、日本を先進国にしたいという気持ちは毛頭ないが、少なくとも地方においても、よりよい生活を求めたいと思う人たちには、それなりの選択を与えるだけの基盤がなければならない。

たとえば、フランス語を学びたい人々には、それができるだけの制度なり何なりの準備を整えておかなければならない。日本人の多くが、欧米にどこか劣等感を抱いているのと同様に、地方人は東京に何かしらそれに似た感情を覚えているのではないか。東京の真似ではそれを克服できない。東京にないものを発展させることが必要なのではないか。私たちの理想は、外国研究、国際会議、語学教育等、およそ国際理解というものに関することは、すべて行える真の国際文化会館を九州に建設することだ。

第六章　結婚

枇杷の木のあった家の長女

佐賀日仏文化会館の開設に続く慶事は、洋子との結婚だった。奇しくも同じ「古賀」の姓。武夫が人生のパートナーに選んだのは、中学時代に盗みを働いた枇杷の木のある家の長女だった。

洋子は昭和三十一年二月三日、節分の日に生まれた。父は古賀正也《せいや》、母は民子。三姉妹の長女として母の郷里の佐世保で産声をあげたが、誕生後は父の実家のある佐賀市城内《じょうない》に住み、二十四歳までここで過ごした。

父の正也は大正十四年の生まれで、六人きょうだい（四男二女）の四番目の次男。生家は元禄元年創業の「窓乃梅酒造」を代々継承してきたが、正也の三代前から「窓乃梅」というスーパーの先駆けとなる店舗経営に乗り出し、明治から昭和にかけて市民の台所を支えた。終戦の年に久留米高専を卒業した正也は、機械工学系の仕事に就くことを望んだが、店を継ぐはずだった兄がマレー沖で戦死したため、これに代わって店舗経営に関わることになった。

母の民子は昭和二年の生まれで、七人きょうだい（三男四女）の五番目の四女。家は長崎県小佐々町にあった矢岳炭鉱を所有する資産家だったが、放蕩息子の父の代に倒産。巨勢《こせ》小学校一年のときから成美高等女学校を卒業するまで佐賀に住む兄の家に預けられた。女学校卒業後、佐世保の米軍基地内にあったＰＸ（売店）に事務員の職を得、日本人の平均給与の三～四倍という高給を食んだが、そのほとんどを親許に送金して苦しい家計を支えた。ミス佐世保に推薦されるほどの美貌で鳴らし、「女子事務員をしていたころが人生の花だった」と三人の娘たちの前で話した。結婚して専業主婦になり、ときどき祖母の経営する美容院を手伝っていたが、洋子の高校入学後に東京海上火災に勤め、七年間、トヨタカローラの自動車保険を担当した。

洋子は、附属中学校、西高校、京都女子短大の家政科を経て、昭和五十一年四月、佐賀銀行松原支店に採用された。入行時は窓口を任されたが、お金の勘定ミスが続いて広報事務に配置転換。それからは、朝から晩まで伝票の数字をコンピュータに打ち込む作業に追われ、「残業、残業の毎日」を過ごした。

武夫との出会い

昭和五十四年八月、洋子は毎年開催される西高の同窓会に久しぶりに出てみることにした。合同開催の物々しい一次会はパスし、九回生だけが集まる二次会に出席した。佐賀市内の中華料理店。隣室では三回生の二次会が開かれていた。女性を中心にこじんまりまとまった九回生の座敷には、襖の向こうからどんちゃん騒ぎの歓声がわんわん響いてきた。宴も終盤に差しかかったころ、「なんや、おなごの声がすっと」と、男が二人、襖を開けて入ってきた。完全に出来上がった武夫と佐久間。洋子は二人の闖入者にしつこく付きまとわれ、三次会、四次会へと引きずり込まれた。これが武夫との馴れ初めである。

もっとも武夫とはそれまでまったく面識がないわけではなかった。昭和四十六年、西高の一年生だった洋子は、東京外語大から教育実習にやって来た武夫に英語を二週間習った。ろくに授業もせず雑談ばかりしている面白い実習生。「あんなんで単位がとれるとやろか」。このときは、その程度の印象を抱くにとどまった。二度目の間接的な接点は、二歳年下の妹かおるが非常勤講師の武夫から英語の授業を受けたときだった。

「発音がよくて、すごか先生が来とるとよ」

かおるは、洋子が高三のときに西高に入学してきた。城南中学時代は一年から三年まで学年トップで通し、高校でも常に上位三十人内をキープしていた。「わからんかったら妹に聞いてこい」。英語の授業で指名されて答えられずにいると、先生からそんな嫌味を言われてプライドを傷つけられた。しかし、それもどこ吹く風、家に帰れば部屋に寝転がって小説ばかり読んでいた。

「洋子ねえちゃん、明日から試験やろうが」

「よか、よか、どうせできんもん」

勉強熱心で姉思いの妹。その出来すぎた才女に「すごか」と言わしめた古賀先生。同窓会で出会ったときには、すでに意識の底に恋の萌芽があったのかもしれない。

昭和五十五年の年明け、商店街を歩いていると、突然、「おうっ」と声をかけられた。「あらー」。同窓会以来の武夫がニンマリしながら歩み寄ってきた。「お茶でも飲まんね」。

喫茶店を出た後、武夫に家の前まで送ってもらった。帰る道すがら、

「そいでよかね」

「え?」

それがプロポーズだとは思わなかった。OKの返事をした覚えもない。喫茶店で一人勝手に人生設計を話すのを愛想笑いして頷いていただけだ。背が低いのも、口が悪いのもちょっと気になるけれど、明るくて元気がよいのは私のタイプ。「ま、いいか」。成り行きに任せることにした。

強硬に反対した母を押し切る

付き合い始めたころの武夫は佐賀日仏文化会館の設立準備を進めていたが、定職をもたず、稼ぎは夜のアルバイト(語学講師や家庭教師)に拠っていた。日中はたっぷり時間があったため、昼時ともなると、毎日

洋子の勤め先にやってきた。

「やあー、労働者諸君！」

大声で入ってきてカウンター窓口の前に立つ。心中で「やめてー」と叫んでいると、「ほら、迎えに来んさったけん、はよ、ご飯食べにいきんさい」と同僚に促された。席を立っていそいそと武夫の後に従った。

近くの店でカレーや中華を食べたりしたが、持ち時間四十五分の昼間のデートは短すぎた。かといって夜のデートは、武夫のバイトがあるのでままならない。たまに外で酒を飲むことはあっても、「門限十時」では腰が落ち着かなかった。武夫は早く結婚したがり、親に会わせろ、親に会わせろとしつこかった。付き合って二か月目の三月半ば、とうとう根負けして家に招いた。

武夫が引き揚げたあと、母の民子は、「あんた、なんちゅうことを考えてるの」と呆れたように小言を並べた。無職の男なんて。学校の先生を続けていればよかったのに。グチグチ、グチグチ。母の民子は石橋を叩いても渡らないような慎重な性格で、おまけに昔はお金のことで苦労した。娘には同じ苦労をさせたくない。その心中が手に取るようにわかった。

逆に父の正也は上機嫌だった。武夫の母と昵懇の大叔母から事前に情報を仕入れていたこともあって、武夫とは最初からウマが合った。温厚な性格で、三人の娘たちを一度も叱ったことがない。洋子が附属中学を目指していたころは、夜遅くドアをトントンと叩いて、「もう勉強はよかよか、中学校はほかにも行くところあるけん、早う寝んしゃい。寝らんば大きうならん」。そんな調子だったから、武夫を前にしたときも、「もう武夫くんにまかすけん」と鷹揚だった。

強硬に反対していた母も、結婚の準備が着々と進められていくなかで態度を軟化させ、最後は瑠江に寄り切られた。

「民子さん、そがんゆうても、本人同士がよかていうとるけん、それでよかろうもん」

昭和五十五年六月十五日、武夫と洋子は、佐賀県食糧株式会社社長の横尾正二夫妻の媒酌により、玿江が贔屓にしていた高級料亭「千鳥」（平成三年六月に閉鎖）で式を挙げた。武夫は三十歳、洋子は二十四歳だった。

新婚生活

武夫と洋子は、高木町の旧家屋の敷地内にプレハブの二階家を増設して新婚生活を始めた。このころ母の玿江は和夫一家とともに大財町の家に移り住み、旧家屋の一階には、兄の学に先立たれた母子四人が暮らしていた。

洋子の父が二人の生活ぶりを見に訪ねてきたとき、武夫たちの育った古い家を見て、ふいに「なつかしかあ」と声を漏らした。

「何がなつかしかとね」

「いや、ここにおったとよ」

「えーっ！」

洋子のみならず、そこに居合わせた全員が声をひっくり返した。聞けば、もともと「窓の梅」の古賀家の持ち家だったという。そして武夫たち一家が住み始める前は、「佐賀銀行のお妾さんの寮やった」と驚かせた。

プレハブの二階家は、隣接する旧家屋と併せて一階を佐賀日仏文化会館と英語道場の教室などに充て、二階の七・五畳二間を自分たちの住まいとした。

洋子と出会ったころは時間に余裕のあった武夫も、結婚後は語学講座の指導や会報誌の刊行などで忙しくなり、新婚気分を味わうどころではなかった。日中は佐賀日仏文化会館の運営に絡む諸々の業務。夕方からは語学教室。十時に遅い食事を済ませると、二つ向かい合わせた事務机で翌日の準備や会計などに追われた。やれやれと二階に上っていくのが十一時過ぎ。ただ寝るだけの部屋には整理ダンス一竿と収納場所のない布団が二組。それを敷いて潜り込むころには、たいがい午前一時を回っていた。武夫は床に就いてからも仕事が頭から離れず、何かよいアイデアがひらめくと、パッと跳ね起きて洋子を巻き込んだ。武夫に寄り添う洋子にとって、「起きている時間は仕事時間」というような毎日だった。

カルチャーショック

昭和四十五年に玿江たちが高木町から移り住んだ大財町の家は、昭和五十一年に火事で焼失し、翌年、長兄の眞佐夫の設計で新築なった。新居には日本舞踊を教えていた玿江のたっての希望で、舞台付きの二十畳以上もある大広間が設えられた。

昭和五十六年、結婚後に初めて迎えた正月。洋子が目にしたのは、大広間の長テーブルに羽織袴や晴れ着に身を包んで威儀を正している武夫一族の姿だった。漸と学はすでに鬼籍に入ってその場にいなかったが、上座に鎮座する玿江に「お母様、あけましておめでとうございます」と寿いで始まる恒例の儀式は、威容とも異様ともとれる厳粛の光景を現前に映し出していた。玿江はおせちや雑煮の具材に込められた意味を一つひとつ説明し、大人にも小さな孫たちにも一人ずつお年玉を手渡した。

年始の挨拶で訪れる来客が次々と席を埋めると、あとは飲めや歌えのどんちゃん騒ぎ。子供たちは舞台に上がって芸を披露し、来客は「十八番《おはこ》回し」に引き出されて最も得意な歌を熱唱しなければならなかった。玿江もまた二枚重ねの小皿をカスタネットのようにカチカチ打ち鳴らし、有田名物の「皿踊り」を先導して踊った。

うれしたのしと浮かれ騒いでいたその宴も、盛りを過ぎたあたりから殺気の気配を帯びていった。宴席の隅で小さく始まっていた義理の兄姉弟たちの議論が白熱化し、つかみ合いのけんかへと発展した。攻撃の的にされたのは左翼かぶれの芳夫だった。みな頭が良く、個性が強く、口達者であることは知っていたが、これほどまでとは想像だにしていなかった。声も出せずにいるところへ、きょうだいの中で最も沈着冷静な和夫が寄ってきて言った。

「洋子ちゃんね、親父が生きてたころはもっと暴れてひどかったよ。今は平和なぐらいたい」

異質なものとの出会いが国際理解や地方活性化の起爆剤になるとは、武夫が常々口にしていた持論だが、サラリーマン家庭に育った洋子にしてみれば、まさにこのとき受けたカルチャーショック《ショック》は、武夫一族を理解し、適応していくために避けて通ることのできない通過儀礼の第一歩だった。

第七章　地球市民の会

成長軌道に乗る

佐賀日仏文化会館の事業は、種々の文化活動と英語道場（語学講座）の運営に拠っていたが、開設一年目は資金繰りに苦慮した。各種イベントに係る費用や事務所の維持管理費、スタッフの給与、広告費等で出費が嵩《かさ》み、総支出が総収入を大きく上回った。事業収入の大部分を占める語学講座の受講料はことごとく文化活動費に充当され、家計に回る費用は無きに等しかった。

洋子という強力な助っ人を得て気力は充実したものの、二人三脚では日々増していく仕事量に追いつかず、さりとてギリギリまで抑えていたスタッフを増員するにも資金の確保が先決だった。そこで二年目からは、事業収入の柱である語学講座の拡充を図るとともに、会員の募集（月会費千円）や会報誌への広告掲載（広告収入の獲得）などに力を入れ、年間約二千万円かかる活動費の捻出に努めるようにした。

その甲斐あって、開設から四年目を迎えた昭和五十八年には「収支がトントンになった」。会員登録者と語学講座の受講生は計三百五十人を数えるまでになり、なかでも英語講座はピーク時に二百人を超え、玄関に収まりきらない履物が庭先を埋め尽くすほどの盛況を示した。講師陣も日・仏・米のほかに、カナダ人やエジプト人、ニュージーランド人などが加わり、まさに国際色あふれる多彩な陣容になった。

街と人々のエネルギーは異質のものとぶつかり合うことでしか生まれない。佐賀の人々に異文化との出合いによるカルチャーショックを与え、そこから引き出される活力で地域を甦らせる――武夫はその信念で事業の運営に臨んだ。そして今、自分の企画した国際交流のイベントや道場（語学講座）に集う人々の生き生きとした表情を見て、目指してきた方向性や方法論が「間違っちょらん」ということを確信した。ただ、運営の中心的担い手は武夫夫婦と数名の常勤スタッフからなる、いわば武夫ファミリーであり、大きな拡がりの運動へと進展させるにはまだ力不足の感があった。地域への浸透度を高め、活動の輪を広げるにはどうすればいいのか。武夫は日夜、そのことに心を砕いた。

佐賀日仏文化会館の改組

佐賀日仏文化会館の次の事業展開を考えていたとき、武夫の頭にふと疑問が湧いた。「看板が違っちょらんか……」。佐賀日仏文化会館という名称を掲げているが、実際の活動内容はフランスに限定されたものではない。イベントの内容も、招くゲストや抱えるスタッフもいまや国籍不問、世界中の顔が集まっている。海外研修旅行で訪れる先も欧米やアジア各国に及び、「国際交流」の名に恥じない。実態にそぐわない看板を改めれば、もっと多くの参加者を呼び込めるのではないか。武夫は、間口を狭めているであろう名称の変更について真剣に考えるようになった。

武夫は何人かの支持者に相談して意見を聞いた。「よかじゃなかろうか」。おおむね好意的な回答が返ってきた。

「そいなら古賀さん、運営のやり方も変えたらどがんか。あんたも子供ができっとやろ。もう少し家にお金を入れんば、洋子さんも大変じゃろうが」

事業収入を活動資金につぎ込んで家計を顧みない武夫を見かねて、老婆心からそう忠告してくれる支持者もあった。昭和五十七年九月、武夫は一児（長女・愛理）の父親になったが、家計は火の車だった。まがりなりにも一家の大黒柱となった以上、家族を支えるための方策を考えなければならないのも確かだった。

武夫は支持者の意見を勘案し、事業の運営方法を改めることにした。下した結論は、大略、次の二点である。

①英語道場を英語教育専門の教室とし、空手道場と併せて個人の経営とする

②佐賀日仏文化会館を発展的に解消し、新しい組織の下で文化事業を進めていく

そうと決まれば、あとは新しい組織の名称をどうするかだった。かねてから、「国際交流センター」の設立を望んできたが、これをそのまま看板名に据えるのも平凡すぎると思った。悩む頭に浮かんだのは、留学先のカナダで見た「将来の地球の縮図」だった。

国境も宗教も言語も民族も超えて、人と人が、互いに顔を見合わせ、多くの対話と理解をもち、心と心をつなげていく。他人が喜べば自分もうれしい。他人が感動すれば自分も泣ける。他人が幸せと感じることは自分も幸せだと感じる……。思案を巡らせているうちに、そのような地球の未来図（平和共存の社会）が頭の中を覆った。

地球の縮図を等身大に拡大したい。このちっぽけな地方の街で興したささやかな交流活動を、もっとダイナミックに推し進め、世界中に友情の輪を広げていきたい。武夫は、日本人である前に、地球という共同体の一市民（テラピープル）として、人類の平和共存に貢献したいと思った。「佐賀は地球の中心ぞ！」。心機一転、ここからまた新たな一歩を踏み出そうと、心意気は従前にもまして気宇壮大なものになった。

「決めたばい」

「どぎゃんなったとね」

「地球市民の会たい！」

「なんや、宗教団体のごたる（ようだ）」

「ほんでん、こいが一番よかよ」

賛否両論あったが、武夫は自分の決めた案を一歩も譲らなかった。

地球市民の会設立

新名称が決まると、武夫はさっそく起草文（設立趣意書案）の作成に取り掛かった。それを書き終えると、後ろ盾を求めて地元企業を精力的に回った。しかし、ここでもまた無理解の壁にぶち当たった。

国際交流が地域の活性化とどう結びつくのか。わしにはわからん。わからんもんには協力できん。「佐賀もんの足引っ張り」には慣れっこになっていたが、「予算もなかよ」と熨斗《のし》を付けて追い返されると、さすがに心が折れた。

なんばいいよっか。異質の文化にぶつかれば、だれでんギクッとするやろが。ハッとするやろが。その刺激が「何かやろう」ちゅうエネルギーば生み出すとやなかか。一人ひとりがやる気になってエネルギーば爆発させてみぃ。佐賀の街がもっと元気になっとやなかか。「国際化」ちゅうんは、エネルギーば引き出すためのショック療法たい。なんでこぎゃんことがわからんとか。頭が固かのう。あんまい難しう考ゆんな。

常人から見れば、自分はバカな人間なのだろうと武夫も思わないではなかった。しかし、やる気のあるリーダー、いうなれば狂気を持った人間が一人現れ、直接民主制で動き出せば、いずれ関心のない人も動くと信じた。

おいは狂人でよか。うんにゃ、あえて狂人になりましょう。そう自分を鼓舞して企業回りを続けた。

潮目が変わったのは、佐賀銀行の会長（当時）・香月義人を訪ねてからだった。香月は日本興業銀行（興銀）の常務を経て佐賀銀行に移り、昭和四十八年五月から七年にわたって第三代頭取を務めた。「大変な勉強家」「豪放磊落にして繊細」「責任感が強く面倒見がよい」。多くの人に慕われ、九州の経済界を牽引してきた重鎮の一人である。

香月会長とは佐賀日仏文化会館設立時から面識を得ていた。知人の紹介で初めて会長室を訪れたとき、香月は、武夫の話を聞き終わるや上着のポケットから財布を取り出し、「入会しましょう」とその場で会費を払ってくれた。他の企業から「予算がありません」と体よく断られていた武夫にとって、それは信じがたくも有難い厚意だった。

国際的視野からものをいう古賀君のような人間は、停滞しきった佐賀の地域社会に風穴を開ける意味においても貴重な存在である。興銀で長く国際畑を歩んできただけに、地球市民の会の設立に対しても、「本当はこういうことは我々がしないといけないことだ。若い君がしてくれるなら、全面的に応援する」と、三十二歳の若造の遠大な計画に最初から深い理解を示した。

香月はその後、溝田工業株式会社（現ミゾタ）会長の井田圓之と佐電工社長の永倉眞一郎を武夫に引き合わせた。武夫が香月と連れ立って井田の会社を訪れたとき、井田は起草文に目を通して、うーんとうなった。

「文句のつけようがありません。まったくそのとおりです」

その場で地球市民の会の会長となることを快諾し、同様に永倉社長も副会長の任を引き受けることになった。

香月の口利きで、佐賀の財界の有力者や企業・団体が次々と会員登録していった。そこに至る過程で香月は、多くの経営者たちから入会のメリットは何かと質された。そのたびに、「メリットはない。メリットはないが、古賀武夫という人間を佐賀で活躍させんといかん」と説得した。香月義人こそがまさに武夫を世に送り出した最大の立役者にほかならなかった。

武夫は、井田会長と永倉社長に同道して政財界や学界・報道機関などを回り、設立総会開催日までに各界各層から二百数十名にのぼる賛同者を集めた。最高顧問・香月義人、会長・井田圓之、副会長・永倉眞一郎。理事等の役員には錚々たる顔ぶれが並び、武夫は事務局長に収まった。自転車操業の家族経営的な事業所がいきなり地域経済を代表する一流企業に飛躍したような観があった。

「地球市民の会」設立趣意書

そもそも九州は古来より、朝鮮半島、中国大陸を始めとして、アジア各地との交流の最も盛んな土地であり、長崎の出島を見るまでもなく、佐賀県は幕末から明治にかけて世界の潮流をいちはやく吸収し近代日本を創造した。この様に九州が国際交流に於て果たして来た役割は非常に大きなものがあります。しかるに、五十七年度九州経済白書「国際化と地域経済」にも詳しく述べられている如く、現在の九州の国際化度は、どの分野を見ても、他に誇れるものもほとんどなく、ましてや佐賀県は、その九州の中でも国際化後進県と言わなければなりません。

最近では、「国際化」とか「国際交流」という言葉を大変よく耳にします。ところが、実は、これらの言葉さえも大変陳腐であるというのが世界の現状なのです。「これから」国際化が始まるのではなく、我々は、「すでに」国際社会の真っ只中で生活して居り、外国との関係なしには日常生活さえも不可能であるということを十分認識する必要があります。よく言われる例ですが、毎朝、日本人の食卓にのぼるパンにしても、日本でとれる原料は水だけで、あとは全てを輸入に頼っていると言っても過言ではありません。日本の、しかも九州に住む我々の生活も、東西関係という国際政治、経済の中でうごめき、南北問題に制約を受けているのです。

廃藩置県により、藩意識から国家意識へと移行した様に、我々は国家意識からもう一歩進み、地球意識を持つべき時代がやって来ているのです。それは日本人だけに要求されることではなく、地上の全ての人類に要求されるべきことです。とりわけ、単一言語を持ち、単一民族で構成される日本人にとっては、国際性を涵養し、日本を外国に知ってもらう努力をすることは、正に二十一世紀に存続し得るか否かの一大死活問題と言わねばなりません。地球上に多くの民族と文化が存在し、その各々が独自の価値を有することを、全ての人々が認め合う為の運動を起こし、盛り立てて行かねばなりません。そして、様々な民族、文化の相互理解、協力は、色々な束縛や制約のある政府間の運動を離れ、官民一体の協力を土台としながら、市民運動として展開して行くことが重要なのです。

今や、昨夜はパリ、今宵は北京、明日は佐賀で美酒に酔う、そんな時代なのです。我々は日本人としての自覚を深めると同時に、宇宙船「地球号」の乗組員として、地球市民の意識をもって、世界の平和の実現に努力して行かねばなりません。すなわち、この努力が九州の活性化へと結びつき、世界の九州、世界の佐賀県となる日が、近い将来、必ずや到来するに違いありません。

我々は、この大目標の実現の為、ここに、「地球市民の会」を設立し、九州の叡智と汗を結集して、国際交流、国際協力に尽力して行くものです。佐賀県のみならず、九州各地いや世界中から多くの方々が参集され、力を御貸し下さることを心より念願致します。

昭和五十八年五月二十四日　地球市民の会発起人一同

発起人：山川寛佐賀大学学長、香月義人佐賀銀行取締役会長、井田圓之溝田工業取締役会長、永倉眞一郎佐電工取締役社長、杉谷昭佐賀大学教授、池田進サガテレビ常務取締役、古賀武夫佐賀日仏文化会館・古賀英語道場館長、小原嘉文佐賀青年会議所国際交流委員会委員長

小原嘉文との出会い

一九八三（昭和五十八）年七月三日午後二時半。市内のホテル「葉がくれ荘」の一室を借りて、地球市民の会の設立総会が開催された。長机を配した会場に約百人の関係者が詰めかけた。七田基弘国際交流基金理事が記念講演を行い、武夫は会の進行を取り仕切った。

閉会の段になって、香月最高顧問が、締めの音頭をとるべくマイクの前に立った。感極まってのことか、「地球市民の会」というべきところを、「佐賀市民の会、万歳！」とやった。会場に笑いの波が起こり、いかにも武夫の門出にふさわしいものとなった。

「まあ、こいで形ができただけよね、こいからが大変ばい」

散会後、武夫がしみじみと語りかけた相手は、事業部長に就任した小原嘉文だった。嬉野温泉観光株式会社代表取締役社長で社団法人日本青年会議所元会頭。四年後に地球市民の会の二代目会長となり、武夫の進路に明確な道筋をつけた人である。

小原は佐賀県嬉野市の生まれで、武夫より四つ若い。県立武雄高校から慶応大学法学部政治学科に進み、在学中に海外青年協力隊の創設などに尽力した末次一郎の秘書を務めた。卒業後、一年間アメリカのフレッチャースクールで外交のノウハウを学び、昭和五十三年の秋に佐賀に戻ってきた。平成六年に日本青年会議所（JC）の会頭に就任するが、武夫と出会ったのは昭和五十七年、佐賀青年会議所で地域活性化や国際交流推進のために忙しく立ち回っているときだった。

「ちょっと会いませんか」

武夫から電話がかかってきたのは、結婚してまだ日が浅いころだった。古賀武夫という人に会うことになったと新妻に話すと、「ああ、あの古賀先生ね」と意外な反応をされた。洋子の妹・かおるとは西高の同級生。非常勤講師の武夫からやはり英語を習っていた。

高木町の事務所に訪ねていくと、強烈な個性を持った人間が待っていた。

「小原ちゅうもんが青年会議所におるけん、一緒にやりゃあ面白うかろうと香月さんに言われたとばい」

電話をかけた理由を武夫は簡潔に話した。初見の挨拶を終えて、飯でも食いましょうと近くの店に誘われた。酒を酌み交わしながら、武夫の話に耳を傾けた。

活動の理念は青年会議所のそれとさして変わらない。だが、実際にやっていることが違った。自分たちは、世間はこう、現状はこうだからと活動の着地点を理念との中間あたりに置いてきた。ところが目の前にいる男は、世間も現状も度外視し、理念に向かってまっしぐらに突き進んでいる。この人はたぶん、プライベートでビジネスをすればもっと経済的に成功するだろう。東京で仕事をすれば地位や名声も得られるだろう。それをあえて佐賀でしようとは……。小原はとんでもない男だと感じ入った。

国際化と地域経済の話に花を咲かせて店を出るころには夜も更けていた。別れ際にこう言われた。

「小原さん、あんた世間で言われているほど、悪人じゃなかかね」

長い付き合いが始まった。

九州連合

地球上の人類であれば誰でも入会可能――そうした大様《おおよう》な原則を掲げ、昭和五十八年七月、二百数十名のクルーを乗せた宇宙船「地球号」（地球市民の会）は、確固たる組織体制のもとで大海に船出した。全体を事業部、出版広報部、組織拡充部、語学教育部、人物交流部、佐賀日仏文化会館の六つの部局に分け、それぞれに部長・副部長を配置。六部局のほかに専門協会として、通訳・翻訳協会、ホストファミリー協会、佐賀日仏協会を順次開設し、佐賀日仏文化会館は佐賀日仏協会の設立に合わせて看板を降ろした。

武夫は、香月最高顧問や井田会長、永倉副会長という強力な後ろ盾を背景に地球市民の会の実質的な運営を担った。財政的、精神的な支柱を得たことで心が安定し、使命感も増した。広言したことを必ず実行しようと、それまで温めてきた企画を洗い直し、一つひとつ事業に反映させていった。その傍ら、会員の獲得にも力を注いだ。

会の設立から一年後の昭和五十九年七月一日、武夫はある人物と衝撃的な邂逅をもった。その男の名は加藤憲一といった。鹿児島県鹿屋市を本拠地とする南方圏国際交流センターの代表。「轟音とともにいつ爆発するやも知れぬ桜島」。計り知れぬエネルギーを蓄えた加藤に対して、武夫はそのような印象を抱いた。

そのころ加藤は、外国人留学生などを地元（大隅半島）の農村に招いて共同生活させる「からいも交流」を主宰していた。のちにカラモジア運動を展開してアジア各国への協力事業を推進するが、当時は地方の活性化という視点から民泊による交流事業に力を入れていた。

「もう一度、地方に政権を取り戻す時期が来ているのではないか」

加藤がそう語るのを武夫は膝を打って聞いた。年齢や経歴、家族構成だけでなく、手掛けている事業や考え方も自分と酷似している。同年代・同分野でここまでダイナミックな運動を展開している人間が自分以外に日本にいることが信じられなかった。

思えば、「地方の時代」が叫ばれて十余年。近隣の大分県でも一村一品運動を提唱し、各市町村に波及した。しかし、地方分権の到来を予感させたその運動もやがてしりすぼみになり、地方活性化の決め手にはならなかった。佐賀の現状を見ても、三割自治か四割自治がせいぜい。エネルギーは中央に吸い取られ、経済的にも文化的にも活力を失っている。国や行政は地場産業や観光開発の振興による村おこしや町づくりに躍起になっているが、どれも右へならえの没個性的なやり方に終始し、成果を上げていない。時代の風潮も、無気力、無関心、無責任、無感動の四無主義に覆い尽くされ、若者は生気を欠いて「しらけ世代」と呼ばれている。感動のない世の中で必要なのは、資源への投資ではなく、人の心への投資ではないか。人と人との交流を通じて自分の住む町や村のユニークさに気づき、可能性に目覚め、自信と意欲を高める。人的交流（異質のものとの接触）による衝撃や感動こそが地方の活性化、延いては国全体の活性化の決め手になるのではないか。加藤はそのような持論を武夫の前で吐いた。

武夫は加藤との話から、互いの欠点を補い、持ち味を合せれば、一過性に終わらない持続的な運動に大きく発展するのではないかと感じた。そのためにも、地元の人々の活力を引き出し、九州を来たるべき調和世界の発火点にしなければならないと思った。

「加藤さん、こいからは九州ば地球の中心にしましょう」

武夫が両手を差し伸べると、加藤はそれをがっちりと受け止め、協働を約束した。

昭和六十一年、武夫は加藤と「九州地域づくり団体・国際交流団体」を結成した。狂人同士がタッグを組んだことで、地球市民の会の中にも「九州連合」の機運が醸し出された。武夫は九州を盛り上げるための実行委員会を組織し、頻繁に会合を開いた。

「今からやるけん、早う来んね」

一声かければ、実行委員会のメンバーたちは私用を投げ打って武夫のもとに馳せ参じた。福岡からも長崎からも、熊本や鹿児島からも車を飛ばしてやってくる。佐賀の事務所はあたかも梁山泊のごとき様相を呈した。

会合と言っても、要は体のいい飲み会である。プレハブ一階の床に円座になり、侃侃諤諤《かんかんがくがく》の議論を戦わせ、酔いつぶれれば雑魚寝して朝方に帰っていく。傍から見れば何の儲けにもならない夜なべ談義。しかし、集う人間にとっては、理由が何であれ、そこに浸っている時間が「なぜか不思議と楽しい」のだった。武夫は、そうした中で新事業の構想を膨らませていった。

日本一姉妹都市運動と小さな地球計画

「大砲ば一発撃っちゃるばい」

武夫がそう豪語して取り掛かった新事業の一つが、「日本一姉妹都市運動」だった。県内四十九市町村すべてを外国の都市と縁組させ、近い将来、佐賀で世界姉妹都市会議を開く。自ら「大風呂敷」と認める一大構想を掲げ、まずは伯父の草場重治が町長を務める杵島郡山内町（現武雄市山内町）に働きかけた。見合い相手は、米国カリフォルニア州のセバストポール市。海外研修旅行（ホームステイ）で英語道場の子供たちが世話になった縁で親交が深まり、昭和六十年三月、第一号の姉妹都市締結を見るに至った。

昭和六十一年七月には、「友情は国境を越える、パスポートをもって日本から飛び出そう」を合言葉に「地球ユースサミット」を始めた。視察・交流・協力活動を兼ねたこのスタディーツアーには小学生から大学生までの若者が参加し、アメリカ、韓国、メキシコ、タイ、マレーシア、シンガポールの六か国を訪問した。国情の違い、ことばの違い、文化の違い。交流を通じて国の壁を取り払い、佐賀っ子の眼を世界に開かせた。

同年八月には、佐賀を小さな地球にしようと銘打って、「小さな地球計画」をスタートさせた。加藤の「からいも交流」にヒントを得たこの事業では、日本在住の外国人留学生を佐賀県下の一般家庭に招き、数週間にわたる共同生活を体験させた。

当時、国内の外国人留学生は約八千人。そのうちの八割はアジア系で、大学とアパートの往復だけで帰国する学生も多かった。彼らは、自分がそうだったように、必ずしも経済的に恵まれているわけではなかった。国や親族の期待を一身に背負ってやって来た者もいる。将来、国の指導的立場に立ち国際交流の一翼を担うと期待される若者が、金銭的あるいは時間的な制約を受けて日本をよく知らないまま帰っていく。その現状を少しでも改善しようと、佐賀までの交通費と参加費七千円以外の経費をすべて負担し、東京や大阪などの大学から呼び寄せた。事業を円滑に進めるために全国初となるホストファミリー協会を設立したのに加え、オリジナルTシャツを作って販売し、その収益を活動資金に充てた。

「小さな地球計画」では、初年度に韓国、中国、台湾、東南アジア、イギリス、西ドイツなど、十一か国三十六名が参加。事業の趣旨が浸透した翌年には、県下二十三市町村の家庭が十七か国一〇八名の留学生を受け入れた。地元青年との集い、キャンプ、納涼さがまつりの神輿《みこし》担ぎ、盆踊り、海水浴でのスイカ割り、農作業、佐賀のおふくろの味など、ありのままの日本の「飾らない日常」に触れてもらった。各家庭、各場所で感動的なドラマが生まれ、佐賀を「第二のふるさと」と心に刻んで帰っていく留学生が多くいた。

この交流事業には、ホストファミリーを中心に一万人超の地元民が関わった。方々から「また来年も」の声が上がり、「よそもん」だった外国人が「身内」になった。

武夫は、文化の落差が生んだエネルギーが地域づくりに向かっている手応えを感じた。地域の人たちがやる気になればうれしくなり、うれしくなればもっと楽しませようと斬新なアイデアを次々とひねり出した。たとえば、その一つにパスタ交流がある。佐賀の特産・神埼《かんざき》そうめんをイタリアに持ち込んで、「そうめん流し」を実演したところ、ブラヴォー、ヴォーノと大受けした。地元の業界の人たちも、自分たちのもつ資源の潜在性や価値に気づき、自信と誇りをもった。国際交流に堅苦しさはいらない。地域の活性化に莫大な投資はいらない。異文化の交わりを純粋に楽しむ中から新しいエネルギーが生まれ、人と地域を動かしていく。武夫はさまざまな試行を通してその確信を深めた。

暴走乳母車

地域と合体した国際事業が蕾から花へと目に見える成果を示したこの時期、武夫の私生活にも大きな変化があった。昭和五十七年九月の長女・愛理に引き続き、翌年十二月には長男の慈猛《やすたけ》、六十年七月には次男の友大《ゆうだい》が相次いで誕生し、わずか二年と十か月の間に家族は五人に膨らんだ。地球市民の会の胎動期と重なり、夫婦とも大仕事を抱えながらの育児を迫られた。武夫は当初こそ親ばか丸出しの子煩悩ぶりを見せていたが、そのうち洋子に育児を一任し、夜、乳飲み子の寝顔を拝むだけの父親になった。

子供は早い時期から無認可の託児所にあずけた。洋子は、箱型の乳母車を買い、朝、それに子供たちを押し込めると、家から六～七分先の託児所まで全力で走った。近所の人たちから「暴走乳母車」と笑われたが、日中は多忙な夫の補佐もしなければならない。なりふりかまっていられなかった。

三歳、二歳、ゼロ歳。その年齢を抱えていたころの洋子は、精神的にも肉体的にも疲労困憊の状態にあった。折も折、武夫が体調不良を訴え、長期入院を余儀なくされた（昭和六十年十一月、脂肪肝を伴う慢性肝炎と診断される）。「育児はまったく当てにできず、頼もうとする頭さえなかった」洋子だったが、いざ父親不在となってみると、精神的な負担が肩に重くのしかかった。折悪しく、生後四か月の友大が大雨の日に発熱した。一人が熱を出せば、あとの二人を残して病院に行くわけにもいかない。洋子は三人を抱えてタクシーに乗り込んだ。愛理と慈猛が濡れた足で後部座席を汚し、「シートカバーの洗濯代は個人持ちですけんね」と、運転手にねちねち責められた。五千円を渡して途中で車から降り、別のタクシーに乗り換えて病院に向かったものの、なんだか気持ちが収まらない。こんなんじゃ身動きが取れん、こりゃあ、免許をとらんば！

一念発起して「家族の運転手」になった。武夫は免許をもっていたが、「運転すると眠うなる」と言ってハンドルを握るのを嫌った。ふだんは眠れん、眠れん、言うくせに……。

洋子の苦労をよそに、武夫は三か月の療養を経て家に帰ってきた。入院中に二十五キロ減量し、「体が軽うなった」と元の仕事人間に戻った。洋子もまたその補佐に追われた。夜、両親不在の部屋で子供たちが泣き出すと、一階に住む甥の大之たちがおしめの交換に二階に駆け上がらなければならなかった。

「アメリカでそれをしたら、虐待と言われっとよ」

子供たちが成長してから、武夫はそう言われたことがあった。年ごとに活動領域が広がり、比例して増える仕事量は、「父親がいないような状況」を避けがたく生み出した。家庭サービスを放棄し、恨まれても弁明できない道をひた走ったことを心底から反省するのはずっとずっと先になってからである。

第八章　アジアへの視線

日本人はバナナだ

昭和六十一年十一月、鹿児島県鹿屋市で開かれたアジアシンポジウムで、武夫はタイのソーシャルワーカーの発言を耳にし、心臓に氷の突き刺さる思いをした。

「首都バンコクだけでも百二十万人以上がスラム街に生きている。そんな現状に目を向けない日本人はアジア人と言えるのか」。そしてこうも言われた。「日本人はバナナだ。外は黄色でも中身は白色。欧米人と一緒、アジア人ではない」

武夫は自分が責められているような気がした。我々が欧米ボケしている間にも彼らは厳しい目で日本や日本人を見つめていた。世界人口の六割を抱え、我々の毎日の生活が依存し、我々を産み育てた母なるアジア。その一員である現実を忘れ、同胞を無視していた。おまえは本当にアジア人なのか……。

発言者であるジャナロン・メキンタランクラをすぐ佐賀に招き、三日間、酒を酌み交わしながらタイの実情を聴いた。聴くほどに、自分の目で現地を確かめずにはいられなくなった。翌月、南方圏交流センターが主催するカラモジア交流に参加し、初めてタイの貧村を訪れた。

ジャナロンの案内で東北部の五つの村を回った後、ミャンマーの国境近くにあるバンヤンという村から招待を受けた。屎尿臭が漂う殺風景な家のなかに通され、二十名ほどいた母親たちから村の現状を聴いた。人口は二百三十一人。電気もガスも水道も通っていない。飲料用の雨水をためる二千リットルの水瓶一台を設置するのに一戸当たり六千円かかるが、その費用はない。政府からの援助もない。でも、私たちは政府に期待しない。自分たちの力で何とかしようと思っている……。

母親たちが日本人の悩みを訊いてきたとき、武夫はこんな話をして逆に質問した。

「何年か前、タイの農業視察団が来日したとき、日本の農家はどこに行っても車が二台、トラクターがあって、ガス、電子レンジ、冷蔵庫、テレビがある。死活問題だと騒いでいるがどこが苦しいのですか。理解できませんといって帰っていきました。これについてどう思われますか」

母親たちの答えは、たった一言、「日本人は心が貧しいんですね」だった。

彼女たちが暮らす村の光景は、かつて日本にもあった田舎の原風景を呼び覚ました。ありあまる自然、ゆったりとした時間の流れ。日の出とともに起き、日が暮れるまで働く日常。誰もがみな、あくせくせず、高望みもせず、したたかに生きている。夕餉《ゆうげ》を囲む家族には笑いがあり、心の通いがあった。貧しいながら、日本人が忘れ去った懐かしくも豊かな暮らしがそこにあった。

タイ社会のひずみ

武夫が訪れた当時のタイは、急激な工業化政策により社会のあらゆる方面に歪みが生じていた。最も顕著なのは、持てる者と持たざる者との格差である。一九八〇年からの五年間でタイは経済成長率世界一となったが、潤ったのは人口（約五千五百万人）の二割を占める中流以上の階級であり、農村部を中心とする残り八割の貧困層はより貧しくなってその数を増やした。貧しい者はバンコクなどの都会に職を求めて農村を飛び出した。しかし、満足な仕事にありつけるのはごく少数。低賃金労働、住宅不足のはてにスラム街に行きつき、そこにまたストリートチルドレンという深刻な問題を生起させた。政府は適切な措置を怠り、上に厚く下に薄い分配システムで格差拡大を助長した。

武夫はいくつかの教育施設を見て回ったが、ウドンタニ県チート村にあるクーキャオ中学校に案内されたとき、そこにタイ社会のひずみを見る思いがした。一家の平均年収は約三万円、小学校六年間の義務教育を終えられる子は約半数、まして中学に進学できる子は一割にも満たない。クーキャオ中学校の生徒は、中学に進学できただけまだましといえたが、それとて授業料や学用品代などが払えないために、多くは高校への進学を諦めざるを得ない状況にあった。親たちも農作業の重要な担い手である彼らを手放したがらず、子供の教育に対する理解は無きに等しかった。

学校自体は一通りの設備を備えていた。教室のほかに図書室、保健室、家庭科実習室があり、集会室や屋外食堂、運動場、寮も備わっていた。ただ、政府自治体は箱物をつくるところまでは支援するが、あとの運営は学校に丸投げで、校長らは人手不足と資金難に喘いでいた。

もう一つ、強烈なインパクトをもって武夫の心を揺るがしたのがアントン県にあるワットサーキャオ孤児院であった。寺院が経営するこの孤児院では、幼稚園から中学三年まで約二千人の男女が共同生活を送っていた。孤児院といっても、ここに集う子供たちの九割は本当の孤児ではなく、親がいても貧しくて育てられないために連れてこられたのである。また八割は山岳少数民族の出身であった。

子供たちは学校と寮という、ある意味、社会から隔離された世界で生活していた。十三歳で寮を出るのが規則だが、行き場がなくて留まる者も少なくない。中学卒業後、奨学金をもらって高校に進学できるのはごく一握り。親がいる子は親元に帰って農作業などを手伝い、そうでない子は社会に出て働くのが通例である。そのため小学校と中学校には職業訓練のカリキュラムが組み込まれていた。孤児院はもともと男子専門だったが、一九八五年から女子も受け入れるようになり、敷地内には十棟あまりの高床式の女子寮が立っていた。

武夫はそこにも案内された。

徳を積む

女子寮の一階には調理場や水浴び場、トイレ、収納庫、物干し場などが備わっていたが、大雨が降れば一面水浸しになる劣悪な環境にあり、生活排水処理設備の改善が急がれていた。子供たちが起居している二階の部屋は十五畳ほどの広さがあり、床はピカピカに磨かれ、掃除が行き届いていた。壁には女の子らしくアイドルの写真が貼られ、部屋の一角には一人一箱分の段ボールが整然と積まれていた。中身は二～三着の衣類、ノート、鉛筆、教科書、食器一つ、ゴム草履一足。それが彼女たちの全財産だった。

武夫は女子寮の子供たちにこんな質問をした。

「空からお金が降ってきました。警察に届ける必要もないし、誰からもとがめられない。自由に使っていいとしたら、何に使いますか」

最初に指名した子は「徳を積みたい」と答えた。武夫は何のことかわからなかった。二番目の子も「私も徳を積みたい」、三番目の子も「私もそうです」と言った。「徳を積むとはどういうことですか」と訊くと、「困っている人たちを助けたい。私たちよりもっと困っている人たちがいますから」とびっくりするような答えが返ってきた。

彼女たちは、日本の子供たちのように、親からこづかいをもらって何でも買える境遇にない。欲しいものは自分で働いて手にしなければならない。それでも、暗い表情を見せず、「サワディー、カーップ（こんにちは）」、「サワディー、カー（こんにちは）」と、人懐っこく、武夫に接してきた。

朝と夕の二回、彼女たちは広い部屋に集まって祈りを捧げた。夕方にはお経を読誦し、仏教歌も歌った。静寂の中に響き渡る清澄な声。その日一日の喜びも悲しみも、怒りや苦しみも、一切合財を乗せて流れていくかのようだった。朗々とした調べに酔いしれるうち、武夫は心が浄化されていくのを感じた。熱い思いがこみ上げ、感謝したい気持ちになった。

タイの革命家・ジャナロン

武夫をタイに導いたジャナロン（愛称チャン）は、タイ政府に反旗を翻し、いつ追放されるかもわからぬ危うい日々を送っていた。バンコクの貧しい漁家の生まれ。十六歳でソーシャルワーカーとなり、恵まれない子供や貧しい人々のために奔走してきた。一九七〇年代には、タイの名門・タマサート大学で非暴力運動のリーダーとして活躍。軍の銃撃に遭い、危うく命を落としそうになったこともあった。大学卒業後はタイの慈善団体プラティーブ財団に所属し、スラムの子供たちの生活改善に挺身してきた。「バンコクは幻想であり、タイの本当の姿は農村にある。その本物がカネという魔物に蝕まれている」「私はタイ王国の一員としてではなく、人間の一員として生き、活動している」「私はこれまで貧困と悲しみの中で闘ってきた。これからも同じ。悲しみが私を動かすエネルギーだから」。ジャナロンの発する言葉の一つひとつが、武夫の胸に鋭く突き刺さった。

タイ社会に顕在する格差の背景には日本企業の姿も見え隠れしていた。ジャナロンは一九七〇年代前半に起きた日本製品ボイコット運動の首謀者の一人であり、武夫と出会った当初は、日本人に対してきわめて懐疑的だった。また、日本から派遣されるボランティア団体をもまったく信用していなかった。

「ホンダもカワサキもヤマハもいらん。そんなものは日本に持ち帰ってくれ。我々民族のプライドが許さんのだ」

そんな辛辣な発言を繰り返すなかで、「古賀と加藤（憲一）だけは信じる」と柔軟な態度を示した。「お前のいうことは信じるから、お前のくれるものはもらう」。武夫はジャナロンと兄弟の契りを結び、熱い期待を担って日本に帰国した。

本物の豊かさ

タイへの訪問は、武夫の意識と生き方にフランス留学以来の大転換をもたらした。それまで抱いていた価値観が瓦解し、帰国後しばらく頭の整理がつかなかった。タイで見たものは、まぎれもない貧しい現実だったが、そこに哀れみや同情といった負の感情は伴わなかった。むしろ心を突いたのは、貧しくとも明るく生きる人々の暮らしぶりだった。

タイに滞在した一週間、武夫は訪問した先々で温かいもてなしを受けた。ある村では自分たちがふだん口にしないであろう心づくしの手料理を振る舞ってくれた。ある村の母親は健康と幸せを祈りながら右手首に綿の紐（サイシン）を巻いてくれた。それらは、どんな御馳走よりも、金や宝石のブレスレットよりも、はるかに価値の高いものに思えた。

モノもカネもないなかで、彼らは知恵を出し合い、協力し合い、今日よりはちょっとましな明日があると信じて生きていた。与え合い、見返りを求めず、信頼できる人間関係の中で安心《あんじん》（迷いがなく安らぎの境地）して暮らしていた。なぜそんな生き方ができるのか。なぜそんなにも微笑んでいられるのか。武夫は「本物の豊かさとは何だろうか」と考えずにはいられなかった。

――日本は死活問題がなくなった。あるのは贅沢のための努力であって、生きるための努力ではない。隣よりいいもの、新しいもの、いい学校、いい会社。自分の価値を他者との比較の上に置き、周囲の雑音や大量の情報に翻弄され、ただやみくもに物質的欲望に突き動かされている――

日本人の追い求めている豊かさが上っ面のものに思えた。経済大国にのし上がり、飽食三昧の生活を送っているが、「心は飢えている」と感じた。モノの豊かさと、心の豊かさと、どっちが本物か、どっちが幸せか。自分たちが目指している世界の在り方を考えたとき、タイの村人たちの生き方の中にヒントが隠されているように思った。

しかしいっぽうで、心の豊かさだけでは「食えない」厳然たる事実が存在することも認識した。子供たちを学校にやれないほど彼らの生活は苦しい。主食のコメは不足し、一年を通して食べられない。キャッサバ（タピオカ）、とうもろこしなどの商品作物も栽培しているが収益性は低い。肥料や農薬を買うお金も十分ではない。飲み水にも事欠いている。お金に困れば、民族衣装の首飾りなどを質屋に持っていく。

ミャンマー・ラオス国境のゴールデントライアングルでは、わずかな現金収入を得るためにアヘンの原料となるケシを栽培していたが、政府の政策（麻薬撲滅運動）により、それも禁じられた。収入源を断たれた結果が、「孤児院送り」である。

明日を信じてしたたかに生きていても、誰かが手を差し伸べなければ、「何も変わらない日常」が、未来永劫、延々と引き延ばされていくのは明らかだった。ジャナロンは「お前のくれるものはもらう」と言ったが、果たして何を与えられるのか。どんな支援ができるのか。日本に持ち帰った課題は小さくなかった。

貧困の犠牲となる子供たち

「今度また行くけん、案内ばしてくれんね」

武夫は、地球市民の会のタイ代表に就いてもらったジャナロンと連絡を取り合いながら、その後もタイへの訪問を重ねた。村のリーダーや学校関係者らに会い、当面している深刻な課題に耳を傾けた。何よりも心配だったのは、十分な教育を受けられない子供たちの行く末だった。親は子供を労働力と見なしている。学校に通わせればお金がかかり、貴重な戦力を奪われる。そんな考えだから中学校までやれるわけがない……。

ウドンタニ県にあるサンパラン小学校を訪れたとき、武夫は子供たちが食べている昼食を目にして胸が詰まった。一握りのごはん。おかずは小さな魚が一匹。それが家に食べ物があるときに持ってこられる精一杯の食事内容だった。

「こんなもんじゃ足らんじゃろうに……」

昼食抜きの児童も少なくなかった。そんな子は覇気がなく、授業中も集中力を欠いていた。タイ東北部の小学生は約二百四十万人。タイ政府の発表によれば、昼食を食べられない子供が約七十万人。「実際はその倍はいるはず」。ジャナロンは言った。

先生になりたい。看護婦になりたい。警察官になりたい。医者になりたい。「もしなれたら、村に戻って貢献したい」と子供たちは言う。しかし、家の経済事情はその夢を打ち砕き、「だめなら農業をして親を助けたい」と言わせることになる。親に負担をかけたくないばっかりに、子供たちは「なりたい自分」を諦める。それが武夫には不憫でならなかった。

――おいは何の苦労もなく高校や大学まで行かせてもらえた。明日の食べ物のことを心配する必要もなかった。日本に生まれていれば当たり前のことが、ここでは通用せん。ばってん、この子らはわかっちょる。親がどげん苦労ばしよるかわかっちょる。何とかしたいと思うとるけんが、今は力が足らん。どうすることもでききんのじゃ……。

日タイ協力事業に着手

昭和六十二年八月、武夫たちはタイの貧村への協力事業に着手した。「文房具、楽器、古着を送ろう！」。国内でキャンペーンを展開したのを皮切りに子供たちへの支援を最優先で進めていった。

支援対象となった学校や孤児院では、食糧を自給するための学校農園づくりの計画が持ち上がっていたが、資金不足で長く頓挫していた。そこで武夫は、学校農園開設基金の創設に協力し、資金面からバックアップすることにした。

武夫が学校農園の開設に注力したのは、単に子供たちの栄養状態を改善するためだけではなかった。生産効率の高い農業技術を学び、安定した収入の道を切り開く——子供たちを取り巻く環境を変えれば、村人（親）の意識が変わり、村全体が活性化する——。学校農園には、自立自助を促し、村の持続的な開発・発展につなげるモデルケース（起爆剤）としての意味合いがあった。

「釣った魚を与えるより、魚をどう釣るか、そいば教えんといかん」

武夫は物的支援以上に人的支援に力を入れた。武夫にとって学校農園は、英語道場や空手道場と同じように「人間力育成」の場であった。確かな知識と技術、強い力とやさしい心を身につけ、ゆくゆくは村を開発するリーダーに育ってほしい。そんな願いを込めて、日本から専門家（地救隊）や地球ユースサミットの若者たちを派遣し、技術指導や共同作業（奉仕活動）に当たらせた。

武夫はさまざまなアイデアを投入して子供たちのやる気と自立心を呼び覚ました。

サンパラン小学校では「ランチプロジェクト」を実施した。子供たちは学校農園でトマトやニンニク・レタスなどを栽培し、養魚池をつくって魚を育てた。それらの食材で給食を作り、毎日ではないが、全員そろって昼食を食べられるようになった。

ワットサーキャオ孤児院では、三つのプロジェクトを推し進めた。①あひるを飼ってたんぱく源（卵・肉）を確保する「あひる計画」、②浄水器を設置して安全な水が飲めるようにする「浄水器計画」、③家屋用のレンガをつくり、それを売って日用品や学用品などを買う「れんが炉計画」。暮らしに必要なものは自分たちの力で賄う。子供たちは自覚をもって各自の担当作業に励んだ。

こうした試みは、子供たちのがんばりもあって一定の成果を見たが、なかには一足飛びにいかない問題もあった。クーキャオ中学校の生徒（一学年約二百名）の進学問題は、自助努力で解決するのが困難だった。「どげんかせんといかんばい」。武夫は、「地球市民奨学金制度」を創設し、日本で里親（奨学金の提供者）を募集することにした。生徒一人あたり月千円（年額一万二千円）。「こいだけあれば、タイの子供たちは高校に行かれるとよ」。メディアに働きかけるいっぽうで、会員や知人たちにも支援を訴えた。

　里親となった人たちは、現地への訪問（スタディーツアー）や手紙のやりとりなどを通じて里子との交流を図った。子供たちは奨学金の一部を収入推進プロジェクトの基金としてプールし、これをもとに豚や鶏を飼い、魚を育て、服や下着の販売を行った。利益は子供たちで分配し、生活必需品の購入などに充てた。この奨学金制度によって親の負担が減り、子供の教育に対する理解が深まった。生徒のほぼ全員が奨学生となり、高校への進学率が格段にアップした。

タイ病

武夫はタイ行きを重ねて事業に精魂を傾けた。支援開始から五年、この間にワットサーキャオ孤児院には女子寮が増設され、地球市民会館（多目的ホール）が完成した。クーキャオ中学校には佐賀県鹿島市に本社を置く祐徳バス株式会社から無償で譲り受けたスクールバスが寄贈され、食堂もきれいに改築された。トウーマサン村には医療センターが建ち、プエ村では児童開発センターの運営が始まった。山岳少数民族の住むチェンライ県の村々では食糧増産プロジェクトが実施され、やる気のある農家が効率的な農法を取り入れるようになった。武夫たちの資金援助で教育現場も村も活気を帯び、「何も変わらない日常」から少しずつ脱皮していった。

　そうした中で武夫は、近代化の波にさらわれる村の変容も目にした。貧しい村にも電気が来るようになった。灯油ランプが電球に変わり、アイロン、扇風機、電気釜、洗濯機、ラジオ、テレビなどが家の中を満たしていった。村人のなかには、「農業だけでは電気代が払えない、借金が返せない」と、現金収入を求めて都会に出稼ぎに出る者も現れた。

　そうした動きが目に入ると、武夫は、自分たち日本人が行っていることが果たして本当に彼らのためになっているのかと疑問に思うこともあった。かたや新規市場開拓で家電製品を売り付ける。こなた貧困救済という大義名分を掲げて収入アップの道を説く。名目は違っても、やっていることは同じではないか。便利・効率という経済優先の論理を押し付け、物的欲望を刺激し、自然に根差した彼らの「本物の豊かな暮らし」を奪い去っているのではないか。このままいけば、経済（カネとモノ）に心が負け、家族団欒が崩壊し、人類の宝と呼べる「微笑み」がいつか失われてしまうのではないか。そんな危惧感ももった。

しかし、そうした杞憂も支援先からもたらされる情報によってすぐにかき消された。支援中、武夫はクーキャオ中学校の校長からこんな話を聞かされた。それは、奨学金に先立って実施した「カッパ計画」（遠距離通学の生徒に自転車と雨ガッパを寄贈）に関する話だった。

ある土砂降りの日、一人の生徒がずぶ濡れになって登校してきた。雨ガッパはどうしたの？　校長が訊くと生徒は答えた。

「私は学校にいる間、濡れずに済みます。でも両親は、雨の中、一日中働いています。私が着るより、両親に着てもらったほうが役に立つと考えたから渡してきました」

こんな話は一つや二つではなかった。聞かされるたびに武夫は目頭を熱くした。

彼らは感謝を忘れない。思いやりの心を忘れない。励ますはずが、励まされる。教えるはずが、教えられる。

（おいは、タイに居っと心の震えが止まらんのじゃ……）

タイに滞在していると精神もろともおかしくなってしまう。武夫はそれを「タイ病」と呼んだ。一度この病魔に取り憑かれると回復するのが難しい。だが、苦痛ではない。また罹患したいと思う。あくせくした日本から抜け出して、この熱に浮かされていたいと思う。

武夫はタイの空の下でフランス留学時代のことを思い起こすことがあった。あのときはベトナム難民の友人たちに助けられた。面倒を見てくれる人がいるのは有難い。独立宣言して家からの仕送りを断って以来、自分で稼いで食うことがいかに大変か、それがわかっていただけに余計に身に染みた。

（ばってん、本当は支援など受けんのがいちばん良かよ。世の中全体、早くそうならんばいかんとよ……）

そうは思うものの、タイに来て支援する側に回ってみると、果たしてそれが本心なのかどうか心許なくなる。現地の人たちと共同作業をしているとき、武夫は生きている実感を肌で感じた。支援する側とされる側が心を一つにして汗を流す。作業が達成されるたびに歓声が沸き起こる。このときの興奮と感動は何物にも代えがたい。

（こいがあるから支援がやめられんのじゃ……）

奪うより、与え合うこと。困っている人を助けるのは人間として当たり前であること。武夫はアジアの一員としてこの国と関わり、多くの気づきを与えてもらったことに感謝した。

日韓交流事業「かちがらす計画」を始動

アジアへの同胞意識は、隣国の韓国にも向けられた。それまで韓国とは「小さな地球計画」や「地球子供サミット」などを通じてホームステイ交流を進めてきた。この交流を通じて武夫が感じたのは、子供たちには大人が抱く偏見も、韓国人と日本人という区別意識もないということだった。もっと仲良うせんば……。別れ際に肩を抱き合って泣く子供たちの姿を見たとき、その思いを強くした。

昭和六十二年一月、武夫は日韓交流の新事業「かちがらす計画」を始めた。かちがらすは一般名をカササギというが、カチカチと鳴くことから佐賀では昔から「かちがらす」と呼び、県の鳥として親しんできた。武夫は、玄界灘を超えて韓国との間を行き来するこの鳥を、誤解や偏見をなくし、互いを認め合う友好のシンボルに見立て、新しく立ち上げたホームステイ交流の事業名に冠した。

その時武夫は「かちがらすは日本でも韓国でも『カチカチ』鳴くとに、人間は違う言語でいがみ合うとる。人間はかちがらすに学ばんば」と周りに話した。

そもそも武夫が初めて韓国を訪れたのは、大学で留年生活を送っていた二十二歳のときだった。二週間の滞在だったが、行く先々で挑発的な態度をとられ、三度も喧嘩に巻き込まれそうになった。なんであいつらはおいに敵愾心《てきがいしん》を持つとか。理由は単純だった。「おまえは日本人だから」。考えてみれば、日韓の歴史についてほとんど何も学んでこなかった。小中学生のころは、日本人の友人を「このチョーセンがっ」と馬鹿にしていた。親や周囲の人間が言っていた言葉をそのまま使っていたにすぎなかったが、恐ろしいことだと反省した。喧嘩を売られたことで、韓国への認識が改まった。

「かちがらす計画」では、初年度に韓国から大学生を中心とする総勢三十五名の若者が佐賀を訪れ、県内十二市町村の家庭で四週間を過ごした。「小さな地球計画」と同様、特別待遇をせず、普段着の日本（佐賀）に触れてもらった。期間中に開いたカチポジウム（報告・討論会）では、互いの本音をぶつけあって心の壁を取り払った。

日本人は韓国人を知らん。韓国人も日本人を知らん。知ろうとせんもんもようけおる。ばってん、互いの国を訪問しあい、家庭に入り、キムチや納豆を食べさえすれば、同じ人間同士、わかり合えんことはなか。「かちがらす計画」は、地元の人たちの好評を得て年ごとに規模が拡大した。平成元年以降は毎年百人以上が来日し、ピーク時には一六四名を数えた。武夫は毎年、受け入れ家庭の開拓に追われた。そしてホストファミリーが決まると、初日に顔合わせのウェルカムパーティーを開いた。開催場所は、実行委員会メンバーの持ち回り制で、年によって変わった。

平成三年には三田川町（現吉野ケ里町）が選ばれ、地元出身の多良淳二（佐賀銀行員で現地球市民の会副会長）が幹事を任された。

「多良さん、よろしく頼むばい。ただし、お金はなかけんね」

無理難題はいつものこと。多良は、地元の婦人会に協力を仰いで、おにぎりやサンドウィッチなどの食事や酒肴を用意した。

「多良さん、すごかろう。よう見とかんば」

多良は武夫の言に素直にうなずいた。言葉を知らぬもの同士が、用意した食事を摘まみながら、身振り手振り、楽しそうに会話を弾ませている。人口七千人そこそこの田舎町に韓国人が一五〇人。多良には「ありえない話」に思えた。「かちがらす計画」は、地元住民を巻き込んで「まちおこし」の実相をまざまざと見せつけた。

福岡から釜山まで三十五分でひとっ飛び。韓国は近かぞ。跳ばんば、玄界灘を超えんば。

武夫は、海の両岸から非難し合うことのバカバカしさ、経済的効果や政治優先で人間を忘れた交流の愚かしさを声高に訴えた。人のふれあいと感動こそが始まりであり、最終にして最高の価値である。感動なくして何の人生ぞ。人間だれでん一緒さい！

「かちがらす計画」は、平成五年の第七回をもっていったん幕を下ろすが、二十年後に「ＴＯＭＯＤＡＣＨＩ１００プロジェクト」として復活し、現在は中国の学生を巻き込んで日中韓大学生交流事業が行われている。

浜玉宣言

武夫はアジアの一員として、国際社会にどんな貢献ができるかを模索し続けた。世界と日本の現状を見直し、そこに根付くさまざまな不公平や矛盾点を突き詰め、解決すべき課題を挙げて地球市民の会の活動指針とした。それを端的に示したのが「浜玉宣言」である。

昭和六十二年八月、東松浦郡浜玉町（現唐津市）で開かれた県内初の草の根による国際シンポジウム（第一回地球会議）で、武夫が起草した次の七項目が採択された。

一、やっぱり人間誰《だり》でん一緒じゃった
一、欧米だけにとらわれず、地球上のすべての人々を公平に見る目を持つようにする
一、私たちはアジアの一員としてアジアの仲間との友情と協力関係を築き上げる努力をする
一、モノ、カネも大事だが、人と人とのココロの交流の大切さを再確認する
一、自然との調和を目指し、地元の独自性を自覚し、堂々たる田舎人として大地に根ざした生活を営むよう努力する
一、これらの自信と誇りをもって私たちの住むまちやむらの本当の発展と開発に尽力する
一、以上の項目の実現のため、より多くの対話の場として「地球会議」を継続して行う

この結果、地域と一体化した草の根の国際交流活動がより強化され、同時並行的にタイをはじめとする貧国への教育支援や協力事業が加速度的に推し進められることになった。

アクセルとブレーキ

地球市民の会の活動は、昭和六十年六月までの第一期（二年間）は、いわばウォーミングアップ期間に相当し、前身の佐賀日仏文化会館の事業の洗い直しや新規事業の開拓に力が注がれた。昭和六十年七月からの第二期は、各部局および各会員間の横断的連繋が不足していたという反省から、会員が一丸となって取り組む新しい事業体制を敷き、前述したように、①国際姉妹都市締結、②在日留学生ホームステイ交流、③海外派遣交流、④市町村での核作りの四つが主要事業として推進された。

二期（四年）目の活動が終わるころ、武夫は事務室で事業部長の小原と今後の展望について意見を交わし

ていた。

「古賀さん、やっぱり長老だけじゃいかんよね」

「少し若返らせんと、次の段階に進まんばい」

香月最高顧問の声かけで集った理事会のメンバーは、人生経験・肩書ともに大きすぎる感があった。地球市民の会発足時からそれにおんぶにだっこでやってきた面は否めないが、三十代前半の二人には、次期会長をはじめとする上位役員には、自分たちに近い世代にもっと参入してほしいという希望があった。次の人事にそれを斟酌してもらうため、二人で最高顧問のもとに相談にいった。

「会長は小原。事務局長は古賀。それで行きなさい」

返ってきた答えは、まさに青天の霹靂。小原は十段飛びともいえる抜擢で二代目会長に決まり、武夫は事務局長と副会長を兼任することになった。

小原は会長就任以前から、地球市民の会が実質的に武夫主導で動いてきたことを認めていた。いうなれば、「古賀武夫が強力なエンジンで、あとの理事はみなブレーキ役。それでどうにかバランスがとれていた」。あれもやる、これもやる、これもせんといかん。血気に逸る武夫に対して、最高顧問はつねに手綱を締めてきた。「まあ、そうやけど、一足飛びにいかんから。そう何でもかんでも強引にするな」。猪突猛進で前に突き進むのはいい。しかし、そうすることで世間の風当たりも強くなる。行く手を阻む障害物の多いことも最高顧問の気にするところだった。

小原は、自分が会長に抜擢された意味を「世間との間に立って、地ならしをする役目を仰せつかった」と理解した。荒波は立てぬ。それでいて武夫の目指すところを実現させていく。地球市民の会として、それが理想の形であろうと思った。

新体制になってから、武夫は小原に対して丁重な態度を崩さなかった。これは武夫にしては極めて珍しいことだった。武夫はたとえ相手が目上であってもぞんざいな口の利き方をして憚らなかった。目下となればなおのこと、佐賀弁でこき下ろして有無を言わせない。そこに悪意はないにせよ、嫌気を抱く者も少なくなかった。小原は役職こそ上であるとはいえ、年下の自分に敬意をもって接してくれる武夫の態度をありがたく思った。それだけに、古賀武夫というローカルブランドを早くナショナルブランドにしたかったし、また、武夫の能力をもってすればそれが可能だと確信していた。

青年会議所とのタイアップ

地球市民の会の全国展開を加速するにはどうすればいいのか。それを考えていたとき、小原は自分が所属する青年会議所（ＪＣ）の組織との協働を思いついた。ちょうどそのころ、青年会議所でも内向きの人づくり・まちづくりから国際交流や国際協力へと意識を外向きに変えつつあった。武夫に協力してもらうことで、国際化をスピードアップできると考えた。

小原がさっそく試みた第一弾は、「第十七回ＪＣ青年の船」に武夫を巻き込むことだった。青年会議所が主催するこのプロジェクトには、国内外から招いた青年約五百名を船に乗せ、洋上研修を通じて国際交流や地域活性化などへの関心を高めてもらうねらいがあった。研修プログラムには、講演などの各種イベントやクラブ活動、寄港地での視察や親善・交流などが盛り込まれていた。

「古賀さん、これは古賀さんを全国に売り出す絶好のチャンスだから」

小原は熱心に武夫をくどいた。

「そがんね。俺《おい》でよかね」

武夫は、船上でのスピーチと空手のレクチャーを引き受けた。

小原の言うことはもっともだった。知名度を上げなければ会の活動は広まらない。資金が集まらなければ交流事業も協力事業も進められない。俺《おい》が動かんで誰が動くんか。つべこべ言うてる暇はなか。どこまで通用するかわからんばってんが、わからんもんは、やってみるしかなかろう。

昭和六十二年六月十七日、武夫は成田からグアムへ飛んだ。そこから船上の人となって香港を巡り、二週間の行程を経て日本に帰ってきた。

反響は想像以上だった。帰国後、全国各地の青年会議所や企業・団体から講演のオファーが相次いだ。

「小原さん、すごかことになりよるばい」

「だから言うたでしょ。古賀さん、一二〇％成功ですね」

小原は武夫をねぎらい、喜びを分かち合った。

「ＪＣ青年の船」をきっかけに、武夫は席の温まる暇もないほど忙しい身となった。道場で教え、海外へ渡り、合間を縫って全国を飛び回る。武夫は「飛ぶ鳥を落とすような勢い」で慌ただしい講演日程をこなした。その活動ぶりはマスコミにも頻繁に取り上げられ、地球市民の会の社会的評価にもつながった。

昭和六十三年、武夫たちは国際交流活動を通じて地域の文化向上と活性化に貢献したとして、サントリー文化財団から「第十回サントリー地域文化賞」を贈られた。翌年には「国際交流基金地域交流振興賞」を受賞、さらに日本青年会議所が主催するＴＯＹＰ「人間力大賞」にも推挙された。

ＴＯＹＰ（Ｔｅｎ　Ｏｕｔｓｔａｎｄｉｎｇ　Ｙｏｕｎｇ　Ｐｅｒｓｏｎ）は、各分野で活躍している二十歳から四十歳までの若者を顕彰する事業で、全国各地区の青年会議所から推挙された中から「傑出した若者十人」が選出される。平成二年の第二十八回選考会において、九州地区から推薦を受けた武夫は、国際協力分野での貢献が認められ、スピードスケートの橋本聖子（現自民党議員）らと並んで全国トップ10の一人に選ばれた。

武夫、ようやった！　東京のホテルで行われた授賞式には、晴れ姿を見ようと母の玿江をはじめ親族こぞって佐賀から駆け付けた。

武夫はこの日、終始上機嫌だった。緊張でコチコチに固まったセレモニーから解放されると、平素の自分を取り戻して羽目を外した。

「おっ、二谷友里恵がおっぱい」

会場のロビーで審査員を務めた女優を見つけるや、やいのやいのと迫ってツーショットの写真を撮った。それから、せっかくやけんとサインもせがんだ。ところが、あいにく手元に紙がなかった。武夫は背広のズボンをまさぐり、上着の陰から何やら白いものをちょろっと引っ張り出した。「紙がなかけん、これにしてくれんね」。二谷は何も疑わず、「白いハンカチ」にさらさらとペンを走らせてくれた。やったばい！

「佐賀から来たもんがおかしなことをしよる」

武夫たち一行は、はしゃぎすぎて会場関係者の顰蹙を買った。「よかよか」。武夫は気にも留めず、晴れの日を満喫した。ツーショット写真は、その後、テレホンカードになって会員らに配られた。越中ふんどしは、洗濯後、タンスにしまわれ「家宝」になった。

佐賀は地球の中心ぞ。おいは東京には出らん。そういって佐賀を拠点に活動してきた。それが国内外の名だたる財団や機関から認められたことは、武夫にはこのうえない喜びだった。

おいらは地域的に田舎人であっても、意識の田舎っぺであってはならん。自分に目覚め、自分を信じ、自分に誇りをもたんで、何が出来っとか。

小原が目論んだとおり、青年会議所とのタイアップは地球市民の会の全国展開を加速させ、武夫の志に共鳴した会員たちによって各地に支部が形成される契機となった。

第九章　テラトピア

人間の持つべき文明

国連人口基金は、一九九二年度版の「世界人口白書」の中で、世界人口が二〇五〇年に百億人を突破し、二十一世紀末には二百億人に達する可能性があることを示唆した。そして今後十年間の取り組みが人類の将来を決定すると強調した。

この白書が発行された約半月後の平成四年五月十七日、武夫たちは佐賀市内で地球市民の会の総会記念シンポジウムを開いた。ここで左記の五項目からなる「テラアピール」を採択し、主唱者十三名の連名で、リオデジャネイロで開催された国連環境開発会議（地球サミット）に提出した。

一、進歩・発展・開発について

科学や経済の発展には、宗教、哲学、道徳の裏付けがなければならない。経済や科学優先の「開発と環境の保全（持続的開発）」は本来自己矛盾である。我々は価値観を根本的に転換し、進歩・発展の尺度を精神的なものへと昇華させていかなければならない。

二、地球について

言うまでもなく人間は地球上の生命の一種にすぎない。そして、地球はすべての生命の共有財産である。我々は人間中心主義の驕りを捨て、すべての生命と共生しなければならない。

三、人間と生命について
　個体の命は個体のものだけにあらず。宇宙生命体の一環である。我々はこの世のすべての存在はぶっ続きであることを理解しなければならない。
四、地球環境と精神（霊性）について
　現在の環境破壊はまさに目を覆わんばかりだが、地球環境よりはるかに危機的状況にあるのは、文明の発達の中で、自然、宇宙とのつながりを忘れた我々人間そのものであり、その根っこである精神（霊性）であることを十分に自覚しなければならない。
五、文明について
　人間は本来無一物。我々は本然（本来の自然）に戻らなければならない。本然の文明、即、地球の平和であり、我々の幸福である。

　シンポジウムの会場にはマスコミ関係者も詰めかけていた。武夫は、環境問題や文明そのものの持つ本質を突いたこの提言を彼らが大きく取り上げてくれるものと期待した。ところが、翌日新聞を開いてみると、腰砕けするようなベタ記事しか載っていなかった。書いても書かなくても大差のない内容。自分たちが全身全霊をかけて紡いだ言葉を一瞬で素通りされたような気がした。
　憤懣やるかたないといった表情の武夫を横でなだめたのは、元日本独学者連盟会長の経世家・吉田東洲だった。鹿児島県阿久根市の出身。二十世紀最後にして最大の碩学と呼ばれた国士。武夫は、この人生の師から「元の元を見、すべてを学び、すべてを忘れる（越える）こと」を学んだ。

吉田東洲との出会い

武夫が「東洲先生」と出会ったのは、同じく人生の師と仰いだ弟子丸泰仙が佐賀で講演を行った昭和五十五年のことだった。弟子丸禅師に帯同して佐賀市水ケ江にある禅寺・宗龍寺で行われた禅の会に参禅したとき、そこに、顎髭を長く生やし、歯の抜けた仙人のような風貌の東洲先生がいた。どこの田舎爺かと訝っていたが、弟子丸の「兄貴分」と知って威儀を正した。初見で武夫は、人物を見抜く力では当代一と謳われた師からこんなことを言われた。

「古賀君は心配せんでもいい」

佐賀日仏文化会館を開設し、洋子とも結婚。さあこれからばいと意気軒高だった武夫は、前途に光が差したような気がしてホッと胸をなでおろした。しかし、それも束の間、続けざまにこう言われた。

「君は決して大人物にはなれないから心配せんでもいい。君は両親にも恵まれ、衣食住こと足り、何の苦労もなく、中学高校はおろか、大学まで出ている。大人物というのは、もともと天が艱難辛苦を与えるものだ。君にはそれがない。決して大人物にはなれないから心配はいらん」

はあ、と気が抜けたが、逆にこれがカンフル剤になった。苦労のない時代に生きているのであれば、あえて苦労を買ってみたい。どこまで太か人間になれるか、やってみらんば。

この日から武夫の日常は東洲先生の教えの内にあった。

「古賀君は、ぶんぶん独楽《ごま》だから、まず論語を読みなさい」

勧められた本を手始めに、老荘をひもとき、師がものした膨大な書に耽溺していった。

「本能は自然、欲望は不自然。自然は必要以上のものを欲しない」「人間の持つべき文明とは、持つべからざるものは何かを考えればおのずと明らかになる」

出会いから十二年後、師の思想は、前記のテラアピールの中にも色濃く反映された。

テラアピールを採択したシンポジウムには、盟友のジャナロンもタイから駆けつけ、十三名の主唱者に名を連ねた。ジャナロンの来日中、タイでは反政府運動が激化していた。来日直前まで非暴力闘争を続けていた仲間に逮捕状が出され、国軍の発砲によって数百人の同志が殺された。その様子をテレビで見ていたジャナロンは絶叫して猛り狂った。これを東洲先生が戒めた。「革命とは自ら改まるものだ」

天改まって人これに従う。神は万事を知りて一言も吐かず。人は一事を知らずして万言を吐く。「自然」でなければならない。人為が天意に沿うとき、本物の言葉、本物の行動が出てくる。そのとき、逆境即楽境、心配なし。

霊性の目覚め

「チャン（ジャナロン）、おまえと知り合ってから仕事がべらい（ものすごく）増えたよ。友達にならんぎ良かったよ」

「コガ、時間を巻き戻せるとしたら、六年前、俺と知り合っていなければと思うか」

「そがんことはなか」

「俺を恨むより天地を恨め」

「来世で緩《ゆる》うやるさ」

「コガは、来世ではきっとクーキャオ中学校の生徒に生まれ変わっているよ」

「ハハハ、ならおまえは水牛じゃろう。この世のほうがまだましかもしれんな」

「天も地も寂しがっているのさ。五十億もの人間がいるが、天地と友達になる者はほとんどいないんだ」

総会記念シンポジウムから三か月後の平成四年八月、武夫は、チャイワン中学校を出てバンチェンに向かうバスの中でジャナロンとそんな会話を英語で交わした。

思えば、六年前に鹿児島で出会ったこの男に「タイ病」の菌を植え付けられたのだった。ジャナロンを媒体にし、田舎を巡り、まやかしでない本物の生き方に触れ、病原菌の製造元に行きついた。それは、天であり、地であり、仏であり、神々であり、一言で言えば、霊性（精神性）だった。

大いなる自然と人間に宿る神聖な力。武夫がそれを身をもって体感したのは、ジャナロンとバスの中で会話した三日後のことだった。

タイ北部にあるティセ村から船着場に下ってくる途中、折からの雷雨で濁流となったコック川に「地球隊」として参加していたメンバーの一人が流された。呆然と立ち尽くしていると、ラフ族の若者たちが川に飛び込み、メンバーを救い上げた。それを目にした瞬間、電気に打たれたような衝撃を受けた。

濁流の音、雨の音、一行のすすり泣く声。それしか聞こえてこないなかで、胸底から「生きるとは何か」と、突き上げてきた。全身に血が走った。

生きるとは――大自然と一つに溶け込んでいるということ。天地と友達になるということ。人間は自然の一部であり、自然との共生によって生かされている。「自然」でなければならない。東洲先生のいう意味が胸にストンと落ちた。天意に沿い、あるがまま、より人間らしく生き、他のために自分を生かす。とことん、とことん、天命を信じて、人事を尽くす。それが己に求められた生き方だと悟った。

協力事業を行うことの意義

武夫はタイで協力事業を始めてから、下手な留学より協力隊として海外に出かけるほうがより大きな意義があると思うようになった。それは次のような理由からである。

① 高い語学力が短期間に習得できる

② ＯＤＡ（政府開発援助）やＪＩＣＡ（国際協力機構）など、経済的・組織的なバックアップが得られる

③途上国に赴任することで、より地球的な視野が身につく
④人を助けるという高邁な仕事に従事することで、自らの人間性を高めることができる
⑤同じ釜の飯を食い、苦労を分かち合える仲間を得ることができる
⑥自分みたいなものでも必要とされているという確かな手応え（生の実感）がある
⑦人間形成上の基礎を作り、人生を左右するすばらしい感動体験ができる

武夫が協力隊にこのような意義を見出したのには、元新樹会代表の末次一郎の影響が大きい。末次は佐賀県福富町の出身。武夫にとっては三人目の「人生の師」に当たる。青年海外協力隊の創設に尽力し、歴代首相のブレーンとして北方領土問題や沖縄返還に取り組んだほか、日本のＮＰＯ（非営利団体）の礎を築くなど、国内外の幅広い分野で活躍した。地球市民の会の二代目会長・小原嘉文が大学時代に秘書を務めた人でもあり、武夫もそのルートを通じて師に出会うきっかけを得た。最初の出会いは四十歳のとき。昭和六十二年に「佐賀県協力隊を育てる会」を設立する際に世話になり、以後、師事するようになった。

平成二年四月、武夫は師の秘書としてソ連東欧セミナーに同行した。ワルシャワ、ブダペスト、東ベルリンを回り、モスクワではクレムリンや世界経済国際研究所などを訪ね歩いた。三週間にわたる旅程で、武夫は古希になんなんとする師に振り回された。どこへ行くにも俊敏に動き、三十も年下の武夫をふうふう言わせた。エレベーターに乗るときも、つねに師が先に乗り込んだ。それが度重なって業を煮やしたか、ある日、目をひんむいて怒りを露わにした。

「君は一度もエレベーターのボタンを押したことがない。お山の大将だな。しかも小さなお山のな」

無念で返す言葉もなかった。手足になるどころか、足手まといになっている。まだまだ訓練ができていない。旅中、叱責されるたびに肩を落とし、唇を噛んだ。

この五年後、武夫が後述する自主映画『人間の翼』の製作に関わったとき、師は総指揮者として武夫を

バックアップした。また、平成十二年にがんの手術をした際には、同じ病に侵された自身を差し置いて「大丈夫か、大丈夫か」と武夫の身を案じた。平成十三年、新装なった空手道場（地球平和道場）の披露会に招こうとした矢先、師はがんで逝った。

「小さく固まるな、世界を動かす大志を抱け」

武夫はその強烈な志を師から受け継いだ。「私」より「公」のため、心身を国と世界に捧げた超ド級の豪傑。武夫はそう評して末次一郎の死を悼んだ。

真っ白で何もない空

前記の⑦にあるように、武夫はタイで人生を左右するような感動体験を幾度も味わった。この国と付き合い始めてから数え切れないくらい多くのことを教えてもらい、人間的な成長があった。協力事業に関わった人も、地球隊のメンバーも、スタディーツアーに参加した子供たちも、行けば必ずタイ病の菌（感動の手土産）を持ち帰ってくる。

「もらってばかりでは申し訳なか。何とか恩返しせんばならんね」

その思いから、平成三年十月、ワットサーキャオ孤児院とクーキャオ中学校の子供たちと教師を佐賀に招いてホームステイ交流を行った。また、彼らの滞在中、韓国の高校生やアメリカの交換留学生も交えて「地球子供サミット」を開いた。企画・運営は地元の中高生。シンポジウムの会場には、ホストファミリーをはじめ、親の世代も多く駆け付けた。

子供たちは互いの夢や日本の印象などを語り合った。韓国とアメリカの子供たちは、考え方も将来の夢も日本の子供たちに近かった。学校の先生、医者、外交官、ホテルのオーナー。先進国に生きる彼らは、個人的になりたい職業を挙げ、理想的な夢を語った。それだけに「家族や村に恩返ししたい」と現実的な夢を語るタイの子供たちの特異性が目立った。

なぜ日本の子供たちは家の手伝いをしないのですか。どうしておじいさんやおばあさんは一緒に暮らしていないのですか。結婚の条件に親と一緒に住まないことがあるのはどうしてですか。親に恩返しするのは当たり前ではないのですか……。

自分のことよりまず他を思いやる。そんなタイの子供たちの疑問にまっとうな答えを返せる大人は誰もいなかった。彼らを世話した日本のホストファミリーは、一様に「朝早くから起きて食事の支度、掃除、後片付けと、本当によく働きます」と感想を述べた。タイの子供たちに触発されて「お母さん手伝うよ」と言ってきた我が子に「涙が出ました」と打ち明ける親もいた。

シンポジウムでは会場を揺るがす出来事もあった。その震源は、ワットサーキャオ孤児院のソムサックという十七歳の少年の発言だった。

「日本の皆さんは、もし僕のようになったらどう感じるでしょうか」

少年がタイ語で話し始めると、武夫の隣に座っていた通訳の言葉が途切れがちになった。少年と一緒に来日した孤児院の子供たちも泣き始めた。通訳は嗚咽を必死にこらえながら日本語に訳した。

「母が僕を身ごもって八か月目に父が亡くなったそうです。その後母は再婚し、僕が八歳のときにもう一人の子供が生まれました。そして僕は家から出され、ワットサーキャオへ預けられました。僕は自分が愛情不足で育ったのが残念でたまりません。僕の空は真っ白で何もない空です……」

少年は机にうっぷして肩を震わせた。会場から彼の質問に答える声は上がってこなかった。司会者が、「古賀さん、どうでしょう」と武夫に助けを求めた。

世の中で最も偉い仕事

「私は、ソムサック君の立場になったらどう感じるかを答えることはできません。なぜなら、私は両親ともにいる家庭の中で育ったからです。しかし、少なくとも彼のような境遇は幸せだと言えないことはわかります。ここに集まった百名ほどの仲間は、親のない人にとって、本当の親になることはできません。しかし、友人になることはできます。お互いに足りないところを補い合い、教え合い、学び合い、協力し合うことはできます」

「もう一つ、皆さんにお願いしたいことがあります。これから皆さんはいろんな仕事をしていくことになると思いますが、どんな仕事をするにしても、その仕事を通じて人を幸せにするということを忘れないでほしいのです。人を幸せにしようとする中で自分も感動し、心が震え、幸せになれるのだと思います。世の中で最も偉い仕事は、人を幸せにすることです」

親と一緒に暮らす。家族の仕事をみんなでやる。そのことによって親子の絆が結ばれ、本当に家族らしい家族が出来上がる。武夫はタイの貧村でそうした幾組もの家族の肖像を目にしたが、同時にそれを求めても手に入れられないソムサック少年のような現実も見た。

武夫はスタディーツアーで孤児院を訪れたときのことを思い起こした。引率した日本の子供たちにはこう言ってきた。

「よう見とけ。この子らはこういう状況でも笑ってるやろ。おまえたちが明日こんな状況になったら、笑えるか。笑えんやろ。おまえたちは家に帰ったら、クーラーつけて、アイス食べて、着る服があって、トイレもあって、風呂にも入れる。学校に行きとうなか言うて母ちゃんを困らせ、感謝もせんやろが。ということは、この子らはおまえたちよりよっぽど心が豊かということや」

その豊かな心をもった子供たちが目の前で涙を流している。彼らはふだん明るく振る舞っているが、実はそうではない。笑顔の奥には深い哀しみがある。親と一緒に住みたくても住めない。学校に行きたくても行けない。腹がすいても食べられない。その哀しみを押し隠し、彼らは今日まで笑顔で乗り越えてきた。貧しくとも不平を言わず、自分より親を思い、仲間を思い、必要なものが最も必要な人に行き渡るよう、支え合って生きてきた。彼らは強い。やさしいだけではない。その生き方を、先進国に生きる我々はどこまで理解し、実践できているだろうか。

いじめ、登校拒否、校内暴力、家庭内暴力、無気力・無感動、たばこ・酒・セックス。豊かなはずの日本でなぜこんな問題が次々と起こるのか。日本の子供たちは、何不自由ない暮らしをしているように見えても、生まれたときから競争原理の中に放り込まれ、落ちこぼれて疎外感を味わい、社会や学校や家庭に不信感を抱き、未来に希望をもてず、やり場のない苦しみに喘いでいる。心をかけてくれる大人はいない。守ってくれる友達もいない。やさしい心をもった子は生きづらい。強い心をもった子は現れにくい。

戦後の焼け跡から立ち上がり、働きづめに働いてきた日本人は、何を求めてそうしてきたのか。素晴らしい家族や仲間に囲まれ、笑顔で暮らす。煎じ詰めれば、そういうことではなかったのか。それがどこでどうボタンを掛け違えて、子供たちを不幸にするような社会をつくりあげてしまったのか。毎年三万人もの自殺者を出す国にしてしまったのか。

豊かさゆえの不幸、貧しさゆえの不幸。この地球上には、過剰開発がもたらした不幸と開発から取り残された不幸の両極端がある。それを放置する社会にこの先どんな未来が広がっているというのか。時計の針を元に戻すことはできない。ここまで進化した社会の恩恵に背いて生きることはできない。しかし、人間が人間らしく、心豊かに暮らしていくためには、もう一度、人間（人類）の原点に立ち返り、失ってしまった大切なものを取り戻さなければならない。

武夫はぐるりと会場を見回した。泣き腫らしたタイの子供たちの顔がある。放心した先進国の子供たちの顔がある。未来を担うこの子供たちのために、何を残し、何を託してやれるか。一つの構想が浮かぶ。五十年先、百年先、二百年先を見据えた大風呂敷人間の一大ロマン――できんことはなか……。

テラトピア計画

平成四年八月、武夫たちはチェンマイ県サモン郡メートー村で「テラトピア計画」を始めた。①教育の機会、②社会福祉（最低限の栄養・健康）、③職業訓練（適正技術）、④人間の尊厳と霊性（より人間らしく生き、他のために自分を生かすための目覚め）を基本理念に掲げた総合的な村づくり事業。地球市民の会がタイで七年かけて蓄積したノウハウを集大成する一大プロジェクトであり、いうなれば学校農園の拡大版である。

この構想はジャナロンと夢を語る中で育まれた。武夫はジャナロンと二人きりになると、双方の国の子供たちの未来を憂うる話に終始しがちだった。中学卒業後の進路もおぼつかないタイの子供たち。社会に不信を抱き非行などに走る日本の子供たち。なんとかならぬものか。解決の糸口さえ見つからない中で、「人間がもたらした文明の問題は、人工的に解決するのは困難」との結論に達した。

幸いタイの山間部には、豊かな自然に加え、人々のあるがままの営みと人情が残されている。ここでタイの子供たちが中学卒業後も農業を中心とした生活を営み、本来の人間性を損なわずに自立して暮らす。そこに日本の子供たちを呼び寄せて共同生活を送る。そうすれば荒んだ心も癒されるのではないか。そんな共同体をつくってみたい――

「チャン、テラトピアじゃよ」

「テラトピア？」

「ああ、地上（テラ）の理想郷（ユートピア）たい。飢えもない、いじめもない。笑顔だけはいっぱいある」

「できるだろうか」

「できんと思えばできん。でくっ（できる）と思えばでくっ」

「やってみらんば、か？」

「おうよ、やってみらんばよね」

　プロジェクトの対象地区に選ばれたメートー村は、カレン族（五百四十八人）が住むタイで最も貧しい村の一つである。電気は引かれておらず、新聞も郵便物も配達されない。小学校はあるが、貧しさゆえに通えない子供たちが大勢いる。

　その小学校の敷地内に教育施設（中学校を新設）、農場、職業訓練所などをつくり、半径五十キロ圏内に住む子供たち（小中学生）を寄宿生活させながら村の開発を担う人材を養成する。スローガンは、「頭に知恵を、胃に食料を、体に力を」。目指したのは、自給自足（自立他助、他立自助、自給他足、他給自足）を基盤とする循環型共生社会。無闇に生産・消費し、大量に廃棄・汚染する文明社会（消費型社会）への反旗でもあった。

　生きる上で必要なものは何か。まず、空気。次に水。そして少量の食物に尽きる。食物は太陽の恵みを受けて、土から生まれる。したがって、空気・水・太陽・土、これらを大事にしてよく寝さえすれば、人間は死ぬことはない。ところが、日本人は米を作ることをやめ、お金で買えばよいと思うに至った。米を大事にするより、コンピュータや車のほうが価値があると信じている。米を大事にしないということは、空気・水・土・太陽のすべての価値を捨て去ることを意味する。

　私は未だかつてコンピュータや車を食べて生きている人たちを見たことがない。

　命を永らえるために、すべての動物はたんぱく質、炭水化物、脂肪その他のものを必要とする。これらの有機物は、生産者である植物が空気と土中の無機物を使い、太陽エネルギーを利用して光合成によって作る。その一部を消費者である動物が食べ、動物の排泄物や死骸は土に還り、分解者である微生物によって再び無機物または植物へ吸収され、命は「循環」を繰り返す。それが一つの大きな生命なのだ。

テラトピア計画は、①空気・水・土・太陽が織り成す自然そのものの循環、②自然と人との間の「与え合う（恵みと奉仕）」循環、さらに③事業に携わる人と人との「充足感と感動、信頼と感謝」の循環からなる共生社会の実現を目指し、村の人々の意識改革を促しながら進められていった。教育内容はチェンマイ県初等教育事務所が、食料は現地の人々が、技術指導や校舎・職業訓練所の建設支援などは地球市民の会が担い、それぞれが「一心同体の兄弟のように」取り組んだ。

武夫の頭には、もしメートー村で成功したら、他の東南アジア諸国にも、日本や韓国やアメリカにも、その土地に合った形で第二・第三のテラトピアを作っていきたいという夢があった。武夫にとってテラトピア計画とは、世界中の人々がまさに地球家族として幸せになるための構想であり、人、社会、自然、命が、あるがまま、力強く、微笑みのうちに生と死をまっとうできる「新文明」の実践論にほかならなかった。

パパラギ

テラトピア計画には、これを始めるうえで少なからぬ影響を与えた『パパラギ』という一冊の本があった。一九二〇（大正九）年にドイツの作家エーリッヒ・ショイルマンによって上梓されたこの本は、ヨーロッパを中心に十か国語以上に翻訳され、日本でも昭和五十六年に立風書房から邦訳が出て一大センセーションを巻き起こした。

ブームが起きたとき、武夫は、どうせまた外国かぶれの人間が騒いでいるだけだろうと遠巻きに眺めていたが、平成四年の春、知人に勧められて一読したところ、「がばい、感動してしまった」。そこには、「人間

（人類）の原点」を見つめ直す至言が散りばめられていた。

ものがたくさんなければ暮らしていけないのは、貧しいからだ。大いなる心によって造られたものが乏しいからだ。パパラギ（白人＝ヨーロッパ人）は貧しい。だから、ものに憑かれている。ものなしにはもう生きていけない。少ししかものを持たないパパラギは、自分のことを貧しいといって悲しがる。食事の鉢のほかは何も持たなくても、私たちなら誰でも歌をうたって笑顔でいられるのに、パパラギの中にそんな人間はひとりもいない。（中略）いったい、誰が私たちより豊かであり、誰が大いなる心の造り出したものを、私たちよりたくさん持っているだろう。見回してみなさい。遠く、空と海とがひとつになるところまで。すべては大いなるものに満ち溢れているではないか。

神からたくさんのものをもらえば、兄弟にも分けてやらねばならない。そうでないと、ものは手の中で腐ってしまう。神のたくさんの手はすべての人間に向かって伸びており、誰かひとりが他のものと不釣り合いにたくさんのものを持つのは、決して神の心ではない。神が正しいその手の中ですべてのものを支えておられる限り、戦いもなければ苦しみもない。（『パパラギ』より）

『パパラギ』は、初めてヨーロッパを旅した西サモアの酋長・ツイアビが、旅先で目にした白人の世界の印象を自分の住む世界と照らし合わせて独白する形式で書かれている。ツイアビの発する一言一句は、とりもなおさず西洋文明に対する痛烈な批判となっており、「テラアピール」を通じて人間至上主義・経済最優先の文明に警鐘を鳴らしてきた武夫にしてみれば、我が意を得たりの説得性をもつものだった。

武夫は本を読んだ直後の夏（八月）にテラトピア計画に着手したが、それ以降もずっとツイアビ酋長が生きた世界のことが頭から離れなかった。西サモアとはどんなところなのか。テラトピア計画を成功させるためにも一目見ておきたい。その衝動を抑えられなくなったとき、幸運にもチャンスが舞い降りてきた。

平成四年十月、武夫は青年海外協力隊現地視察旅行団（南太平洋コース）の団長の任を引き受ける形で西サモアに渡った。

――サモアは一八九九年十二月のベルリン会議で西経一七一度線を境に二つに分けられ、西サモアはドイツ領、東サモアはアメリカ領に編入された。一九一四年、第一次世界大戦の勃発とともにニュージーランド軍に占領され、一九二〇年にベルサイユ条約により同国の委任統治領、一九四七年には国連信託統治領となる。その後、列強支配に対する反植民地運動が起こり、一九六二年にポリネシア初の独立国として西サモア共和国が誕生した。一八三〇年から始まったキリスト教の普及により、島民のほぼ百パーセントがクリスチャン。マタイ制度（家父長制）に基づく伝統的な大家族制を敷き、土地は共同保有制。人口は十七万の佐賀市に匹敵し、面積も佐賀県の二四三九㎢とほとんど変わらない。そんな基礎知識を叩き込んでの訪問であった。

武夫は任務の合間を縫ってツイアビ酋長の足跡を訪ね、ＪＩＣＡ（国際協力事業団）職員の案内で酋長の息子だと名乗る大正十五年生まれの人物にも面会した。「父は私が二歳のときに亡くなりました」。先代の酋長に関する具体的な話は聞き出せなかったが、「実在した」ことが確かめられただけでも御の字だった。

武夫は、西サモアにゴーギャンの描いた南海の楽園（タヒチの絵）をイメージしていた。しかし、浮き立つ心で見た現実の西サモアは、すでに近代化の波に晒され、思い描いていたのとはだいぶ異なる様相を示していた。サモアの町にも、サモアの人々にも、『パパラギ』の酋長の息遣いはほとんど感じられなかった。

先進国の過剰な援助

一九九〇年度の統計で西サモアの一人当たりＧＮＰは五百八十ドル。開発途上国と先進国を分ける分岐点は千二百ドル。その点からすれば西サモアは開発途上国であり、「被援助対象国」であった。ところが、その経済指標が無意味に思えるほど、どこにも貧しさは見当たらなかった。市場には果物、野菜、魚、肉が山と積まれ、やせている人は見かけない。アメリカのピースコア（平和部隊）が約四十名、UNV（国際ボランティア）が約四十名、日本からはＪＩＣＡ関係者が約五十名。それ以外にも先進国側の援助が活発に行われ、国の基幹となる事業のほとんどが先進国の手に握られている印象があった。

「ＪＩＣＡもピースコアもたくさんのものを提供してくれる。我々はありがたく受け入れる。我々が受け入れるものは多く、与えるものは少ない。しかし、最終的には彼らのほうが多く受け取っている。日本からは自動車整備の技術者がやって来て技術を教えてくれる。我々は日本の車の技術を学び、必然的に日本の車を輸入することになる。アメリカも、中国も、彼らは自分の感覚でデザインした企画を実行してこの国に残していく。我々には拒絶する権利がない」

三日間の滞在中、武夫はサモアオブザーバー社（首都アピアにある英字新聞社）の編集長からそんな話を聞かされた。中にはこんな興味深い話もあった。

西サモアの死因の第一位は自殺、二番目が交通事故、三番目が殺人。

もともとサモアには、「私の」「あなたの」に該当する言葉が存在しなかった。あるのは「みんなの」という言葉のみ。自分自身は神の造りたもうたものであり、神の一部である。自分と他人の境はなく、人間とヤシの木の境もない。人を殺すことは自分を殺すことであり、人のものを盗むことは自分のものを盗むこと。「私」が初めから存在しないのだから、必然的に完全共有財産制となる。ところが、西洋化が進むにつれて、その土台が根底から崩れ始めた。ヨーロッパ式の家が建てられ、サモア式の「壁のない家」で暮らしていた人々が壁を持ち始めると、逆に盗みが急増した。元来、「盗む」とは自他の区別があるところから生まれるが、近代化・西洋化は、自他の区別をつけることを促進し、みんなのものをみんなのものでなくしてしまった。
サモアには働かなくても暮らせる環境が十分に残されていた。そうであるのに、便利なもの、西洋的なもの、何よりも「お金」を求めて都市へ繰り出し、伝統的生活様式から遠のいていくのを自制できずにいた。近代化はパンドラの箱であり、一度「欲」を持ってしまうと元に戻れない。持てば持つほど欲しくなる「欲」の本性が近代化をますます加速させ、それが島の人々の心を避けがたく蝕みつつあるのを武夫は肌で感じた。

自分たち先進国の人間は、国際協力という美名のもとに西サモアに入り込み、一切必要としないものを与え続けているのではないか。武夫は、タイで感じたのと同じ感慨をこの島にも抱いた。

西サモアから帰国後、武夫は旅の記録の執筆に取り掛かった。執筆中に二つのことを考えた。一つは強さとやさしさ、もう一つは豊かさと貧しさである。

西サモアで出会ったサモア人の多くはやさしい心の持ち主だった。しかし、そこに『パパラギ』の酋長に感じた力強さはなかった。武夫には、強さの裏づけのないやさしさは、残念ながら弱いと感じられた。

豊かさと貧しさという点においては、タイの社会と比較せずにはいられなかった。近代化という現象はどちらにも共通しているが、歴史や風土、社会制度や文化の違いもあって影響の出方は一様ではなかった。ただ、農村の崩壊という点に思いが及んだとき、強靭なマタイ制度をもつ西サモアより、タイのほうが迅速に進んでしまいそうな予感がした。

肉体を酷使して働かなくても食える社会は人類の一つの理想であり、経済大国日本はその形をほぼ手中に収めて豊かになった。けれども心は安んじているだろうか。屈託なく生きることを楽しめているだろうか。天と地に思いを致し、そこから受ける恵みに感謝しているだろうか。武夫は『パパラギ』を何度も読み返しながら、日本はもとより、西サモアからも、タイの貧村からも失われつつある「本物の豊かな暮らし」について考えた。そして、人間にとって一番の幸せとは何だろうかと自問し続けた。人の幸せは人の数だけあり、何に幸せを感じるかは人それぞれである。その中で、自分が一番だと信じる幸せは、「家族や仲間たちとの感動と笑顔に満ちた日々の営み」であることに少しの揺るぎもなかった。

武夫は完成した旅の記録をブックレット形式の冊子（『ツイアビ――南海の酋長を訪ねて』）にまとめて会員らに配った。「おいの言いたかことはここに全部書いある」。平成四年も暮れようとしていた。

第十章　同志

第三代会長に就任

平成五年の年明け、皇太子浩宮仁親王と小和田雅子の婚約発表記者会見がなされ、日本列島は祝賀ムードに包まれた。武夫も厄年を無事に乗り超え、春には四十三歳になった。

五月、創立十周年を間近に控えた地球市民の会で役員の改選が行われた。武夫は、日本青年会議所の第四十三代（九十四年度）会頭に就任することが決まった小原嘉文から第三代会長を引き継ぐことになった。

重要な節目の年に会長のお鉢が回ってくるとは、「まさに目が白黒してしまうほどの一大事」。お前は行き当たりばったりだ。もっと計画的にやれ、もっと戦略を練ろ。いろんなことを言われてきた。品格の面でも劣る自分は組織を作る人間ではない。ましてや組織のトップに立つ人間でもない。一人で好き放題しゃべりまくっているほうがどれだけ楽か。しかし、指名を受けてしまった以上、逃げも隠れもできない。心身を突き動かすものは、夢、情熱、感動。人のこころを動かすものは熱意と裂帛《れっぱく》の気合。人の心をつなぐものは信義、信頼、血の温かみ。やるしかなかろうもん！

「二十一世紀をどのような時代にするのか、どんな世界、どんな地球を創造するかは、私たちの双肩にかかっている。難しい理屈はいらない。人から受けた恩は返す。困った人がいれば、自分の家族や友達と同じように助ける。人類と地球のため、自己を、地域を、国を変革し、現在の文明の方向を正し、新文明を創造する気概を持ってほしい」

特別顧問に退いた小原からそんな言葉を託され、身の引き締まる思いがした。

十年間、実質的に会を主導してきたとはいえ、会長という大役は、「それまでとは勝手が違った」。就任から二か月間は、緊張しすぎて「自分が自分ではなくなった」。やらねばならんという意気込みが自己の能力を超えた分不相応なものであったのか、「どうにも居心地が悪かった」。

六月中旬、どういうわけか涙がとめどなく流れてきた。母をはじめ、周囲の人たちからさまざまな激励を受けた。我を捨てなさい。物事はなるようにしかならない。本物は肩書やお金では得られない。ツイアビ酋長の箴言も蘇った。「白人は私たちサモアの人間に、頭を使わないお前たちはバカだという。しかし、私たちから見れば、頭を使いすぎる白人たちは病気だとしか言いようがない。いったいどっちが馬鹿なのか」。亡き師匠・弟子丸泰仙の言葉も追い打ちをかけてくる。アホのくせに黙っとれ。人間は頭と心と体の総合体、頭だけでなくもっと体を使え。

自分が意図したところで、天は動かない。「忙しい」は「心を亡《うし》なう」と書く。寝る時間を惜しむ人は早く永眠するそうだ。あせることはなか、ゆるうやらんば。そこに思い至ったとき、憑き物が落ちたように楽になった。

地球市民の会とは何ぞや——武夫は辿ってきた道を振り返り、問い直した。

友（仲間）は宝

地球市民の会は、「変な集団」と言われてきた。「何だか、面白そうなことをやっているなあ」。北は北海道から南は沖縄まで、奇人・変人、会社を倒産させた人、脱サラの素浪人などが集まってくる。国際交流や国際協力などといっても、単なる酒飲みのおじさん、おばちゃん、お嬢ちゃんたちが集まり、ギャーギャー、ギャーギャー、日本人にもよくわからない佐賀弁や熊本弁、超難解な鹿児島弁を駆使し、火のような酒の息を噴出させながら、およそインテレクチュアル（知性的）とは言えないような話を酔いつぶれるまでやっている。その中から、もっと何かやってみたいという連帯意識が生まれてきた。

「ここに集まって来《く》っ人たちは、日本一、心のきれいか人たちじゃあんみゃあか（ないだろうか）。一緒におっぎ（いると）心の洗わるっごたっ（ようだ）」

確かにそのとおり。金儲けは下手、計算も下手、主流に乗った出世もあまり望めない。できることはやるが、大きなことや分不相応なことはできない。どちらかと言えば人生裏街道のお人好しばかりだ。もっとも、大学教授や行政・経済界のめったにおめにかかれない重鎮などもおられるが、それとて裏表のない本音だけで話す屈託のないエリートである。入会後、不適合反応を起こして去って行く者もいるけれど、知らず知らずのうちにやさしい人間に変わっていく。そのほうが断然多い。

振り返れば、我らの活動は、世界への窓としての語学学習、外国文化の学習から始まり、国際交流活動が主体であったところへ地域づくりとの出合いがあり、意識改革・活性化をキーワードとして地域の国際化が始まった。佐賀市で生まれたこの活動は、県内、そして九州全域に広がり、「小さな地球計画」や「かちがらす計画」を通じて、のべ千五百人以上の海外からの学生や企業人を招くことになった。これにより視野が拡大し、異文化や海外への関心も大いに高まった。とりわけ、タイのワットサーキャオ孤児院やクーキャオ中学校での協力活動を通じて、自分たちが失っていたものを再発見し、人・社会・自然の相互依存、そして霊性に目覚め、活動は日本全国を覆い始めた。

手掛けてきた事業は、自然発生的なものが多かった。頭脳明晰な幹部が考えて企画するというよりは、むしろ自然の勢いでやむに已まれず始まったものがほとんどである。日タイ協力事業も偶然始まった。なぜその偶然が起こったのか。どうしてこれだけの人たちが自分の意思とは無関係の偶然の契機から関わることになったのか。「知恵ある人は知恵を、筋肉のある人は力と汗を、時間のある人は時間を、経済的に余裕のある人は金銭を」。その呼びかけに集ってきてくれたということは、人間一人ひとりには、天から授かった使命や役割というものがあるからだろう。同じ波長の人たちが三々五々集まり、自ら然りとして、自己の使命や役割を認識し、事業に関わってきたのだ。

古賀武夫という個人の趣味から始まった活動は、いまや会の名にふさわしく、地球規模に拡大した。これまで開発・発展、文明・人類を見直し、自らの足元である生活そのものを再検討してきた。文明の光と影、南北問題、貧困、飢餓、戦争などに苦しむ人々もたくさんいることを知り、国際化の概念も大幅な修正を余儀なくされた。そして、起こるべくして起こった地球環境問題は我々の価値観を大きく変えた。この問題に取り組む中で発見したのは、地球そのものであり、宇宙の歴史といのち、時空を貫く本質、そして地球に生きる我々人間（人類）の原点であった。

世の中はまともな人たちで動いているように見えるが、そのまともな人たちが環境を破壊し、自己の生命を脅かし、いまだに殺し合いをやめられないでいる。であるならば、我々は敢えて本来の自然（本然）に戻り、世の砥石、縁の下の力持ちに徹し、「生きててよかった」と腹の底から大声で叫べるような世の創生を目指してがんばるほかない。夢、情熱、感動。明るく楽しく元気よく。酒を飲み、笑い騒ぎ、そしてやるときにはまじめになって働く。

「世の中を変えらるっとは、奇人・変人の狂気に満ちたエネルギーなんじゃから、おいはこいからも変な集団の座長としてアホを続けていくのがいちばんぞ。いままでどおり、あるがまま、なあんも背伸びすることはなかよね」

広がるネットワーク

気負わずやろうと腹をくくりつつ、武夫は事務局長時代を上回るハードスケジュールをこなしていった。

全国各地で講演や会議に招かれる。そのたびに土地の人々に会って話をする。海外出張を除いても、年間の外泊日数は優に一〇〇日を超えた。

行く土地土地で素晴らしい出会いと発見があった。イベントで招いたゲストとも親交が深まった。神奈川ではカルチャラルコーディネーターのマリー・クリスティーヌ、東京ではサックス奏者の坂田明や漫画家の松本零士などの有名人も会の理念や活動内容に賛同し、協力を約束してくれた。

すでに国内では、北海道、東京、神奈川、愛媛、熊本、嬉野町（佐賀）の六か所に地球市民の会の支部組織ができ、三重や岐阜など他の十か所でも設立準備が進められていた。

友が友を呼び、ネットワークは着実に広がっている。二百人台からスタートした会員数（正会員、協力会員、里親会員）は、十年かけて六〜七倍に膨らんだ。それでも武夫は素直に喜べなかった。

活動資金はいまだ充足の域に達していない。いっぽうで事業領域は広がり、とくに海外協力事業の比重が高まっている。テラトピア計画の推進、地球市民奨学金制度の充実等、今後の展開を考えると、「まだまだ足らん」と不安にさいなまれることが多くなった。

地球市民の会の資金調達法は大きく三つに分けられる。①会員から徴収する会費、一般市民や企業から集める寄付金と協賛金、使用済みの切手・テレホンカード、書き損じのハガキなどの換金、②国や自治体から支給される助成金と補助金、③講演料や出版物・グッズの販売などによる事業収入である。

人には、「知恵を、体力を、時間を」と協力を求め、お金は、「欲張らねば、必要なときに必要な分だけ入ってくる」と高をくくってきたが、どんな活動をするにもコストがかかり、先立つものは「お金」であるという現実を突きつけられる。「心の豊かさ」を求めて働きながら、その対極にある「欲望の象徴」にもっとも頼らざるを得ないのは何とも皮肉な話だが、しかし、背に腹は代えられぬ。最大の財源である会費を増やすために、「財政基盤の確立と会員倍増」を最重点課題の一つに挙げ、事業内容の周知徹底に努めるよう幹部らに檄を飛ばした。

三か国ツアーで見た真実

会長就任の年は瞬く間に過ぎた。明くる平成六年は、三度目となる青年海外協力隊現地視察旅行団の団長の使命を帯びてアフリカ（ガーナ）を訪問し、新年のスタートを切った。

帰国後、武夫は、世界には知られていないさまざまなニーズがあることを改めて感じた。マスコミはとかく都市部の華やかな側面を伝えがちで、戦争や紛争の被害者や支援の届かない困窮者の日常を詳しく報じることは少ない。たとえばタイの情報にしても、発展する首都バンコクの状況であり、タイ料理のグルメツアーであり、観光スポットの紹介がほとんどである。日本にいるだけでは全体像が見えにくい。マスコミから取りこぼされた陰の部分が見えにくい。だから寄金の呼びかけにも反応が鈍い。物事はどこに視点を置くかで違って見えてくる。百聞は一見にしかず、百見は一行にしかず。自分の足で歩き、自分の目で確かめ、行動してみて初めてわかる真実がある――武夫は、ちょうど二年前の今頃も旅先で同じことを感じていた。

平成四年二月、地球隊のメンバー十九名を率いて、タイ・カンボジア・ベトナムへの三か国ツアー（十七泊十八日）を敢行した。タイで協力事業を済ませた後、カンボジアとベトナムの内情を視察した。

カンボジアでは、アンコールワットやアンコールトムなどの文化遺産がある観光地にも立ち寄った。日本人を見つけると、コーラや土産物を手にした八歳～十歳の子供たちがしつこくまとわりついてきた。「ワンダラー（一ドル）、ワンダラー」。学校に行かず（行けず）、家の生計を支えようとする必死の姿がそこにあった。

ベトナムの最大都市ホーチミンでは、第八区と呼ばれる貧困地区（スラム街）を歩いた。一か月の生活費が二十万ドン（約二千円）。失業者は三万人（職に就いても多くは日雇い労働）。八万人いる十五歳以下の子供のうち、障害児や浮浪児、幼少のころから働かされる貧しい子が二万五千人。三歳までの半数弱が栄養失調。そうした子供たちに、半官半民の児童保護委員会が区の助成金と寄付金（合せて年間一億ドン）を使い、給食をはじめ、識字教室や夜間学校を開いて支援を行っていた。

アジアにはタイのほかにも支援しなければならない国がある――それを強く意識した視察旅行だった。

ベトナムでの支援開始

会長就任から一年を経て、武夫のアジアに向けるまなざしは一層強まった。新事業として取り組むプロジェクトの矛先もおのずと社会的弱者に向けられた。基礎教育の普及、栄養状態の改善、経済的に自立できる農業を主体とした社会（職場）の創生。タイで進められているテラトピア計画を他のアジア諸国にも早く応用しなければならないと思った。その機運はすでに熟していた。

地球市民の会では平成三年から「日韓青年経済人会議」を開催し、日韓の企業人とタッグを組んでアジア社会の発展にいかに貢献するかを模索してきた。この会議はその後、アメリカやスリランカ、西サモア、タイ等の国々を巻き込んで「アジア太平洋協力会議」に発展し、前年（平成五年）に開催されたアジア太平洋セミナーでは、日韓米の先進諸国（企業＋ＮＧＯ）が連携してアジア諸国に内在する貧困等の問題を解決して行くことが決議された。

平成六年九月、武夫はベトナムから支援を開始した。フランス留学時代、難民の友人から助けられた思い入れの強い国。「大学で学べる自分は恵まれている」と苦学しながら語っていた友の言葉を思い浮かべながら、グエンチャイ高校で地球市民奨学金制度をスタートさせた。

国内では前会長の小原がつなげてくれた青年会議所との連携も強化された。年度末になると、九州地区や中部地区など、全国各地から海外事業を担当する国際委員会の役員らが新年度の事業計画を立てる際のアドバイスを求めて「古賀武夫詣《もうで》」に馳せ参じるようになった。武夫は、単に行けば何か教えてくれるだろうという役員には素っ気なかった。そのかわり、独自の企画をもって「どうか」と尋ねてきたり、失敗体験の「どこがダメか」と原因を求めてくる場合には胸襟を開いた。ユニークな企画を持ち掛けられたときには、「そいは面白か。わしらでも思いつかんばい。あんたらのマンパワーを生かせばできんことはなかよ」と強力に後押しした。実際、そのマンパワーはベトナムでも発揮され、現地の人々を大いに喜ばせた。

平成七年四月、武夫は、講師を務めていたグローバルトレーニングスクール（GTS）の若い青年らを率いてホーチミン市に赴いた。GTSは青年会議所の新入会員を対象にした国際貢献プログラムで、年度内に国際協力の何らかの形を作り上げることを要請されたが、このときは、スラム街や農村の子供たちのための宿舎「子供の家」をつくり、識字教室などを開設する計画だった。与えられた研修日程はわずか五日。そのハードスケジュールの中で、彼らは見事に大役を果たした。

最終日の竣工式終了後、ベトナムの民族音楽の演奏会が開かれた。統一会堂（旧南ベトナム大統領府）に所属する演奏家たちの奏でる音楽に現地の子供たちや教師、青年会議所のメンバーが心を一つにして聴き入った。武夫もメンバーに交じってしばらく感動の余韻に浸っていたが、この日はそれだけに止まらなかった。

夜の懇親会。協力事業に関わった人たちがステージに上がって挨拶をした。武夫は、そのなかの一人のスピーチに心を揺り動かされた。

「私はベトナム語も何もわかりません。ただ、青年会議所のみなさんが手探りでやられているのを見て、私も手探りでよければと、何もできませんでしたが、今日まで一緒にやってきました」

挨拶したのは秀嶋正孝という男だった。平成二年に事務所にプイと現れ、運転でも何でもしますからと、無償で事務の仕事を手伝ってくれた。このたびの研修プログラムでも、五日間、裏方に徹してメンバーの世話をし、演奏会のアレンジまでしてくれた。「偉そうなことは何も言わない。いつも腰を低くして走り回っている。タイでもベトナムでも日本でも、困っていそうな人がいると、ニコニコと話しかけている」。武夫は出会ったときから、ボランティアの本質を秀嶋の中に見ていた。

秀嶋は言う。「私は、協力とは汗を流さねばならないとか、どんなプロジェクトを組み、何を与えればよいのかなどと堅苦しく考えることではなく、心を和ませ、自然と微笑みが浮かんでくるようにすることだと思う。だから、「国際協力」と言わなくても「慰問」で十分な場合もあるし、それが立派な「研修」にもなる。もちろん、そのためには自分の心が和んでいることが先決である。苦しいときほど微笑み、笑いが欲しいのは当然である。苦しいときに暗い顔をして現れ、深刻な話をし、ニコリともせずに黙々と仕事をするなど、考えただけでもゾッとする。相手があって、何かやらせてもらうということは、実は、自分の顔を見させてもらっているのである。相手に対して何かしようというおまえ自身は何者か！　健康か？　幸せか？　満ち足りているか？　笑っているか？　つまらぬことでくよくよしてすねたり、悩んだり、人を恨んだり、怒ったり、自分をごまかしたりしていないか？　苦労があるのはありがたい。楽しいこともありがたい。何があってもありがたい。ありがたいからお返ししよう。よろこべば、よろこびごとがよろこんで、よろこびあつめて、よろこびにくる――」

秀嶋は、唐津市厳木《きゅうらぎ》町岩屋にある浄土真宗・至徳寺の住職である。高校卒業後、新潟での山暮らしやアジア放浪などを体験し、三十七歳のときに家の跡を継ぐため郷里に帰ってきた。武夫の下で働いていたときは、奨学金担当の委員長を任された。その奨学金を携えて北部の都市ハイフォンとの間を行き来し、未開拓であったベトナム協力事業の足場を築いた。

平成七年、「人から浄財を集めるより、自分の稼いだお金で協力できないか」と考え、地球市民の会から離れた。平成八年に「ベトナム育英会」を一人で立ち上げ、翌年十二月には県庁そばに佐賀市初となるベトナム料理店「コンビンザン」をオープンさせる。その売上金をせっせとベトナムにつぎ込み、現在に至っている。

武夫にはよくこう言われた。お金があり、力のある人たちは、家庭や社会から十分な恩恵を受けた。それを次にどこへどう還元するか。自分の生活の向上を図るよりも、自分の子供をいい大学に入れるよりも、恵まれない環境で大変な苦労をしている人たちに、金と知恵と体力を結集し、「恩返し」するのがいい。「秀嶋くん、ノブレス・オブリージュ（高貴なるものの義務）よね」。

「どうしても家庭があると家族のことを考えてしまう。結局は自分を守ってしまう。それを古賀さんは、小さな枠にとどまらず、大きな視野で、困っている人たちのところへ飛び込んで行った。自分の子も、隣の子も、ベトナムのスラムの子も、みな家族。見て見ぬふり、見て知っている気、そがんなことはできんよと」

武夫を支えた縁の下の力持ち

気づきから目覚めへ、目覚めから行動へ。その武夫の活動も、秀嶋のような「縁の下の力持ち」の存在なくして語れない。ベトナムに引き続き、スリランカ、インド、ミャンマーへと延びていく協力事業も、そうした奉仕精神旺盛な同志の力に支えられてのことである。

このころ武夫の周りにはエネルギッシュで一癖も二癖もある多彩な人材が集結していた。新体制のスタート時、補佐役（専務理事）を務めたのが二十九歳の平野喜幸だった。誰もが認める情熱の人。武夫からは「掛け値なしの素晴らしい男」と絶賛された。現地に渡ってテラトピア計画の中心的役割を担い、のちに青年海外協力隊、カラモジア財団、ミャンマーのNGO「セダナー」を経て、「れんげ国際ボランティア会」においてミャンマーへの支援活動に現在も尽力することになる。

事務局長に抜擢された中村清美は二十四歳のフレッシュウーマン。長崎小佐々町海洋センターから転身してきた変わり種だが、武夫のそばに寄り添い無理難題をテキパキと捌いた。

ミュージシャン・近田春夫の夫人である近田真知子は、海外での奉仕活動に手腕を振るい、「地球市民の会かながわ」設立の立役者になった。平成五年四月、支援方針を巡って武夫とたもとを分かち、「地球市民ACTかながわ」代表として独自路線を歩むことになるが、現在も武夫が先鞭をつけた協力事業の意志を確固として受け継いでいる。

熊本県庁の成尾雅貴は、平成二年の国際化シンポジウムで武夫とファーストコンタクトをとった。「寄金を集めて支援活動をしているというが、困っている人たちのところに本当に届いているのか。古賀武夫という人間は、現地の人たちとグルになって俺たちを騙しているのではないか」。そう疑ってタイに同行し、タイ病と武夫に取り憑かれた。平成二十三年、庁内のブランド推進課で地元活性化事業の企画を担当した際、天草出身の放送作家・小山薫堂氏の協力を得て、「くまモン」を誕生させた。「古賀さんと夜なべ談義をすることがなかったら、そんな発想も生まれなかった」。

同じ熊本からは地球市民の会の支柱となる同志も現れている。野外教育研究所IOE代表の山口久臣と株式会社地水社代表取締役の佐藤昭二である。ともに阿蘇を拠点に独自の地域活動を展開していたが、武夫の強力な磁力に引き寄せられ、協働することになった。

二人は地球隊のメンバーとして協力事業に深く関わり、武夫から絶大の信頼を得た。とりわけ佐藤は家族ぐるみで武夫を支援し、支えた。平成二十年に後事（第四代会長）を託されることになる。八年にわたった蜜月時代。武夫は佐藤の前で裸の自分をさらけ出した。数々のエピソードがある。出会いのきっかけをつくった山口の略歴と併せて紹介してみたい。

阿蘇の祭り

山口久臣は熊本県人吉市の出身。大学卒業後に野外教育に興味を持ち、三十代前半から地元の阿蘇や海外（アジア、ヨーロッパ）でツーリズムビジネスや自然学校、エコツアー、自然体験活動などを企画・プロデュースしてきた。

山口が武夫と出会ったのは昭和六十年八月、大分県の湯布院で開催された「日米青年交流会議」の会場である。当時武夫は三十五歳、地球市民の会を立ち上げて三年目を迎えていた。山口は武夫から活動内容を聞き、特異な経歴を知った。「弁が立つ。言うことが面白い。風貌に似合わず英語とフランス語を操り、おまけに空手の高段者」。アクの強さにも圧倒され、すぐ会員になった。

付き合い始めると、行動力とリーダーシップがずば抜けていることがわかった。人脈も広い。よく笑い、よくしゃべる。ダジャレや毒舌で人を煙に巻くかと思えば、「感動なくして何が人生ぞ」と人目もはばからず大泣きする。これほど喜怒哀楽の激しい男も珍しい。山口は、尊敬と親しみを込めて、五歳年上の武夫を「アニキ」と慕うようになる。

山口自身、九州管内に広い人脈を持っていた。阿蘇山系で半自給自足生活をしながら同じような社会活動をしていた佐藤昭二と武夫を引き合わせたのも山口である。

その佐藤の家は、九州のへそと呼ばれる熊本県阿蘇郡蘇陽町（現上益城郡山都町）、パワースポットとして知られる高天原神話発祥の「幣立《へいたて》神宮」にほど近い場所にある。玄関口には「世界平和道場」の看板。廃校になった小学校の校舎を利用した住居内には七十二畳の大広間があり、ここに地元だけでなく全国から人が集まってくる。いわゆる情報集積・発信基地としての機能を果たしている。

佐藤は、毎年夏に行われる幣立神宮の例大祭（五色神祭）に合わせて環境などをテーマにした「緑の祭」を開催してきた。平成元年の夏には規模を拡大し、講師四十数名、ミュージシャン三十数組を招き、九日間ぶっ通しのロングフェスティバルをキャンプ場を借り切って敢行した。謝礼は米五合。妻の勢子は食事と宿泊の対応に追われ、長男と次男は車の送迎で三万キロも走った。

祭りの期間中、佐藤は蘇陽高校（平成二十四年に閉校）の顔なじみの教師から、「佐藤さん、面白い男がいるからぜひ会ってみてください」と山口を紹介された。その山口が、祭りが終わったあと、自身が主宰する山鹿サイクリングセンターでのフォーラムに「面白い男」といって武夫を連れてきた。佐藤はそこで講師の武夫の話に耳を傾けることになる。

坊主頭に丸メガネ、作務衣姿の屈強そうな男の口からどんな話が飛び出すのかと楽しみにしていると、日韓交流の「かちがらす計画」の話から始めた。舌が滑らかになり、だんだん調子づいてくると、そもそも韓国人というのは——

「おやじが子供を叱るとき、どうやって叱るかご存知ですか？」

聴講者の顔をなめるように見回してくる。みなシーンとして答えが出るのを待った。

「コリアー！」

つまんねーと佐藤は思った。しかしこのとき、この男とは絶対友達になるだろうと確信した。フォーラム終了後日の「世界平和道場」の大広間での酒盛りで、差しつ差されつする中、武夫は真っ赤な顔して言った。

「初めてだ、佐藤さん。おいはあんたの祭りば見て本当にびっくりした。こいが神の世界かと思うたよ」

佐藤家の家族問題

秋田生まれの佐藤は、昭和五十四年、横浜で興した事業に失敗し、「子供は親の影響を受けてずっと生きていく。その責任を取らないといけない」と妻子を手放し、福岡に出て負債の返済に日を費やした。完済後、蘇陽町に移り住み、離散していた一家を呼び寄せ、新たなスタートを切った。「地水社」という土壌浄化法を用いた汚水処理の会社を始めるいっぽう、自然農法で米や野菜を作り、一家の暮らしを立てた。

蘇陽町で新しい生活を始めたころ、一人の青年が佐藤の下で働いていた。のちに自民党衆議院議員（神奈川五区）となる坂井学である。坂井は東大法学部を卒業後、留学を経て松下政経塾に入塾した。そこでの研修を通じて「二十一世紀は水と土の時代」との確信をもった。これを身をもって体験するため、先駆的実践者である佐藤の門を叩き、地水社の社員になった。坂井は佐藤の下で三年間働き、この間、配管工や浄化槽設置の国家資格を取り、自然農法にも挑戦して三回の米作りを体験した。武夫は佐藤を介して坂井とも知り合うことになった。

武夫が初めて佐藤家を訪れたとき、長男の昭成は二十歳、次男の英名《ひでお》は十九歳、三男の淳一は八歳の小学三年生だった。実はそのころ、佐藤家は家族問題を抱えていた。三男の淳一が母の勢子と毎日バトルを繰り広げていた。「ほら、じゅん、みそ汁食べなきゃ。ちゃんと食べなさい」。「お母さん、みそ汁くらい僕の自由にさせてよ」。反抗する息子に母親は手を焼き、そのうち何もものが言えなくなった。

武夫が訪れた日も、朝から言うことを聞かず母親を困らせた。母親はついに爆発し、三男を叩いた。鼻血が出た。後日、三男は学校の作文にこう書いた。「お母さんにバチンと叩かれたとき、僕の人生は終わったと思った」。

このときの光景を見て武夫は呆気に取られた。人当たりの良い、とても子供に手をあげるようには見えない佐藤の妻が、目の前でそれをしたことにひどいショックを受けた。愛理、慈猛、友大。まだ幼い自分の子供たちに、親としてここまで本気でぶつかったことは一度もなかった。

ショックを受けたのは佐藤家も同じだった。長男の昭成も次男の英名も、世界観や日本人論をこれほど面白おかしく話す人間を見たことがなかった。そんな人間が自分たちの目の前に現れたこと自体、「とんでもない話」だった。

一家は武夫の進む方向に「率先して流れていった」。タイにも親子で渡り、汚水処理などの作業に汗を流した。行くたびに「タイ病」を持ち帰った。

師匠であり弟

佐藤は昭和十八年の生まれで武夫より七歳年上である。佐藤にとって武夫は、「師匠であり弟」であった。師匠であるというのは、あらゆる局面において影響を与えてくれたということである。どんな壁にぶつかっても「だからやらんば」。その気概は見習わなければならない点の一つだった。

弟であるというのは、よく慕ってくれたという意味においてである。仕事でもプライベートでも、何か問題が起きれば必ずといっていいほど熊本に電話をかけてよこした。武夫の相談事は答えを求めるものではなく、ただ誰かに聴いてもらいたい、心の浄化が目的だとわかっていたから、佐藤も「そうね、そうね」と聞き役に徹した。

人前では腕白小僧のようにやんちゃに振る舞い、努めて大きく見せようと大胆な行動もとったが、佐藤と二人だけのときは、そこまで気を遣うかと思うほど繊細な一面を見せた。ただ、その繊細さも妻と子の前では空回りした。やることなすこと裏目に出て、結果的に無神経と取られかねない状況を多く生んだ。

武夫の母に「我が息子」と可愛がられた佐藤は、大財町の家にもよく泊まりにいった。そこで目に余ったのは、武夫が何でも玿江に話してしまうことだった。妻の悩みを自分の意見として言えば角が立たずに済むものを、無思慮に「洋子さんが」とやってしまう。「嫁の悩みをストレートに親に言うバカがいるか」と何度も忠告したが、感覚的にわかっていないようだった。

佐藤は、家族を顧みずに行動した「ダメ親父」が首の皮一枚で家庭を維持できたのは、ひとえに洋子の力によるところが大きいと感じた。ある女性から洋子が忠告されている場面に居合わせたことがあった。「なんであなたは、男尊女卑みたいなところで黙ってがまんしているの。弁当なんか作らされてどうして声を出さないの」。洋子は答えた。「私は弁当で子供たちと会話してるんです」。いい言葉だと思った。武夫に惚れる以上に洋子にも惚れた。

意識の大転換

武夫から強烈な影響を受けたように、佐藤もまた同じインパクトで武夫の意識に変化を与えた。環境事業や自然農法への取り組みもさることながら、祭りのイベントで見せた「神の世界」は、武夫に「びっくりした」を何度も言わせるほどの衝撃をもたらした。このときから武夫は精神世界に傾倒し、解脱会の講演で全国を回っている佐藤から霊や魂についての詳しい話を聞きたがった。

武夫は若いころから哲学に親しみ、カナダに留学したときも比較哲学を専攻した。葉隠の精神に触れ、仏門に入り、老荘をひも解いて、生きるよすがとしてきた。それらは活動を進めていく上での力となり、勇気と安心を与えた。しかし、佐藤と出会ってからは、人間が頭で理論的に構築し、理解し、信じている東西の哲学や宗教では飽き足らなくなった。生きとし生けるものすべてを生み、そのなかに宿り、いのちを連綿と今につないでいる「見えざる力（霊性、サムシンググレート）」。その正体を知りたがった。

佐藤は武夫の求めているものがアニミズム的な古神道の世界に近いものだと感じた。例大祭には国内外からスピリチャルな人たちが「世界平和道場」に集ってくる。それらの人たちを仲介し、また自身が見聞した事々も含めて、知る限りのことを話して武夫の求めに応じた。

武夫は「神の世界」を本能的に体感したいがために、一般人が躊躇しがちな宗教行為にも走ったが、もっともこれによって日常が成り立たなくなるようなことはなかった。国内外の事業活動に奔走し、酒を飲んで羽目を外す日常は相変わらず。道場に出て空手に打ち込む姿も変わらなかった。

第十一章　道場

空手道場の改革

地球市民の会の活動は、生きがいでこそあれ、つねに試練の伴うものだった。日々の難題に直面していれば、いやがうえにもストレスがたまる。「頭でっかちは良うなか」とわかっていても、人間とは弱い者、油断しているとついそうなってしまう。自分の最大の敵は弱い自分である。その弱い自分を鍛え直すのに空手に勝る良薬はなかった。

会長就任後の平成六年、武夫は受ける機会を失していた全日本空手道連盟の初段に挑み、合格を手にした。また、この年には和道流空手道全国大会・国際大会「形」の部にも出場し、ベスト16に入った。四十四歳、大学で空手を始めてから二十七年目。「まだまだやれるばい」。ひどいぎっくり腰に悩まされながら空手の炎に火が付いたのは、ひたむきに努力する道場生の姿に打たれ、自身の品格や技術力の向上を図る必要性を痛感したからであった。

昭和五十五年に身内のちびっこたちを寄せ集めて六人からスタートした空手道場も、十数年の歳月を経て、幼児から大人まで五十名以上を抱える大所帯になった。ここまでの道のりは山あり谷あり、自省と試行錯誤の連続だった。創部当初は、英語道場の補足的な存在としてとらえ、試合に出したり黒帯を取らせることなどほとんど考えたこともなかった。そのせいで退部する生徒が後を絶たず、十人台をキープするのがやっとの時代が長く続いた。

やめていった中には、「これから伸びる」と期待していた生徒が何人もいた。小学一年（七歳）から始めた甥の古賀大之《だいじ》もその一人だった。大之は中学一年のとき、福岡で行われた和道流の大会で道場初の入賞を果たし、武夫を感激させた。「いつか黒帯をとらせてやっけんな」。そう約束したものの、中学卒業時に「辞めたい」と申し出てきた。

「なんで辞むっとか。おまえはこいからやろうが」

「高校に入ったらラグビーばします」

大之はうそをついて引き留めに応じなかった。稽古のある日は気が沈み、「今日、（武夫が）死んでいればいい」と思うほど恐怖感と嫌悪感に苛まれていたことなど、口が裂けても言えなかった。

いちばん期待していた大之が去っていったことの喪失感は大きかった。「なんでみんな長続きせんのか」。つらつら考え、自分自身に非があると気づいた。地球市民の会の活動や英語道場が忙しくなると、空手への意識が十分働かず、指導も手抜きがちになった。仕事のイライラを引きずって厳しく当たり散らすこともしょっちゅうだった。心技体はバラバラ。明るく楽しくやるはずが、生徒の気持ちに寄り添えず、自分本位の指導に陥っていた。「こがん体たらくではいかんばい」。自分の意識と態度を改め、空手道場の発展を真剣に考えるようになったのは平成に入ってからだった。

楽しく取り組むための工夫

昇級試験を年四回、昇段試験を年一回。一人ひとりに明確な目標をもたせ、チャレンジ精神を喚起する。県内外の大会や他流試合にも積極的に参加させる。そう決めて、やる気を高め、楽しく取り組むための工夫を随所に凝らした。帯の色もその一つであった。

帯の色（級段位）は流派によって異なり、また道場ごとに自由に決めていい融通性がある。通常は白、黄、青、紫、緑、茶、黒の七色だが、武夫はこれに、ピンク、赤、オレンジ、青白、紫白を加えて十二色にした。無級から五級までが白～紫、四級に昇格すると緑、三級から一級が茶、そして初段以上が黒帯である。ピンクは飽きやすい幼児限定で、赤に白の染め粉を混ぜて独自に用意した。青白と紫白は、色地の帯の中央に白線が入っている。大会会場や遠征先で「それなんですか」と珍しがられたが、発奮剤としての効き目は十分であった。

春と夏の休みには、北山少年自然の家（佐賀市富士町）や黒髪少年自然の家（武雄市山内町）などの郊外施設で合宿を行い、自然環境の中で伸び伸びと練習させた。

日常の稽古でも、飽きを来さないようゲーム感覚の要素を取り入れた。晴れた日には循誘小学校のグラウンドで足腰を鍛えるための鬼ごっこ、冬の室内では体を温めるための陣取りゲーム。敏捷性を養うために、ピンポン玉を連投してよけさせたり、竹刀で足を払うのをジャンプしてかわさせたりした。みなキャッキャッと跳ね回ったが、中にはヒーヒー言わせる過酷な筋トレ法もあった。通称「はとぽっぽ」。生徒を横一列に並べ、仰向けにさせる。足を上げさせ、そのままキープさせる。必死にこらえている腹の上を、「ぽっぽっぽ、はとぽっぽ」と踏みつけていく。腹筋の鍛錬と称して取り入れた方法だが、楽しんだのは武夫だけで、こればかりは生徒の不評を買った。

成功する秘訣は成功するまで続けること。黒帯をとる秘訣も黒帯をとるまで続けること。「そうすれば、百パーセント成功間違いなかぞ」。

武夫はそう言いながら、道場生を手取り足取り教えていった。

0期生の大之が去ったあと、一期生、二期生がまとまった数で入門してきた。その中から中溝大介、三好恭次、吉村洋祐・直記兄弟、山下翔一、松尾大輔といった幼少のころから始めた同世代が、中学進学前後から頭角を現し、県内外の大会で好成績を収めるようになった。彼らは実力をつけると同時に率先して下級生の牽引役を務めた。幼児にはやさしく、目上には礼儀正しく。接する態度は、見ていて清々しく、自分より教え方がうまいと感心するほどだった。出張で佐賀を不在にするときも彼らに安心して任せられた。彼らのおかげで道場内に連帯感が生まれ、やめる者も少なくなった。彼らの活躍は古賀道場の声価を一気に高め、道場発展の道を大きく開いた。

愛弟子たちの空手道場①――松尾大輔の場合

松尾大輔は神野小学校一年（六歳）のときに空手を習い始めた。学校でいじめられ、「根性を叩き直さんといかん」と父に連れていかれたのが入門のきっかけだった。

道場に行ってみると、クラスメイトの吉村洋祐も通っていた。その洋祐は、学年が上がるにつれて惚れこむような強さを見せた。いっぽうで大輔はなかなか芽が出なかった。

小学時代は大会に出ても二回戦か三回戦で敗退。ひょろーとして貧血を起こして入院するほど体が弱く運動神経も鈍かった。運動会の徒競走では「ほぼ、どんけつ」。道場でも、武夫が竹刀をもって足を払うのをかわす練習で、うまくタイミングがとれず、みんなに笑われていた。

中学になると、強かった仲間が燃え尽き症候群にかかってやめていった。逆に自分は体がよく動くようになり、ベスト8、ベスト4の成績を残せるようになった。「技術というのは積み重ねていけば絶対うまくなる。減るもんじゃなか」。武夫の言葉が「真実だ」と実感できるようになった。

通っていた私立の中高一貫校・弘学館（全寮制）では柔道部に所属した。高校に進級したとき、八年後に佐賀でインターハイ（高校総体）が開催されるという話を聞いた。インターハイの種目の中で佐賀県に三つだけ部活にない競技があった。ボクシング、フェンシング、そして空手。主催県として出場選手がいないのはいかがなものか。高体連の働きかけで三つの部活を作ろうという動きが出始めた。

チャンス到来と思った大輔は柔道部を退部し、友達を集めて空手の同好会をつくった。学校では自らメンバーの指導に当たり、古賀道場に通う日は彼らを一緒に連れて武夫の指導を仰いだ。県内に正式な部活がない状況だったため、全日本空手道連盟が主催する大会には、寄せ集めの同好会でも弘学館の学校名で出場することが認められた。

佐賀西高校では吉村洋祐が同じような活動を始めていた。二年後には洋祐の弟の直記も佐賀北高校に入って同好会をつくった。それぞれ高三になったとき部活に昇格させた。

「古賀先生は群れたがらない人なので、県体連の幹部に煙たがられていた。道場生も成績がよかったから余計に妬まれていた」

大輔の弘学館、洋祐の佐賀西、直記の佐賀北。県体連の幹部たちはこれに対抗するかのように古賀道場以外の強い生徒を推薦して佐賀東高校に集結させた。そのような経緯から、弘学館・佐賀西・佐賀北の古賀道場勢三校と、佐賀東という対立的な構図が生まれた。

大輔が高三になった年のインターハイから、それまで非公式競技だった空手が正式の競技になった。県予選に出場したのは全部で八校。弘学館・佐賀西・佐賀北と、佐賀東の四校が順当に準決勝まで勝ち進み、決勝は弘学館と佐賀東の対戦になった。

どちらにも大応援団がついた。弘学館のほうには古賀道場勢の三校。激しい声援が飛び交い、さながら応援合戦の様相を呈した。二勝二敗で迎えた大将戦で大輔に順番が回ってきた。個人戦で決勝を戦った直後でもあり、「けっこうボロボロ」だったが、2ポイントの差をつけて面目を果たした。進学校である同校が県大会の空手の団体で優勝したのはこのときが初めてだった。出来立てほやほやの真新しい優勝旗を持ち帰ると、全校挙げて祝福してくれた。いちばん喜んでくれたのは武夫だった。

高校在学中に二段を取り、卒業後は東京大学文科一類に進み、四年間、空手部の主将を務めた。現在、総務省に勤める大輔は、武夫のことをこう語る。

「さまざまなしがらみの中であれだけ実際に行動できた人はちょっといない。道場生の数が十人そこそこのとき、めざせ百人と目標を掲げた。百人なんてならんやろと思ったけど、あれよあれよというまに達成してしまった。新しい道場を建てると言ったときもそう。何年か後に本当に出来てしまった。普通の人に比べたら、古賀先生の生き方はまっとうじゃないかもしれない。でも、まっとうなだけの人生が面白いかと言えばそうじゃない。古賀先生と過ごした濃密な時間は、本当の意味で僕の人生の大きな財産になった」

愛弟子たちの空手道場②――山下翔一の場合

山下翔一は、父がサガプリンティング社長の山下博史、専務である叔父の山下雄司は洋子の妹・春美の夫。武夫の長男・慈猛《やすたけ》とは同い年で「やっちゃん」「しょうちゃん」と呼び合う仲だった。小学二年の正月、そのやっちゃんと、同じく仲良しの吉村洋祐に誘われて道場の初稽古を見学にいった。見終わってから「ぜんざい会」にも顔を出し、そこで中溝大介や松尾大輔とも知り合った。餅を頬張りながら「入門するぞ」と心に決めた。そのときから日曜以外のほぼ毎日を道場通いに充て、県の強化練習にも参加した。

空手道場の武夫は「怖い先生」だった。稽古中にちょっとでも笑うと、すかさずげんこつと蹴りが飛んでくる。稽古ではよく走らされた。スポーツ少年団主催のマラソン大会にも「出らんば」と尻を叩かれ、おかげで足腰は十分に鍛えられた。

小学五年あたりから実力が伸び出した。同世代の仲間たちもメキメキと力をつけ、古賀道場の子は「強い」と注目された。それがまたやっかみも生んだ。武夫のアクの強さも災いし、県体連の上層部から煙たがられた。子供の目から見ても理不尽と思えるほど風当たりが強かった。

「絶対勝ちたいな。二人で見返してやろうぜ」

中学進学後、初めて迎えた県大会。その日が近づくと洋祐と声をかけ合い、他の生徒が来る一時間前に道場に出て練習をした。自分は「形」が得意、洋祐は「組手」が得意。反骨精神をむき出しにして練習に打ち込んだ結果、それぞれ得意の部門で一位になり、以後、県大会で負けることがなくなった。

中学時代、和道流二代宗家の長男・大塚和孝先生（現三代宗家）を迎えて北山少年自然の家で合宿が行われた。日中の練習で、武夫と和孝先生が審判になり、「形」のトーナメントをすることになった。翔一は決勝まで勝ち進んで、洋祐の弟・直記と対戦した。判定は、和孝先生が「直記」、武夫は「翔一」に挙げた。和孝先生の判定を見て「直記の勝ちだね」と誰かが言った。「いや、おいは翔一だと思う」。武夫が即座に異を唱え、互いに譲らずドローになった。勝負はつかなかったが、翔一は結果に満足した。あこがれの古賀先生が自分のほうを見てくれた。体が小さかったから応援したい気持ちになったのかもしれない。あのときほどうれしいことはなかった。

翔一は広島大学（大学院）の卒業を控えて、まっすぐ父の経営する会社に入るのがいいのか、少し寄り道して別の会社で修業を積むのがいいのか、進路に悩んだ。そのとき、武夫からこうアドバイスされた。

「いいか翔一、世界に出ていくもよか、最終的に佐賀に戻って貢献するもよか。ばってんその前に日本のてっぺんを見らんば。日本の中心に立ってみんと全体を見渡せん。そやけん、おまえ、絶対、東京に行け」

この一言で上京を決め、広告代理店に六年勤めた。平成二十六年にシステムエンジニアの仲間と三人で「ホットスタートアップ」というＩＴ系の会社を起業し、１ページのホームページ作成が簡単にできるＷｅｂサービス「ペライチ」を始めた。

「僕は古賀先生のことを、現代に降り立った坂本龍馬だとたとえたことがある。侍の魂をもち、視点は日本じゃなくてグローバル。人を育てることは千年の計と遠い将来を見通し、地球全体を見、時代を超えてつながるご縁を大切にされた。誰かのために何かをやる、世界のために何かをやる。自分もそんな人間になりたい。一生懸命働いて、いつか先生を超えたいと思っている」

愛弟子たちの空手道場③――吉村直記の場合

吉村直記は、二歳年上の兄・洋祐の入門をきっかけに、五歳から空手を始めた。のちに入門する六歳年下の弟・哲哉と併せ、「吉村三兄弟」といえば、空手の好手として道場の内外から注目を浴びた。また早くに父親を亡くし、武夫には公私にわたって面倒を見てもらった。

直記が佐賀北高校に進学したとき、学校に空手部がなかった。つくってもらえないかと体育の先生に交渉すると、「無理だ」と断られた。何度も職員室に足を運んだが、「どんな人を連れてきてもおれは反対だからな」と言われ、これが教育者かと絶望的な気持ちになった。それならおれがやると、帰宅部の「ど素人」を集めて同好会をつくった。「諦めたら負けぞ。佐賀西高に空手部を作った兄貴に続かんば」。武夫に励まされ、三年間で部活への昇格を実現させた。「ほらみろ、やりゃあできるやろが」。武夫の喜ぶ顔を見て、こういう教育者になりたいと思った。

道場に通っていたころ、同世代の仲間たちと、「おれたちが支えんと古賀先生が大変」という意識をもって臨んだ。稽古前の準備や下級生のまとめ役など、自分たちにできることは自主的に行い、忙しい武夫の負担を軽くするようにした。武夫も黒帯の生徒に頼り、それぞれの適性や能力に見合った役割を与えた。直記も道場に顔を出せば、「おまえはこの帯ば頼む」と、その日担当する下級生を割り当てられた。幼稚園児もいれば五十～六十代の社会人もいる。大人の場合は子供を扱うようにはできない。言葉に気を遣い、謙虚に、礼節をもってわかりやすく教えることに努めた。この経験は社会に出てから役に立った。ただ、「古賀先生から礼儀作法を教わることはほとんどなかった」。

一般に武道では挨拶を重視する。武夫は、「本当に尊敬すべき人や目上の人には自然に挨拶が出てくるもんだ」と、あまり細かい注意を与えなかった。自分から挨拶できるようになるまで辛抱強く待つ。大人がしっかりしていれば、子供たちは自然に学ぶようになる。「教育者は長期的視野に立って人を育てんば」。

直記は高三でメキシコに一年留学した後、日本体育大学に進んだ。四年間空手を続け、卒業後は、都内にある保育園を経営する会社に入り、保育と経営のノウハウを学んだ。勤務して二年目、佐賀市内で薬局チェーンを展開している株式会社ミズ取締役社長（当時）溝上泰弘氏が設立した無認可保育園「おへそ保育園」の運営を園長として任された。佐賀で信用も何もない二十五歳の若造が園長に収まり、おまけに保育園は再開発商業ビル「エスプラッツ」内にあって園庭もない。そんなところにだれが好き好んで子供を預けるか。周りからは心配よりも好奇の目で見られた。実際、初年度は定員六十名のところへわずか六名の園児しか集まらなかった。すべてを信用して任せてくれたことを思うと済まない気持ちになり、定員を満たす方策で頭を悩ます日が続いた。そうしているときに古賀道場のことを考えた。どうして古賀先生のところにはあんなに人が集まってきたのか。ノウハウではない。「人間の魅力だ」と気づいたとき、自分を成長させれば、人は来てくれるのではないかと思った。

できんことはなか。やってみらんば！　武夫から教えられた精神をもって園児に接し、保護者にも自分の信条や夢を積極的に語るようにした。商業ビルの中にあって園庭もないけれど、一歩飛び出せば、佐賀市内全体が園庭じゃないか。そんな思いを一つひとつ伝えていくうちに、一人二人と入園者が増え、四年目で予約が満杯になった。保育園ではカリキュラムの中に空手を組み入れた。稽古場は古賀道場を借り、園児たちと一緒に通う日々を送っている。

継続は力なり

伸びるか伸びないかは練習量がものをいう。どんなにいい成績を上げても、のぼせ上って慢心し、油断するとすぐ追い越される。続けることがいかに大事か、日々の努力がいかに大切か――平成八年、その手本を示してくれた模範生が大人のクラスからも現れた。

江口修、会社員。彼には障害があった。高校三年のときに交通事故で右脚の膝下を失い、義足生活を余儀なくされた。平成四年に英語道場の門を叩いたが、本当は空手を習いたかった。「でも義足では無理だろう」。諦めていた。

「なんができんことあっか。でけんと思えばでけんやろが。ばってん、でくっさい（できるさ）。片方あし、やってみらんね」

武夫の一喝で目覚め、三十九歳で白帯を締めた。緑帯（四級）まで堅調に進んだが、茶帯（三級）の壁にぶつかった。三度挑戦して立て続けに落ち、挫折しかけた。「江口さん、やめたら負けぞ」。武夫に励まされて奮起し、週二回の稽古を休まず続けた。それからの昇級スピードは健常者と変わらなかった。四十三歳のときに昇段審査に臨み、初挑戦で黒帯を手にした。「落とす理由はどこにもない」。最高師範から賞賛の言葉をもらった。

その江口を目標に、四十八歳で「道場最高齢の初段合格」を果たしたのが森永勝馬だった。

地球市民の会の理事を務めていた森永は、平成六年十月三日、「地球市民みえの会」の発会式に出席した帰りの機中で、武夫から「うちの洋子も始めるけん、あんたもせんね」と空手を勧められた。いまさらと思って生返事をしたが、佐賀空港に降り立ってニュースを見たとたん考えが変わった。広島市でアジア大会が開かれていた。日本人の金メダル第一号が空手の女子の「形」だった。

「縁起のよか日やけん、空手すっことに決めました」

「うん、まちごうちゃおらん」

その日に入門届けを出し、ジャージ姿で稽古に加わった。以来、十年間空手道場に通い続け、三か月に一度のペースで昇級審査を受けた。「森永さん、今回も進級できんばってん、よかね」。武夫に気の毒がられながらもマイペースを保ち、通常の倍以上の時間をかけて黒帯を手にした。

ニコニコといつも笑顔を絶やさぬ森永は、聞き上手であり、武夫が安心して心を解放できる最上の相談相手だった。森永もまた武夫のそばにいるのがうれしく、武夫の喜ぶ顔に至福を感じた。空手に絡んでこんなエピソードもある。

森永はあるとき、市内の洋菓子店で不二家の「ポコちゃん」のキャラクターグッズを見つけた。柔道着を身にまとったピンバッジ。ふとひらめくものがあって買って帰った。地球市民の会の事務局には、武夫の似顔絵が至る所に置いてある。そのなかから笑顔のものを選んで縮小コピーし、肌色を塗り付け、ポコちゃんの顔の部分に両面テープで貼りつけた。それを武夫に見せにいくと、「こりゃあよかばい」。思いのほか喜んでくれて、あと二つ、あと三つと追加を要求してきた。

武夫は講演先にそのバッジをもっていった。そこで大いに受けたと見え、帰ってくるなり、「ちゃんとしたもんを作らんばいかん」と、近所の贈答屋に発注して本格的なものを作らせた。数週間後に「武ちゃんマンバッジ」が出来上がってきた。胸に日の丸、腹に黒帯。空手着を着て万歳して笑う丸メガネの顔はちゃめっけたっぷりで、武夫の特徴をよく表していた。

武夫は、講演会場や空手の大会会場などにバッジを持参して販売し、収益金を活動資金に充てた。英語道場と空手道場の道場生に渡す入門キットの中にもしのばせ、必携品とした。追加に次ぐ追加で製作費が嵩み、森永はうれしさも半ば、「いらんことをしてしまった」とちょっぴり後悔した……。

品位を求めよ

平成九年八月三日、東京武道館。和道流空手道全国大会の開会式で、最高師範大塚博紀が冒頭の挨拶をした。

「空手界にはいろいろな空手がありますが、うちの空手には、一人のチャンピオンは必要じゃないんです。一人のチャンピオンを生み出すより、どれだけの人格者を生み出すかが大事です。どんなに技術が優れていても、人格が伴わなければ武道とは言えません。人を倒す、勝つことよりも、和を求め、自分の人格を高める空手をやってください」

勝っておごらず、敗者の気持ちを慮《おもんぱか》る。負けて卑屈にならず、さらに精進を重ねる。勝負に勝っても、位で負けては恥。「品位を求めよ」——たびたび聞かされてきた言葉だが、この日の挨拶はとくに武夫の心に響いた。

飽きっぽい性格の自分が空手という一つのことを今日まで続けてこられたのは、よき師に恵まれ、卓越した技術や人柄に魅了されてきたからである。天下一流の師に出会うことは非常に重要であり、その出会いこそが人生を変え、質を高めていく。

幸い、道場生は最高師範から学ぶ機会を与えられ、それを肥やしにぐんぐん育っていった。その成長に自分は指導者としてどこまで貢献できたのか。考えてみれば、最高師範から直接手ほどきを受けたのは東京外語大時代の四年間だけで、その後は我流で技を磨いてきた。品位はおろか、技術もまだまだ手ぬるい。最高師範のようにならねば、ひたむきにがんばる道場生に報いることもできない……。

この日を境に、武夫は傍目にもはっきりわかるくらいの変身ぶりを見せた。生徒が引き揚げてからも道場に居残り、自己鍛錬に励んだ。講習会があれば本部道場に出かけ、師範クラスから直接指導を受けた。宗家のビデオ（VHS）も擦り切れるまで見た。

「僕らが習いだしたころとは全然レベルが違った」

愛弟子たちも驚くほど練習量が増え、技が磨かれた。段位も上がり、最終的には「無試験審査」で七段を贈呈された。本部道場以外の人間でこの域に達した前例はあまりない。人間性や社会貢献活動の功績、そうしたことも加味されての評価だろうと道場生の目に映った。

武夫の気合は道場生にも伝播した。「百人ば達成すっぞ！」。一丸となって道場の発展を目指す空気が広がった。

実績を上げる英語道場の秘密

いっぽうの英語道場はどうだったか。平成七年十一月十四日、岐阜県議会の国際化対策特別委員会の一行が英語道場の視察に訪れた。視察後、委員の一人がこんな感想を漏らした。

「日本中、どこを探してもこんなところはありません」

オール佐賀英語スピーチコンテストで小学生が自分の意見を英語で発表し、入賞していること。中学一年で英検三級にたくさん合格していること。高松宮杯全国中学校英語弁論大会や九州高校英語弁論大会で佐賀代表を多数輩出していること。そうした実績に「たまげた」という。

「何か秘密でもあるのですか」

「なんもなかです。強いて言えば教えんことです。来れば何とかなるという生徒はお断りしています。我々スタッフは、自分で学んでいくように手助けするだけです」

英語の勉強に大切な要素は三つ。時期、やる気、方法。その要素を正しく組み合わせれば、だれでも素晴らしい能力を開花できると考えてきた。始める時期は本人または親が決める。やる気は本人次第。道場が提供できるのは主として方法。しかもそれは「自立のための協力」であり、先生頼みの依存体質をつくるようであれば、「協力する資格はない」というのが、創設時から武夫のとってきた基本姿勢であった。

自主的に学んでいくために生徒には三つのトライアルを課した。ＮＨＫのラジオ講座を毎日欠かさず聴く

英語劇祭を前にスタッフとともに　平成四年十二月

こと。道場が主催する英語スピーチフェスティバル、英語劇祭、英語かるた大会に進んで参加すること。協会や自治体が主催する英語弁論大会や英語検定（小四で五級、小五で四級、小六で三級、中学卒業までに準二級〜二級、高校卒業までに準一級〜一級が目標）に果敢にチャレンジすること。そのうえで、級段位審査（筆記試験と面接試験）を受け、自らの目標到達度を確かめること。

創設以来、こうした方法を取り入れてきたのは、マンネリと堕落防止のためもあるが、それ以上に、努力には必ずそれに見合った報いがあることを知ってほしかったからである。

学ぶ過程には、昇級や昇段、入賞や合格といった歓びもあれば、落選や不合格の憂き目もある。「勝ち負けではない」といっても、共に学んでいればどうしても他の生徒の成績や結果が気になり、自分と比較したくなる。差を見せつけられれば、やる気満々だった当初の意欲も萎え、疑問や迷いが疼《うず》きだす。本当はこれに向いていないんじゃないか。もっとほかにやりたいことがあるんじゃないか。これを続けていったい何になるのか。やめたほうがいいんじゃないか……。

途中で投げ出すのは簡単である。しかし、そうしたところで他に没頭できるものを見出せず、結局は何もやり遂げられずに終わってしまう。たとえ良い結果が得られずとも、伸び悩んでも、それは決して負けではない。競い合うのはお互いを磨き合うためで、蹴落とすためではない。昨日の自分と今日の自分を比べてどれだけ成長できたか。反省するすばらしい機会を与えられたわけだから、歎ぶ理由はあっても悲しむ理由はどこにもない――おいだって、中学三年で英検三級不合格、大学四年でも一級の壁に跳ね返され、二十五歳でやっと合格できたのだ――才能のあるなしは関係ない。人と比べることもいらない。悔しくて涙を流し、なにくそと踏ん張るようでなければ人間は成長しない。

「敵に勝つというは、己に勝つということなり。己に勝つというは、気をもって身体に勝つことなり」。まず自分に勝つこと。その努力を続けていれば、知らず知らずのうちに人にも勝つようになっている――生徒にはそう発破をかけてきた。個人経営のちっぽけな道場で、人が驚くような成果を上げてこられたのは、自分のやり方を信じて食らいついてきた生徒のおかげである。自分はただ、やる気を高め、楽しく取り組むための「手助け」をしたにすぎない。だが……。

水のようなもの

積み上げた実績とは裏腹に、また、意気上がる空手道場とは逆に、英語道場は生徒数の減少傾向をたどった。平成四年ころから兆候が現れ始め、平成九年には二百人台から百人台にほぼ半減。その後も歯止めがからなくなった。

もともと生徒の全員が全員、高校卒業まで続けるとは限らなかった。空手と同じように、昇級・昇段の早い生徒はモチベーションが上がって勢いづいたが、そうでない子はテンションが下がってやめていくのが通例だった。それでも、これほどの急激な落ち込みようは過去に経験がなかった。

バブル崩壊後の不況で出費を抑える家庭が増えたこと、少子化で進学塾との生徒獲得競争が激化したことなど、原因はいろいろ考えられた。しかしいちばんの理由は、学校カリキュラムの改定、いわゆる「ゆとり教育」の導入で学力低下を心配する親が増えたからに相違なかった。

成績を上げて欲しい。親は「すぐの結果」を求めた。そういう声に武夫は迎合しなかった。

「うちは促成栽培やなか。そいじゃあ人は育たんばい」

納得のいかぬ親たちは、子供をどんどん進学塾に鞍替えさせた。そういうことが一時期重なって起きたとき、武夫は「抗うことはできん」とひどく悩んだ。なぜ塾ではなく道場なのか。信念をもって教えてきたつもりだったが、「効率」という世間の常識にとらわれた親の意識は簡単に変えられるものではなかった。

「水のようなもんたい。大きな川を流れているときもあれば、地下に潜って流れているときもある。地下水だって、いつか思わぬところで表面に出てくっこともあろうもん。それまで待たんば。わしらの活動ちゅうのは、そういうことかもしれんね」

落ち込むスタッフを前に、武夫はそう言って自他を鼓舞した。

武夫には頭から離れない言葉がある。道場の十五周年記念パーティーで、中学三年の女子生徒が話してくれた体験談の一言である。

「私は最初、道場は英語を勉強するところだと思っていました。でも本当は、人間をよくするところだということがわかりました」

単に語学の習得にとどまらない、グローバルな視野をもった「人間力」の育成。道場が目指してきた本質を言い当てたこの一言が他の誰のスピーチよりもうれしかった。

英語を勉強するのは、あるいは空手やボランティアをするのも、それ自体が目的ではない。どこまで自分を強くできるか、どこまで人にやさしくなれるか。その力を、その心を、どこまで発揮できるか。目的地は、世界に、地球の果てまで広がっているのである。

英語道場、空手道場、地球市民の会は、切り離すことのできない三位一体の「人間道場」であり、目的地に到達するための乗り物である。その乗り物の意味をわかってもらうことが、武夫のいう「わしらの活動」なのだった。

生徒減に悩んでも、武夫は道場改良の手を休めなかった。シニア世代を対象にしたお楽しみクラス、通訳・翻訳者を目指す英検一級直前クラス。英語道場の威信をかけ、新しいメニューを増やしていった。

第十二章　酒

蛇酒、靴酒、茶殻

「まあ、難しいことはよかけん。まず飲まんば。話はそれからたい」

武夫は酒をこよなく愛した。家で飲み、行きつけの店で飲み、会合や講演先で飲み、海外の交流・支援先で飲んだ。どこであろうと武夫のいるところには人が集まり、その中心に酒があった。ゆかりの人たちは、武夫の酒をどう記憶しているのか。語り草になっている数々の「とっておき」がある。

山口久臣は、平成四年二月、「地球隊」の一員としてタイ・カンボジア・ベトナムの三か国ツアー（十七泊十八日）に参加したときの「蛇酒《へびざけ》」が忘れられない。

旅程も残すところあと四日となった日、武夫の率いる一行はベトナムのハイフォン市を訪れた。日本国際ボランティアセンターの日本人スタッフの案内で洋裁・自動車修理の職業訓練施設、盲・聾学校を視察した後、夕方、ハイフォン市人民委員会主催のレセプションに招待された。ベトナムでは、年長者に勧められた酒や料理はすべていただくのが礼儀。ネプモイやルアモイなどのベトナムウオッカを勧められるままに一気飲みし、みなベロベロになった。

夜も半ばを過ぎ、一行はいったん宿泊先のホテルに引き揚げた。「酒はもうよかあー」。武夫と相部屋の山口はベッドに倒れ込んだ。

「いかん、いかん！　二次会に行かんば」

いつも通り、武夫が元気づいた。部屋の窓から見下ろすと、運悪く、道を挟んだ目の前にプールバーが一軒あった。

「ほれ山口、なんばしょっと、はよう行かんば！」

強引に駆り出され、メンバー全員、そこでまた強い酒を呷《あお》った。

「そいはなんね。ちょっとその黒か酒ばくれんね」

酩酊した武夫が棚の上にある酒をボトルごと注文した。

「なんか生臭かねえ」

首をかしげながら、みんなでちびちび飲み回した。三分の一ほど空いたところで、中からとぐろを巻いた蛇が三匹現れた。うひゃー。のけぞったその酒を武夫が買い取ってホテルに持ち帰った。翌日の午前、ハノイにある在日本大使館を訪ねた。

「うかま酒やけん、是非と思いまして」

武夫は水で薄めて増量した「蛇酒」を出迎えた大使に恭しく献上した。

ロクな奴じゃない。山口は開いた口が塞がらなかった。そのツアーを終えてから、武夫と一泊二日以上の旅（泊まりの旅）をしないと心に決めた。

秀嶋正孝は会員になりたてのころ、酒席に集う狂人たちに度肝を抜かれた。飲み会は毎度毎度の無礼講。飲めばラベルもプライドもはぎとられる。強烈だったのが、「靴酒《くつざけ》」の儀式である。愛情をつなぐため、革靴の中に日本酒を入れて回し飲みをする。靴はその日いちばん高そうなのを履いてきた人のものを使う。

「飲めー、はよー飲めー」

武夫に煽られれば目をつぶって一気に呷るしかない。県のおえら方も地元企業の役員も、誰一人として拒める者はいない。あるときは副知事も巻き込まれた。自分の靴が使われているとも知らず、「飲めー、飲めー」と武夫の声に唱和した。帰り際に気づいても後の祭り、濡れた足で帰っていくほかなかった(さすがにこのときは、雁首揃えて、翌日県庁に謝りに行ったが)。

「酒は飲めません」という男には、「そがんね、じゃあ飲まんば」。言葉はきつい。えっと思う。それを言っちゃおしまいよとみんなが気にしていることを臆面もなくいう。それが武夫なりの愛情表現であり、わかる人にはわかるが、わからない人はそれを嫌い、少しずつ距離を置いていく。来るものは拒まず、去る者は追わず。「それが古賀さんの流儀」。秀嶋も否応なく狂人にさせられた。

「みどりや茶舗」代表・土井敏弘の思い出に残るのは、陳情活動に同行して上京した折のことだ。武夫と昵懇の坂井学の事務所に一宿を求めて衆議院議員会館になだれ込んだ。同伴者には、佐藤昭二と仲山徳隆。いずれ劣らぬ大酒飲み。事務所に酒はあったが、つまみがなかった。今から買いに行こうにも、守衛の目もあって、いったん外に出たら入れなくなる。

「どがんすっかね。冷蔵庫に何かなかね」

武夫に急かされて、冷蔵庫を開けると鰹節のパックが一つ。ありゃあ、なんもなかよと諦めかけたとき、棚の上のお茶の袋が目に止まった。

「まあ、まず、お茶でも飲まんですか」

渋る四人に無理やり飲ませ、茶殻をたっぷりためた。それに鰹節をまぶし、醤油をかけてテーブルに供した。

「うまかねー、さすがお茶屋の親父ばい」

そういう武夫との酒もあった。理事会の席では口で言い負かそうと向かってもことごとく武夫にひっくり返されたが、一緒に酒を飲むのが楽しみでそばから離れられなかった。

武夫との酒から人生観が百八十度変わった男もいる。千代田化工建設の大島泰輔である。大島が武夫と初めて酒を飲んだのは、慶応ボーイを気取って「チャラチャラ」していた大学四年のときだった。三菱銀行国際財団（現三菱ＵＦＪ国際財団）が主催する「日韓学生フォーラム」（韓国と日本の学生が夏休みの二週間を使って行う交流合宿）の実行委員長に選ばれ、企画を任された。従来の開催地は、東京、京都、広島といった「ありきたりのパターン」。大島はマンネリ化を打破しようと日韓交流の玄関口「九州でやろう！」と決めた。

とはいうものの、九州には何の伝手《つて》もなく、学生たちのホームステイ先をどこにどう手配すればよいのか見当もつかなかった。財団の専務理事・三谷誠一に相談すると、佐賀には日韓交流活動をしている古賀武夫という男がいると紹介された。一九八九年一月七日、大島は年号が平成に改まった直後に武夫とアポを取り、吉野ケ里遺跡発見のニュースが流れた翌日、副実行委員長を伴って佐賀に向かった。

「わかった。おいが調整するけん、大船に乗ったつもりでやったらよか」

武夫の了解を得て胸をなでおろしていると、「歓迎会ばするけん、よかったらこんね」。夕刻、やきとり「あぶさん」（後述）に連れ出された。二階の座敷に三々五々人が集まり、あれよあれよという間に三十人あまりに膨れあがった。

「こいは大島ていうけん、よろしく頼むばい」

大島は立って挨拶し、それから一人ひとりの自己紹介に耳を傾けた。どれもユニークな面子ばかりで、音頭をとる武夫の口舌がこれまた信じられないほど面白かった。変わっている人、下ネタばかりいう人。事前に聞いてはいたが、なるほどこういうことだったかと、口から出る笑いを制御できずにいた。あとは飲めや歌えや、がんばれがんばれの大合唱。佐賀にひょいと出てきて、こんな歓待を受けるとは思ってもいなかった。

閉会後、宿泊先を決めていないと打ち明けると、おいのところに来いとプレハブの二階に案内された。おしめのぶらさがった部屋に三人の子供が寝かされていた。寝間着姿の「奥さん」が起きてきて、酒盛りの続きとなった。さんざん迷惑をかけた……。

人と出会うとはどういうことか、人をもてなすとはどういうことか。地方の人間を「ダサい」と見下げていた大島は、都会っ子ぶった「甘ちゃん」の考え方をつくづく反省した。恥ずかしいことだと思った。

佐賀での邂逅を機に、大島は「古賀さん命《いのち》!」と武夫を追っかけ回すようになった。上京してくれば酒を酌み交わし、アジアの将来などを語り合った。あるときは、ほんとうの豊かさとは何かについて議論した。大島は大学の恩師である鳥居康彦教授の「経済発展理論」を振りかざし、GNP(国民総生産)が増えればみんな豊かになっていくと、生意気な口調で持論を展開した。すると武夫は、「おまえなあ、まあ聞け」と大島のよくしゃべる口を制した。

「GNPが増えても絶対人は幸せにならん」

ここから武夫の独壇場となり、話が終わったときには、タイに一緒に行くことになっていた。ウドンタニ村を訪ねたとき、武夫はこう言ってきた。

「いいか大島、解るまで追究しろ。本当の豊かさを死ぬまで追究しろ」

豊かさ・発展には物質性と精神性があって、バランスが重要なんだ。日本は物質性に偏りすぎている。精神性が疎かになっている。「狂っちょるばい」。

タイから帰国後、大島はインターン生として地球市民の会で働き、秘書同然の日々を武夫のそばで送った。講演の先々でその道の重鎮に引き合わされ、相手が妙齢の女性であれば、「こいつは童貞です」と紹介された。

武夫と一緒に過ごしているうち、それまで描いていた「アメリカ行き」はすっかり頭から遠のき、武夫がタイで実践している協力事業の方向に興味の針が振れていった。地球環境に配慮した循環型共生社会の創生。安心して暮らしていける環境の中にほんとうの豊かさがある。自分の取り組むべき人生のテーマをそこに見出し、環境ビジネスへの憧憬を膨らませた。

平成四年に大学を卒業し、横浜市に本社がある千代田化工建設（日揮、東洋エンジニアリングと並び称されるエンジニアリングの会社）に入社した。大島は国内営業を任され、出光を担当した。

入社して間もないころ、武夫に「神奈川に地球市民の会の支部ができるけん、手伝ってくれんね」と頼まれた。タイやミャンマーのスタディーツアーに参加した近田真知子が設立準備を進め、平成四年四月に支部では六か所目となる「地球市民の会かながわ」として正式に発足した。会長には元松下政経塾の副塾頭・上甲晃が就任。大島は、「会社の仕事そっちのけ」で二人のいる事務所に足を運んだ。

折しも会社はバブル崩壊後の景気低迷で経営が傾き、人員整理等のリストラ策に乗り出した。大島たちの世代は雇用調整の対象にならなかったが、環境ビジネスへの夢断ちがたく、平成十二年五月に辞表を出した。退職後、ゴミ問題に取り組んでいた松下政経塾出身の衆議院議員・中田宏（のちに横浜市長などを歴任）の秘書を務めるも一年二か月で退任。ベンチャー企業を転々としたが、収入は安定せず、三人の子供を抱える身には毎日が苦しかった。

その窮状を救ってくれたのが古巣の千代田化工建設だった。平成二十四年、大島はここで水素事業推進セクションのチームリーダーを任される。ガスや石炭の産出国で作った水素を日本に運んできて売る事業。会社はすでに「ＳＰＥＲＡ水素」を作る技術開発に成功し、長距離輸送や長期貯蔵も可能になっていた。

平成二十六年の十二月にトヨタが「ミライ」という燃料電池自動車を販売したのを皮切りに、国内には水素時代の到来を予感させる動きが加速している。

「水素は燃やしても水しか出ない究極のクリーンエネルギー」
タイに渡った日から二十有余年。追い求めてきた仕事にようやく行き着いた。
そのときの出逢いが
人生を根底から
変えることがある
よき出逢いを
大島は、武夫の歓待を受けた「あの日」を忘れないために、相田みつをの詩を綴ったポストカードを持ち歩いている。

あぶさん
武夫の酒をもっともよく知るのは、何といっても行きつけの二軒の飲み屋である。姉と慕うママのいる釜あげうどんの店「かのこ」と、やきとり「あぶさん」。どちらも地球市民の会の事務所から徒歩五分圏内にある。後者の店主は、元プロ野球選手の永渕洋三。小学館の『ビッグコミックオリジナル』に連載された水島新司の人気野球漫画「あぶさん」の主人公・景浦安武のモデルとなった人である。
永渕は佐賀市出身で昭和十七年五月の生まれ。城南中学校から佐賀高等学校に進み、所属した野球部では投手として鳴らした。高一の夏に背番号14（控え投手）をつけて甲子園（第四十回大会）に出場し、高三の春にはエースで九州大会優勝に貢献した。
高校卒業後は東芝に入社し、投手兼外野手として七年間のノンプロ生活を送った。この間、飲み屋に入り浸って当時の月給の約十倍に相当する三十万円の借金をこさえた。昭和四十二年に近鉄バッファローズからドラフト二位で指名を受け、契約金約三百万円を不服としながらも、借金返済のため、ままよと契約にサインした。

永淵が投手として入団した年、西鉄ライオンズの黄金時代を築いた三原修が、前年まで采配を振るっていた大洋ホエールズから移籍して近鉄の監督に就任した。その名監督の下で、永淵は入団後まもなくバッターに転向した。これが奏功し、入団二年目の昭和四十四年、打率三割三分三厘の成績をあげ、東映の張本勲とパリーグの首位打者を分け合った。昭和五十一年に日本ハムに移籍し、三年後に引退するまでのプロ生活十二年間で一一五〇試合に出場し、打率二割七分八厘、打点四〇九、本塁打一〇九という通算成績を残した。

引退した翌年の昭和五十五年秋、郷里に帰った永淵は、高校の野球部の先輩が売りに出していた三階建ての家を買い取り、その一階にやきとりの店を開いた。一本五十円前後の串焼き、パリパリに焼いた皮をレタスと大根おろしとポン酢で食べる「あぶさん焼」。値段の安さと店名の物珍しさもあって店にはすぐに客が付き、高校の同窓である武夫の兄・和夫も、開店直後から仕事帰りに立ち寄るようになった。

長尻の客

和夫がカナダ帰りの武夫を初めて店に連れてきたとき、永淵は目つきの鋭い精悍な三十男を見て、「個性のある顔だな」との印象をもった。威勢がいい。よくしゃべる。その口から空手の話が飛び出し、「稽古場がない」という事情を明かされた。それならと永淵は、野放し状態にしていた三階の倉庫に武夫を案内した。鉄骨むき出し、床はコンクリート。五十畳ほどもある屋根裏のような空間を武夫は一目見て気に入った。

「金は要らんけん、自由に使いんしゃい」

永淵は気前よく提供した。「あぶさん道場」の誕生である。

青空道場しか経験のなかった道場っ子たちは、待望の稽古場を得て無邪気に喜んだ。ほぼ身内で固められたその小集団に永淵は自分の子供たちも参加させた。次男の仁は小学五年から、長女の香は小学三年から、

夏酷暑、冬極寒のあぶさん道場にて　平成四年

それぞれ人質に取られるように武夫の手に渡っていった。

店が軌道に乗るのにあわせて、「あぶさん道場」に通うちびっこたちの数も膨らんだ。連日、三階に通じる狭い階段をどんどんどんと駆け上がっていく。なんだ、なんだと目を丸くする客もいれば、「こらっ、静かに上がらんか」と怒鳴り散らす客もいる。そのたびに永淵は事情を説明し、頭を下げた。

空手道場に大人のクラスができると、月末の金曜日には「ゲンキーズ（GENKEES）」を名乗るメンバーの定例の飲み会が開かれた。稽古を終えてそのまま階段を下りてくれれば、うまい串焼きと酒にありつける。呑み助たちにとってこれほど好都合の場所もなかった。

店の営業は夕方五時から夜の十一時までで、通常なら十時を回ったあたりから炭の火を落とし始める。ところが武夫たちが来店するのはほぼ十時過ぎと決まっていた。来るとなれば火を落とすわけにもいかない。新たに炭を熾《おこ》せばそれからがまた長い。三時間、四時間は当たり前。「えらい迷惑、けれどもしゃあない」。人間的な魅力か、そういうことをされても武夫には憎めないところがあった。

珍客万来

まだ独身だった高円宮憲仁親王（平成十四年に心不全で逝去）が、ＮＨＫの英会話番組で知られる田崎清忠氏ら十名ほどを伴って来店した。田崎は高円宮杯全日本中学英語弁論大会の審査委員長も務めていた。佐賀市内で講演を行った際、高円宮様の希望で市内の庶民的な店で親睦会を開こうとなり、「ぜひ、あぶさんに」と武夫が誘導した。

永淵にすれば、それこそ天地がひっくり返るほどの驚きである。数日前には佐賀県警が突然訪ねてきて、店の地図から間取りまで事細かに書かされた。当日は県警が店に張り付き、カウンターにはＳＰ（セキュリティーポリス）が一人座った。妻の正江が拳銃が見えたと興奮するなか、一行は一階の小座敷で上品な歓談を重ねて帰っていった。大役を終えた武夫は、同じように神経をすり減らした永淵に向かっていたずらっ子のようにこうねぎらった。

「永淵さん、宮内庁御用達の店になったろうもん。こいからますます繁盛たい」

平成十年には、タンザニアのジュマ・イカンガーを連れてきた。一九八〇年代に東京国際や福岡国際などを制したマラソンの名選手。地球市民の会の設立十五周年記念のイベントにゲストとして招聘されていた。元プロ野球選手で色黒の永淵と黒光りするイカンガーと並べられ、またも武夫に茶化された。

「永淵さん、今日は色が白かねえ」

いったいどこでどうつながっているのか。各界の大立者や珍客を連れてくるたび、武夫の交友範囲の広さを思わずにはいられなかった。

酒豪対決

永淵は現役時代、焼酎以外の酒をほとんど毎晩飲んでいた。東芝に入社して二年目の年に西鉄ライオンズの入団テストを受けて落とされた。体が小さい（一六八センチ、六十五キロ）から相手にしてもらえなかったと自棄《やけ》になり、酒で悔しさを紛らわせた。プロになりたての二十代のころは日本酒一升を一晩で空けるくらいのことは平気だった。二日酔いで試合に出場したことは数知れない。打って活躍した日は「気分がいいから一杯」、打てなかった日は「頭にきたから一杯」。頭の中はバッティングと酒のことしかなく、酒を飲んでいると、生きている実感が湧いた。

「酒を飲むために野球をやっていたようなもの」という永淵も、現役を引退し、自分の店をもつようになってからはさすがに酒量が落ちた。武夫を店に迎え入れてからの歴史は長いが、炭火から目を離せない事情もあって、賑やかな宴に加わることも、カウンター越しに杯を酌み交わすこともなかった。それでも一度だけ、ゆっくりじっくり飲んだ記憶がある。

武夫が四十代半ばのころだったろうか、東京で就職した次男の仁が帰省したとき、二階の座敷に上がって三人で日本酒を飲んだ。ふだんの武夫はどんなに飲んでも正体を失うことはなかったが、その日は深更まで酒豪に付き合わされた。へべれけになり、自転車にまたがってヨロヨロと家に帰っていった。翌日、店に顔を出して言った。

「夕べ帰る途中で三回もこけたばい。やっぱ、永淵さんは強かねー」

とどめの一本

「武夫は人のいっぱいおるところが好き。ばってん、本当は寂しがり屋やったんやろうと思うよ」

武夫の裏も表も知り、少々のわがままにも目をつぶってきた「かのこ」のママでさえ、武夫の長尻には辟易させられた。

「武夫がようないのは、さんざん飲んで最後にうちに来ること」

あぶさんから流れて、夜中の二時くらいに来られることもしょっちゅうだった。そうなると、朝方まで店を閉められない。

「武夫、これでやめんさいね」

「おうよ、最後の一本ね」

それがラストの一本、とどめの一本、「こいで全体的なとどめの一本」と、熱燗の二合徳利をだらだらと空けていった。話すことは、同じことばっかり。もう聞き飽きたとうんざりしているうちに、空は白々と明け、ママの顔も白くなった。

若い学生たちを連れて来ると、必ず質問攻めに合った。議論好きだから相手が納得するまで徹底して答える。それでどうしても長たらしくなる。あるときは大手新聞社の記者とカウンターでくどくどとやり合った。互いに激高し、取っ組み合い寸前になった。背が高い記者は、長い腕で武夫の頭をぐいっと押さえつけた。怒った武夫は蹴り返したが、足が短いので届かない。ママがハラハラしながら見ていると、まあ、まあ、まあ、周りがなだめに入った。「この人空手の先生よ。あんた知っとんね」

その一言で、記者はいっぺんに酔いが醒めたようになった。

シャッター蹴り

武夫が飲めば、そこに悪友・佐久間がいるのはごく自然のことだった。佐久間は、大学の四年間を小倉で過ごしたが、卒業後は佐賀に帰って家業の化粧品店を継いだ。当初は二年くらい他人の飯を食おうと、大阪の化粧品関係の問屋に就職するつもりだった。内定をもらい、「二年間修業することにした」と母親に報告すると、「二年後に母ちゃんはもうこの世におらんかもしれん。健康に自信がなか」と泣きつかれた。小さいころから「おふくろ孝行だけはするぞ」と心に決めていた佐久間は、内定先の会社に頭を下げに大阪まで行き、借りていた交通費も返した。引き継いだ化粧品店は、その後、妻や娘たちに任せ、自身は平成元年に仲間と協同組合形式のスーパー「ショッピングシティー・アルタ」の経営に着手した。現在、佐賀市内に四店舗あり、佐久間は理事長に収まっている。

大学時代と留学時代を除けば、武夫と佐久間は佐賀に腰を落ち着け、何かあれば呼び合う磁石のような関係を保ち続けた。飲んで酔えば童心が刺激され、年齢に似合わぬ「アホ」を重ねた。笑い部は永久に不滅です……。

人通りの少なくなった夜の商店街。今とは違った意味でのいわゆるシャッター通り。いっちょやるかと目配せし、とりゃーの一声で始まるのが「シャッター蹴り」だった。それぞれ空手とサッカーで鍛えた身、蹴りはお手のものである。

ガンガンガンガンパーン　ガンガンガンガンパーン

夜のしじまに大音響を轟かせ、次から次へと蹴り歩いていく。そうして靴屋の前に行き着けば、ぴたりと足を止めて顔を見合わせる。靴屋のシャッターはスチール製の頑丈なパイプでできており、二階の高さまであった。

さくまっ。おう！　とりゃー

勢いつけて飛びかかり、てっぺんまでどちらが早くよじ登れるかを競い合った。

顔見知りの店主は、日中に会うと、「酔っ払いが登ってからに、ろくなことしようらん。電流ば通さんといかん」と文句を垂れた。「ひどかねえ」。二人はしらばっくれて聞いていた。

佐久間は「アホ」に付き合いながらも、そうせずにはいられない武夫の心中を思いやった。いつだったか、自嘲気味にこう言われたことがある。

「おい佐久間、今をときめく孔子様は、どこのどなたやろねと思ったら、なんとすぐ隣におった丘（きゅう＝孔子の字《あざな》）どんのことやったばい」

言わんとしていることはすぐにわかった。高校の同窓会で地球市民の会の話をしても、関心を示す人はほとんどいない。活動内容は国内外で評価され、数々の表彰を受けた。地球規模の活動は地元の活性化のためでもあった。それでも活動資金がなかなか集まらない。地元にいても知る人ぞ知る程度の存在。シャッター蹴りでもしなければ、鬱積した心の憂さを晴らせなかったのかもしれない。楽しい酒と悔しい酒。佐久間は武夫の酒に光と影を見ていた。


なんで来ないの！


上京しても武夫は飲み歩いた。気の置けない仲間を呼び出し、愉快に笑い、真顔で議論し、河岸を変え、時間を気にせず飲んだ。いつでも泊めてくれる定宿があった。新宿二丁目。義妹のかおるのマンションである。

かおるは早稲田の学生のとき、姉の洋子から「古賀武夫という人と結婚することになった」と電話で聞かされた。もしかしてあの人？　西高時代の非常勤講師の顔を思い浮かべ、面白いし、知識も豊富だし、「いいんじゃない」と軽く答えた。この発言で、積極的に後押ししたのは「かおるだ」ということにされてしまった。そのかおるも、二十代半ばに大学で知り合った岩本好司と結ばれた。好司は東京生まれで、祖父の代から百年続く仕立て屋の息子だった。大学卒業後に修業を積んで和裁士の資格を取り、取引先の伊勢丹に近い新宿二丁目のマンションに居を定めて和裁教室も開いた。

武夫は、だいたい週末になると、「明日、泊りに行くけん」と電話をかけてよこした。しかし、何時に行くとまでは言ってこないので、夫婦はいつも往生した。

武夫が初めて泊まりに来たのは、かおるが二十八歳、長男を身ごもっているときだった。「遅くなるけん」と電話が一本入ったきり、連絡がぷっつりと途絶えた。待てど暮らせどやってこない。冬の寒い時期、小さな電気カーペットを引っ張り出して、気だるい身体を横たえた。「ひどい人だな」と思いながら、眠気を必死にこらえていた。

「なんで来ないの！」

翌朝、かおるはぷんぷん腹を立てたまま仕事に出かけて行った。夕方帰ってくると、テーブルの上に鍵と手紙が置いてあった。「ありがとさん」。ん、もーっ！

武夫が明け方まで飲んでくる人だとわかってからは、夫婦も少しは腹が座った。あるときも、泊りに来ると言って姿を現さなかった。早朝、好司はマンションの前で日課の掃き掃除をしていた。ふと顔をあげると、五十メートルほど先から見覚えのある体形がゆらゆらと歩いてくる。武夫だとわかって会釈すると、「おう」と手を振って近づいてきた。

「好司、フランス語じゃ、『まじめ』と『寂しい』という言葉は一緒なんじゃよ」

すれ違いざま、わけのわからぬことを言い、まるで我が家であるかのように建物の中に入っていった。

夫婦の家に泊まっても、武夫はゆったりくつろいでいることがなかった。東京で会える人にはみな会うとでもいうように、あちこちに大声で電話をかけまくった。そうやって捕まえた人間を二〜三人連れて泊りに来ることもあった。友達でも誰でも連れてくるのは構わない。早めの時間帯に来てくれるほうが、来るか来ないか待ちわびているよりよっぽど気が楽だった。ただ、早く来れば来たで別の厄介ごとも持ち上がった。

かおるは一度、「向こうはシベリア」と思うようにしていた同じ街区にある店に強制連行された。ジュゴンママがいるゲイバー。ショック、とうとう一線を超えてしまった。男ばかりがモテるその空間で嫌というほど疎外感を味わい、来るんじゃなかった、もう絶対来ないとぷんぷんいって帰ってきた。どうも武夫が来ると腹立たしいことばかり……。

メートー村の温泉

酔えば手が焼け、家をかき乱される。とはいえ、武夫がもたらしたのは災難ばかりではなかった。好司には感謝しなければならないことが山とある。武夫にせがまれ、作務衣や羽織袴を仕立ててやったが、自分には着物を着る習慣がなかった。「作っているのになんで着んの」。言われて公の場では着るようにした。仕事に悩み、愚痴をこぼしたときは、「好司、お前は専門家だから良かよ。おいはこれっていう専門がなかけん」。胸を張らんばと肩を叩かれた。

タイに誘われたのは、平成六年、三十六歳のときだった。ワットサーキャオ孤児院で女子寮のトイレの排水工事に汗を流した。男子寮は近くを流れるチャオプラヤー川に排水していたが、女子寮では池に流していたため汚物が滞留していた。そこで二十メートルほどの穴をプール状に掘り、ろ過装置を取り付けることになった。ところが、作業を始めた初日、古いブルドーザーのキャタピラーが壊れて使い物にならなくなった。レンタルするにも届くまでに一週間かかるという。ならばと翌日から人力で掘り出したが、「地球隊」の少人数ではとても掘り切れるものではなかった。

手をこまねいているところへ女子寮の女の子たちが集まってきた。一人、二人と手伝い始め、大勢が加わると作業は一気呵成に進んだ。掘り終わってわーっと歓声が上がるや、誰かがラジカセをもってきた。タイの伝統音楽が流れ出した。すると全員が一斉にダンスを踊り始めた。好司は胸がジーンと熱くなった。かつて観たハリウッド映画のラストシーンとそっくりだった。

宿泊したメートー村の小学校のそばには、直径三メートルほどの水たまりがあった。ぼんやり眺めていると、武夫が横に立って言った。

「好司、そこ温泉が出るけん、夜、入るとよかよ」

言われたとおり、満天の星の下でお湯につかった。あくる日、同じ場所に行ってみると、水牛が気持ちよさそうに温浴していた。周りに糞がぷかぷかと浮かんでいた。

悲喜こもごも、ふつうなら得られない貴重な体験を積んだ。このときのツアーで記録係を務めた好司は、帰国後、横浜ランドマークタワー13階の国際交流センターでレポート用紙二百枚にまとめた報告発表をした。目の前で頷いて聴いている武夫の横に、映画監督・岡本明久の顔があった。

第十三章　人間の翼

消えた春—特攻に散った投手石丸進一

東映の岡本明久監督は、古本屋で河出文庫『消えた春』（副題—特攻に散った投手石丸進一）を見つけ、ストーリーに感銘を受けて映画化を思いついた。石丸進一の従弟にあたる著者の牛島秀彦に話をもっていったところ、「ぜひ」と前向きの回答が得られた。

岡本は、戦後五十周年の平和祈念事業として、石丸進一の映画『人間の翼』をつくる企画を東映に提出した。しかし、採用ならなかったため、進一の甥にあたる石丸剛《たけし》のところに相談に行った。剛は進一の兄・藤吉の息子で、東京でタクシー会社「親和交通」を経営していた。相談の結果、映画は「自主製作にしよう」という方向で話がまとまった。岡本は牛島の原作を脚本化し、平成六年の一月にシナリオを書き上げた。

『消えた春』の主人公・石丸進一は、プロ野球出身戦没者六十七名のうちの一人の神風特攻隊員である。大正十一年七月二十四日、佐賀市水ヶ江の理髪店に生まれた彼は、昭和十六年、佐賀商業高等学校野球部から名古屋軍（現中日ドラゴンズ）に進み、兄の石丸藤吉とともにプロ野球初の兄弟選手となった。名古屋軍のエースとして戦前最後のノーヒットノーランを成し遂げ、在籍した二年間で三十七勝三十一敗、防御率一・四五の成績を残した。昭和二十年五月十一日、鹿児島県鹿屋基地から五百キロ爆弾を抱えた零戦で特攻出撃し、慶良間《けらま》湾周辺で二十二歳（数え年二十四歳）の短い生涯を終えた。

東京ドーム敷地内の一角に立つ鎮魂碑には、「追憶」と題した、兄・藤吉による次のような追悼文が刻まれている。

弟進一は名古屋軍の投手。昭和十八年20勝し、東西対抗にも選ばれた。召集は十二月一日佐世保海兵団。十九年航空少尉。神風特別攻撃隊、鹿屋神雷隊に配属された。二十年五月十一日正午出撃命令を受けた進一は、白球とグラブを手に戦友と投球。「よし、ストライク10本」。そこで、ボールとグラブと〝敢闘〟と書いた鉢巻を友の手に託して機上の人となった。愛機はそのまま、南に敵艦を求めて飛び去った。「野球がやれたことは幸福であった。忠と孝を貫いた一生であった。二十四歳で死んでも悔いはない」。ボールと共に届けられた遺書にはそうあった。真っ白いボールでキャッチボールをしている時、進一の胸の中には、生もなく死もなかった。

遺族代表　石丸藤吉

『消えた春』の著者・牛島秀彦は武夫の遠縁にあたる。平成六年の二月、その牛島から武夫のもとに電話がかかってきた。

「岡本監督に会ってくれませんか」

二か月後の四月には監督本人から直接電話があり、映画製作に協力してほしいと正式な要請があった。武夫は、チケットの販売を手伝えばいいのだろうくらいの軽い気持ちで了解の意思を伝えた。八月に入ってから、監督と東京で顔を合わせた。牛島や石丸のほか、映画製作に関わるスタッフたちも同席した。話に耳を傾けているうちにおかしなことになってきた。チケットの販売どころではない。石丸進一の郷里・佐賀を拠点に活動し、広い人脈をもつ武夫は、映画の広告塔的な役割を担わされる格好になった。

お金くらい何とかしますけん

平成七年の年明け、岡本監督と石丸剛が連れ立って佐賀にやってきた。東京で会ったときとは違い、二人の口調は湿りがちだった。当てにしていたスポンサーが撤退することになり、資金調達の見通しが立たなくなっていたからである。

「製作を一年延期することにしました」

「岡本さん、そいはいかんばい。映画は戦後五十周年の今年作らんば意味がなか」

「わかっています。しかし、先立つものが……」

「いくらかかっとですか」

「一億八千万円。製作費だけでそれくらいかかります。映画館などへの配給費用も含めると最低三億円は必要でしょう」

「岡本さん、お金は気合に付いてくっとよ。映画は必ず今年中に作りましょう。お金くらい私が何とかしますけん」

三億円。額の大きさに感覚が麻痺し、思わず啖呵を切ってしまった。前年の夏、第七十六回甲子園大会で石丸進一の母校・佐賀商業が全国初制覇を遂げていた。甲子園の優勝といい、突然降って湧いた映画の話といい、武夫には何かの暗示のように感じられた。ここで引き下がったら九州男児の名がすたる。そういう意地もあった。

零銭映画が地に落ちる

平成七年三月、東京、名古屋、佐賀の三か所に映画『人間の翼』をつくる会の実行委員会が組織され、東京で製作発表会が行われた。その直後から、戦争美化の右翼映画、左翼反戦映画、青春野球映画といった相反するレッテルを貼られ、そのうえに、「古賀は右翼になったのか」「まさか反戦映画じゃなかろうな」「特攻隊や戦争をお祭りみたいにやるやつらには絶対協力する気はない」と、誤解交じりのさまざまな批判を受けた。

資金調達は、岡本監督、石丸剛、武夫の三者で均等に分担することに決めたが、実質的には佐賀の九州実行委員会がその中心を担った。しかし、資金集めは武夫がもっとも不得手とする分野だった。その危険な領域に何の覚悟もないまま突入し、事の重大さに気づいたときには後戻りできなくなっていた。

実際のところ、資金調達は最初から困難を極めた。佐賀新聞社の文化部長・原徹雄らの手を借り、「まずは進一の母校」と佐賀商業の後援会に掛け合ったが、牙城はなかなか崩せなかった。市内の主だった団体・企業からもほとんど支援が得られなかった。

零銭映画が地に落ちる――。武夫は持ち前の諧謔を弄して親族や知人に窮状を訴えた。自身は自宅を抵当に入れて銀行から数千万のお金を借り、道場生には「桃（百）太郎プロジェクト」（百円募金）と称して街頭に立たせた。

事務局のスタッフとして働いていた福田裕里も、連日、手作りの募金箱を持って会社や知人宅を駆けずり回った。大変やねえ、がんばりんさいや。そう声をかけてくれる人も、お金の話になると途端に態度を翻した。すまんねえ、うちも苦しかよ。悔しくてどうにもならないときは、「かのこ」に飛び込んでママに泣きついた。

「人ってこがんやろか。よかこと言うても、いざとなったら冷たかね」

「あんた大金ば狙いにいったとやろ。そがんしょったらいけんよ。少しでも募金箱に入れてくんさった人たちのことを考えんば」

週末までに三百万、月末までに一千万。武夫は絶望的な時間との戦いにのたうち回りながら、その時々で入り用になる額を必死に掻き集めた。それでも足らず、何度も製作中止の瀬戸際まで追い込まれた。

明日の地球のテーマ

地球市民の会の資金集めにも苦慮している人間が余計な仕事にちょっかいを出し、時間も労力も奪われる。何をしているのか、本来の事業活動と何の関係があるのか。「今からでも遅うなか、やめんしゃい、そがん無駄なこと」。

ややもすれば自分を見失いがちになった。すべて自分が蒔いた種とはいえ、ときに人を恨みたくもなった。まっこと人間ができちょらん。

眉間にしわ寄せ、難しか顔ばして、どがんすっとか。困ったときに助けてくれん人のほうが、かえって本当に考えてくれていることもある。溺らされることによって育てられることもある。いい勉強をさせてもらっちょる。そう思って感謝せんば……。

何が武夫を映画に駆り立てたのか。周囲には「無謀で無価値」と思える行動も、武夫の頭の中ではつじつまが合っていた――

戦後五十年、いまなお世界のあちこちで戦争・紛争が絶えない。人類が本当に守り育むべきものは一体何か。それは本当の強さ、やさしさ、思いやりといった精神の気高さである。欲にまみれ、奪い取ろうとするから戦争は起こる。人間に奪う権利などない。人間に与えられた唯一絶対の権利があるとすれば、それは、与え合い、人を幸せにする権利である。過去を引き継ぎ、現在を担い、未来を預かっている我々が、歓喜し、感動の中に光り輝いて生き、唯一絶対の権利を行使していくこと。それこそが、石丸進一をはじめ、戦争で亡くなった人への「最高の恩返し」ではないのか――

戦争と平和、家族、地域、民族、祖国、世界、人類。『人間の翼』は、それを問い直す「今日、そして明日の地球のテーマ」なのである。武夫にとって映画は、地球市民の会の活動と根を一つにするものだった。だから、意地でも「途中で投げ出すわけにはいかんのだ」。

佐賀商の後援会長に土下座

平成七年四月にクランクインした『人間の翼』は、当座の資金でまかなえる範囲内で撮影が行われた。鹿児島県の鹿屋や出水《いずみ》のほか、佐賀もロケ地の一つに選ばれた。佐賀ではラストに近いシーンから撮影が始まった。それは、石丸進一が特攻出撃を間近に控え、郷里に帰って麦刈りをする麦秋のシーズンを描くものだった。

佐賀の郊外に黄金色の穂が靡《なび》くのは五月末から六月の頭。武夫が主張した戦後五十周年の節目の年、つまり平成七年内に映画を完成させて上映するためには、このタイミングを外しての撮影はあり得なかった。ロケには地元民もボランティアエキストラで参加して機運を盛り上げた。八月に入り、その熱気が県内に浸透していくと、「ここまできたら応援せんわけにはいかんよね」と、理解を示す人たちもポツリポツリと現れた。

資金調達で大きな前進が見られたのは、佐賀商業の後援会が出資にゴーサインを出してからだった。武夫は最後の頼みの綱として、同校の後援会会長であり、自民党の参議院議員だった大塚清次郎（当時農林水産委員長）のもとに足を運び、そこで土下座した。

「どうして早く話してくれなかったのか。君は佐賀西高じゃないか。本来は我々がすべきことなのに、苦労をかけて申し訳ない」

後援会が動き出すと、教職員や生徒たちも宣伝活動に協力を惜しまなくなった。ただ、武夫を号泣させ、陣頭指揮を執った大塚は、映画の完成を見ぬままこの世を去った。

一喜一憂の資金調達の過程で、武夫はさまざまな人情の機微に触れた。道場の小学生は貴重なおこづかいから千円を寄付してくれた。知人の社長は、「これが最後だ、古賀さん。これは縁を切るためのお金だ、あんたとはもう二度と付き合わんけん」と巨費を投じてくれた。母の玿江は、映画の製作協力券（前売り券）を引き受け、朝から、あんた買ってくれ、あんた買ってくれと電話をかけまくった。あまりに度が過ぎるので、武夫はつい嫌味なことを口走った。すると玿江は、生まれて初めて恨みの目で武夫を凝視し、「おまえのためにお母ちゃんが……」と悔し涙を流した。

親友の佐久間は、暮れも押し迫った十二月二十九日、深刻顔でやってきた武夫に頭を下げられた。「佐久間、どがんでんがお金が足らん」。製作費が当初の予算をオーバーし、未払金が三千万円。「それを払わんと年を越せんのじゃ」。

中学時代からお金を無心されたのは、後にも先にもこのときが初めてだった。互いに懐が豊かだった時代はないが、飲みに行ってもお金を貸せなど百パーセント言わない男だった。すぐさま銀行に走り、五十万円ずつ貯めてあった口座を二つ解約した。

「返さんでよかけん」

資金集めに終わりが見えないなか、映画自体は、平成七年十一月十五日、目標の期限内に完成を見た。主人公の石丸進一役に東根作寿英、進一の恋人・桜井圭子役に山口真有美、進一と最後のキャッチボールをした本田耕一役に酒井一圭。ほかに佐藤允、馬渕晴子、川津祐介、長内美那子、ヨネスケ、広岡瞬などが脇を固めるキャスティングになった。

離陸

平成七年十二月一日金曜日。佐賀市文化会館中ホールで夕方六時から始まった先行上映会には八百人の観

映画『人間の翼』上映会挨拶　平成七年十二月

客が詰めかけた。スクリーンにモノクロの映像が映し出されると、ざわついていた会場はぴたりと音を立てなくなった。上映は二時間半に及んだ。クライマックスで五輪真弓の主題歌「時の流れに〜鳥になれ〜」が流れるころには、鼻をすすり、咳払いする音があちこちの席から上がった。

「わが胸の燃ゆる思いに比ぶれば、けむりは薄し桜島山」。支えてくれた人たちの、何があろうともこの映画を完成させようというまれにみる熱情と信念の強さ、不屈のエネルギー、信頼が、実行委員と製作スタッフを奮い立たせ、この映画を離陸させた。武夫は、上映開始までの険しい道程を振り返り、感謝の礼を尽くした。

翌日からの一般自主上映会（全国展開）は、積み重なった製作費の回収、つまり借金の返済を意味した。その目標額は、新たに生じる上映費用も含めて「二億円以上」とされた。

平成八年の一月、佐賀県上映委員会と九州上映委員会が開設された。前者の会長は井本勇佐賀県知事（当時）、後者の会長は古賀武夫。事務局は地球市民の会の建物内に置かれた。多額の借金を帳消しにするには、とにもかくにも多くの人たちに映画を観てもらうほかなかった。それは換言すれば、いかにフィルムを多く回すかにかかっていた。

当初は大きなホールで上映するための35ミリフィルム（七巻編成）を一本しか持ち合わせていなかった。今後予想される学校や公民館などでの上映を効率よく展開していくためには、より安価で機動性の高い16ミリフィルムを作る必要があった。幸い、その協力者が現れ、新たに数本を追加することができた。

武夫は映画を宣伝するための全国行脚を始めた。ポスターやチラシ、チケットをかばんに詰め込み、講演先の会場で来場者に配った。映画の趣旨に賛同して大量に引き取ってくれる人たちもいて、武夫の涙腺は緩みっぱなしだった。佐賀に残った武夫の周辺も市内をあちこち駆けずり回って宣伝に努めた。こうした一連の上映活動で、最大の功績を残したのが青年会議所のメンバーだった。彼らの口利きで、北は北海道から南は沖縄まで、16ミリフィルムが全国各地にバトンリレーされた。この協力がなければ二年内の借金返済はあり得なかった。

英語字幕版の製作

一般自主上映が始まって間もなく、武夫は、国を超えて戦争と平和を考えるきっかけにしたいと、外国人向けの字幕作りにも着手した。英語道場の英検準一級レベルの大人のクラス。その授業中に各自が自宅で翻訳してきたシナリオを討論・整理しながら、三か月かけてA４版約百二十ページにまとめた。

その完成から少し遅れて、英語道場の中高生からなる九州上映委員会ジュニアが、石丸進一役を演じた東根作寿英のファンクラブ「ウィングス・トネ」を結成し、聴覚障害者用の日本語字幕版の製作に取りかかった。製作資金を捻出するために街頭募金に立ち、ノウハウを勉強するために熊本にある字幕制作の専門業者にも教えを乞うた。佐賀弁の会話を標準語に置き換え、そこからさらに聴覚障害者用に編集しなおす作業には多くの手間と時間を要した。武夫はボランティアで熱心に取り組む彼女たちから、一般の日本語字幕用と聴覚障害者用の文法が異なることを教えられた。平成九年の七月に英語字幕版のフィルムが、十月には日本語字幕入りＶＨＳビデオがそれぞれ出来上がってきた。

英語字幕版完成直後の八月、オリックスの選手を佐賀に招き、スカラ座で上映会を開いた。また、これに先んじる平成九年の二月末、阪神淡路大震災の爪痕も生々しい神戸でも大規模な上映会を挙行した。オリックスでイチローのチーフトレーナーを務めた松元隆司が、「これこそ野球人に見せるべき映画だ」と旗を振り、井戸敏三兵庫県副知事（当時）が上映委員会立ち上げの指揮を執った。会場には貝原俊民知事（当時）夫妻も駆け付け、「がんばろう神戸」と気勢を上げた。上映会は、被災地激励の意味合いの強い催しになった。

一球一魂

あぶさんの永渕洋三は、『人間の翼』の応援団長を引き受けた。映画の製作中には野球仲間に声をかけて浄財を集め、上映開始後は連日の会合に顔を出して鑑賞を呼びかけた。それだけの骨を折りながら、自身は映画を観ていなかった。そのことに気づいた武夫は、「応援団長やけん、早う観てください」と尻を叩いた。

「おいは観らんよ。泣くけん。人前で観たんなかやんね」

なんばいいよっか。武夫は英語道場の教室で永渕一人だけの上映会を開いた。見終わって教室から出てきた永渕の目は赤く潤んでいた。

「やっぱい、いかんね、こがん映画は。戦争はやっぱいでけん（やっぱりしてはならない）」

平成九年五月十一日、石丸進一の五十二回目の命日にあたるその日、永渕はオリックスの招きを受けてグリーンスタジアム神戸に出向いた。古巣の近鉄バッファローズとオリックスとの記念試合。その始球式に石丸進一の背番号26の軍服風ユニフォームを着てマウンドに立った。「ラスト十球」。映画のシーンを思い浮かべながら、進一の名前を刻んだボールを、一球一魂、心を込めて投球した。

野球音痴

平成九年から毎年、佐賀ブルースタジアムやみどりの森球場を借りて、『人間の翼』親善野球大会が開催されるようになった。参加選手は市役所職員が作った往時のユニホームに身を包んで試合に臨んだ。開催初年、主役の武夫の姿が本部席に見当たらなかった。「どこに行きよるね」。手分けして探すと、内野スタンドの最上席で一人、空手の「形」の練習をしていた。

「なにしょっと」

「野球はわからんけん」

兄の学や和夫は柔道も強かったが、野球でも少年のころから才覚を発揮した。学は成人後、「新古賀」という社会人のクラブチームをつくり、九州管内のみならず全国にその名を轟かせた（学亡き後は、和夫がチームを引き継ぎ、現在にいたる）。武夫はそんな環境に育ちながら、野球にまったく興味を示さなかった。それどころか、自分の勉強部屋が兄たちの野球道具で侵されるのを極端に嫌った。野球嫌いで野球音痴。そんな人間が野球の映画に関わるとは誰が想像しただろうか。

映画は平成九年二月に第三十七回優秀映画鑑賞会・第五位、三月に第十四回日本映画復興賞を受賞した。『人間の翼』をつくる会は、先行上映会からちょうど七年目にあたる平成十四年十二月一日をもって解散し、九州上映委員会も平成十六年に役目を終えた。そのときまで、のべ四八五会場に約二十一万人の観客が足を運んだ。

第十四章　ミャンマープロジェクト

武夫と大野博之

武夫が『人間の翼』に取り憑かれていた平成七年、一人の青年がボランティアの勉強をしたいと事務所を訪ねてきた。のちに武夫の右腕となる大野博之である。

大野は神戸の出身。明治大学を卒業後、都内の商社に勤め、営業マンとして国内外を渡り歩いた。大野が商社に入社した一九八〇年代の後半はバブル期にあたり、価格破壊で知られる中内𠩤《いさお》のダイエーをはじめ、GMS（総合スーパー）が価格競争でしのぎを削っていた。日本の商社は、生産コストの安い途上国でつくった製品を買い付け、GMSに盛んに売り込んでいた。

工場進出による環境破壊、悪環境下での低賃金労働。途上国では、必ずしも幸せでない状況が拡大していた。日本の企業は、たとえ間接的であるにせよ、儲けのプロセスで途上国に迷惑をかけている。これを野放しにしていいわけがない。破壊ではなく、ケアする別のシステムが必要ではないか。大野は日々そんなことを考えていた。

また大野は、台湾に買い付けに行った際にも疑問を抱いた。中小企業の社長が、「ありがとう、ありがとう」とテーブルに額をこすりつけんばかりに挨拶し、接待してくれる。人生経験が豊富で社会的にも地位のある人間が、入社二〜三年目のペイペイにどうしてここまで礼を尽くしてくれるのか。自分はそんな立場にない。よくよく分析すると、頭を下げている対象は、自分ではなく、バックにある看板だと気づいた。会社という看板、延いては日本という看板。その看板がもっているお金に頭を下げている。お金があるうちはいいが、無くなったらどうなるのか。自分も、会社も、日本も、おそらく相手にしてもらえなくなるだろう。お金だけでつながる関係は長続きしない。日本がアジアの中で生きていくためには、真の意味で「ありがとう」と言い合える信頼関係を築かなければならない。その仕事を誰がするか――俺がするしかない。

大野は、国際協力に関する資料を集めた。「君もやろう国際ボランティア」。そう表題された冊子にNGO（非政府組織）の一覧が載っており、その中から五つを選んで会員になった。年会費を払い、商社マンの仕事をするかたわら、国際協力について勉強した。

三十歳になった平成六年、国際協力の仕事に従事するため、七年間勤めた商社に辞表を出した。人生のリセットボタンを押したあと、ボランティアの何たるかを実地で学んでみようと思い立った。候補先は会員登録していた五つのNGO。はて、どこにするか。できれば一番田舎にあるのがいい。地球市民の会、本部は佐賀県。「心の汗を流しませんか」。妙なキャッチフレーズにも心をくすぐられ、とりあえずここで一年修業し、あとは郷里の神戸に帰って起業する腹積もりでいた。

摩訶不思議な縁

平成七年一月十七日、大野の故郷は大地震によって壊滅的な被害を受けた。その酸鼻に度肝を抜かし、活躍するボランティアたちの姿を目に焼き付けながら、遠い佐賀の地を訪ねていった。武夫は被災地の支援活動や映画の資金集めで多忙を極めていたが、無償で働きたいという大野を歓迎し、当面している映画製作の事務局次長に就任させた。

大野は、そのうち蓄えがなくなると、会計事務所に就職し、仕事の引けた夜と土日を使って地球市民の会に時間を費やした。無我夢中で働くうちに一年と定めていた修業期間はとうにすぎ、一介のボランティアは理事に昇格して会の活動から抜け出せなくなっていた。

佐賀に来てから三年目の平成九年秋、武夫の肝入りで、映画の仕事に一緒に携わった佐賀市生まれの福田裕里と結婚し、この地に骨をうずめる覚悟を決めた。

「本日は……ご愁傷さまでございます」。大野の結婚式でも武夫は列席者の笑いを取り、同時に顰蹙も買った。だが、そのあとに続くはなむけの言葉は会場をしんみりさせた。

「御霊という言葉がありますが、身魂《みがき》が本当の意味です。つまり、身体と心のことです。生身の私たちは、魂を磨くためにまず身を磨かねばなりません。結婚式は、新郎と新婦の身魂の始まり、結魂への第一歩です。私たちの身魂は親からいただいたものです。親は、その親から、その親もその親から、つまり、ご先祖様からいただいたいのちです。この世には自分で作れるものは一つもありません。いのちは永遠の流れであり、すべての存在が生命そのもの、永遠そのものです。私たちは、その大本を因と呼び、働きを縁と呼んでいるようです。大野君と裕里さんは、まさに摩訶不思議な縁で結ばれました。自然そのもの、あるがままほど摩訶不思議なものはありません……」

ミャンマープロジェクト

ＮＰＯ法（特定非営利活動促進法）が施行された四年後の平成十四年二月、地球市民の会は佐賀では三十三番目となるＮＰＯの法人格を取得した。資産の管理、事業の受託、税制上の優遇措置等、今後の活動を進めていくうえで「メリットが大きい」との判断からだった。

もともと商社マンであり、会計事務所にも勤める大野は、武夫から「営業ができて財務も組める」と手腕を見込まれ、事務局長に指名された。これを機に大野は会計事務所を辞め、地球市民の会の専従職員として働くことになった。

大野が転職したとき、地球市民の会はタイやスリランカの協力事業を主体に活動していた。バブル崩壊後の長引く不況で正会員数は三百人台に激減し、年間事業収入も二千万円に届くかどうか。新規事業を掘り起こさなければ存続も危ぶまれるような状況だった。

折しも、鹿児島を拠点に活動していた加藤憲一の財団法人「カラモジア」が経営破綻に陥った。加藤らは一九九〇年代末からミャンマーで循環型農業の普及に努めていたが、平成十四年、資金繰りの目途が立たず、ミャンマーからの撤退を余儀なくされた。このため、地球市民の会がＪＩＣＡの委託を受けて事業を引き継ぐことになった。

平成十五年、武夫は、大野が中心になって企画した案件でＯＤＡから補助金を引き出し、新たな協力事業としてミャンマープロジェクトを始動した。

ミャンマープロジェクトは、「循環型共生社会の創造」という理念のもと、ＪＩＣＡ草の根技術協力パートナー型事業として実地に移された。プロジェクトの対象になったシャン州南部のポオー族地域は、シャン高原の山岳地域に位置し、近隣には観光名勝で知られるインレー湖が豊かな水を湛《たた》えている。ポオー族の九割は米作を中心とする零細農家で、年収は三～五万円。麦や豆・とうもろこしなども栽培していたが、商業用の森林伐採、焼畑農法、化学肥料の大量投入などで環境破壊が進み、土壌の生産力は著しく低下していた。農民の生活を向上させるためには、農業に対する考え方や農法そのものを切り替え、付加価値のある商品作物を増やして年収を上げる必要があった。

開始初年度、武夫は日本から人を雇って現地に派遣したが、進捗に支障を来し、思うような成果を上げられなかった。

「大野、おまいしかおらん。すまんばってんが、三～四年、修業してきてもらえんか」

平成十六年、大野は妻子（五歳の娘と一歳の息子）を伴ってミャンマー中部の州都タウンジーに赴任した。

ミャンマーは一九八八年の軍事政権成立後も、少数民族間の武力紛争等でいまだ内戦状態にあった。不安を抱えて街に立ったが、銃を持って立つ兵士はおらず、治安は安定していた。

州都といっても名ばかりで、インフラは整備されていなかった。電気は一日に四時間くるかこないか。ガスと水道も通っていない。日本にいるような暮らしは望むべくもなかったが、近所の住人の助けもあってさほど不便を感じることはなかった。

子供たちは可愛がられ、毎日のように食事に招かれた。妻の裕里が食中毒を起こして寝込んだときも、三人の医者を別々に連れてきて、「私たちが面倒をみるから、あなたは仕事をしなさい」と付きっ切りで看病してくれた。そんな親切に甘えながら、大野はプロジェクトのマネジメントに専念した。

九州のネットワークを生かす

「どがんね。うまく進みよるかね。おいも行きたかばってんが、どうも最近、疲れやすうなっていかんばい。まあ、そのうち行くけん、よろしく頼むばい」

大野は、日本にいる武夫と連絡をとりながら、ポオー族地域住民への農業支援を進めた。最初に手掛けたのは、カラモジアから移譲された「ピンダヤ農民研修センター」と「タンボジ青少年育成センター」の運営であった。どちらも循環型農業の普及を目的とした施設で、①土着菌を用いた堆肥づくり、②土着菌由来の発酵堆肥床を用いた養豚と養鶏、③木酢液やニンニク等の忌避作物を用いた防害虫などが先行的に行われていた。

地球市民の会はこれらの内容を充実させるべく、ピンダヤ農民研修センターにおいては、十数名の農民を対象に十日間の宿泊研修を年六回実施。また、タンボジ青少年育成センターでは、試験で選抜した高校生を寮で共同生活させながら二年間の研修教育を行った。

新規事業にも着手した。大野が赴任した二年目からポオー族地域の中心地であるナウンカ地区に「地域開発センター」を建設し、ここを拠点に、茶やみかんなどの商品作物や二次加工品の開発に向けた技術指導を開始した。並行して、「入植型デモファーム」の建設も進めた。やる気のある小作農をこのモデル村に移住させ、循環型農業と植林を実践。これには農民の自立意識を高めるねらいがあった。

いっぽう、インレー湖周辺地域で始めたのが給水事業である。この地域では、インダー族を中心に三十以上の少数民族が高床式家屋で水上生活を送っていた。しかし、浮畑（湖底に生えている藻を集めて積み重ねた畑）栽培に使う化学肥料や農薬、合成洗剤、シャンプーなどの使用によって水質汚染が進み、住民たちは衛生的な水の確保と蔓延する下痢や赤痢などに頭を痛めていた。そこで水源地からタンクへ揚水して二十キロ以上にわたる給水パイプを敷設し、周辺村落に安全な水を供給するとともに、環境・保健衛生に関わる研修・指導を行った。

ほかにも、カックー小規模水力発電所の建設、植林による森林の復元、保育園や学校の建設と改築、高校生を対象とした奨学金の給付など、地域住民の生活向上に向けたさまざまな事業が試みられた。

こうした一連のプロジェクト、とりわけ農業支援を進めるうえで大きな力となったのが、日本から派遣されたプロの支援グループであった。鹿島の自然農法実践者、鹿児島大学の研究者や学生、JA佐賀など、彼らは農業研修の担い手として技術指導に努めるだけでなく、個々の農家の収入アップにも寄与した。たとえばJA佐賀は、ニンニク銀行、養豚銀行、水牛銀行を設立して、各村に循環型の経済システムを誕生させた。そのしくみはこうである。①JA佐賀が募金によって集めた寄金を村に提供→②村はこれを原資に水牛と子豚とニンニクの種を購入し、農家に貸与→③農家は生産物と利息を村に返済→④村は利息等で新たな資材を購入し、別の農家に貸与……。

大野は赴任中、武夫が築いた九州ネットワークの強みを実感した。「国の援助や会のスタッフの力だけではこうはいかない」。ミャンマーでの成果は喜びを伴って国内に還元され、地元九州を活気づけた。これもまさしく「循環型」に違いなかった。

平成十九年、大野は軌道に乗った事業を見届け、帰国の途に就いた。ミャンマープロジェクトはこの後、地球市民の会の海外主力事業として発展し、会の運営を助けることになる。

第十五章　家族

しつけ

昭和の終わり、武夫一家は洋子の実家に近い赤松町に一軒家を借りて住んだ。狭い木造家屋で他に同居人はなく、来客も少なかった。親子五人水入らず。後にも先にもそこで暮らした一年間だけが、子供たちには「家族っぽい生活」に思えた。

平成元年、新居に越していった兄の和夫一家と入れ替わりに、沼江のいる大財町の家に引っ越した。家は広くなり、子供たちには二階に一室ずつがあてがわれた。一階に沼江と「新古賀」の女性従業員が住み、お手伝いの女性が日参し、日本舞踊や花札・カラオケ目当てに集まる沼江の来客があり、再び人の出入りの激しい家になった。

武夫一家を迎えた沼江は、おばあちゃんと言われるのを嫌って、三人の孫には「大きいママ」と呼ばせた。そして武夫と洋子には、「(自分たちを)お父さま、お母さまと呼ばせんば」と注文を付けた。さま付けで呼ばせていれば、親を大切に思うようになる。沼江は言霊の意味を説きながら、洋子に孫たちのしつけを求めた。「友だち親子」が話題になり始めた時代、沼江の言うことは時代錯誤的でしっくりこなかったが、洋子は義母の言いつけを守って子供に対した。当の子供たちは「なんでうちだけ」と口を尖らせた。それであるとき、「うちはお父さん、お母さんと呼ばせることにしました」と宣言すると、沼江はとくに反対しなかった。ただ子供たちの言葉遣いが乱れると、「敬語を使わせんば」とたしなめてきた。

「しょうがなかですよ、お母さま。世の流れ、世の流れ」

ふだんは珸江の肩を持つ武夫も、こと言葉遣いに関しては洋子の援護射撃に回った。

家族のコミュニケーション

存在感の強かった珸江の存命中、武夫は盆・正月の年中行事や記念日の写真撮影など、古賀家の儀式を厳格に守ろうとした。そうすることで子供たちとの絆を確かめているふうでもあった。洋子は、そんな形式的な儀式より、ふだんの食事をもっと大事にして欲しかった。家族そろって食卓を囲むことはほとんどなく、そのことがコミュニケーション不足の一因になっていると感じていた。サラリーマン家庭に育った洋子は、父と一緒に夕食をとるのを当然と思っていた。父が着席してから食べ始めるのがルールで、八時まで待って帰ってこないときだけ先に食べた。それが当たり前。当たり前すぎて気にも留めていなかったから、「一緒に食べたことはあまりなか」と聞かされたときはびっくりした。

「おいはできんけん、あんたは子供たちと一緒に食べてくれんね」

洋子は、約束事の一つとして武夫からそう頼まれた。

家族旅行も片手で数えるほどしかなかっ

武夫の友人の飲み屋（ビーバラ・ビータ）の開店祝いにて　昭和六十一年　春

た。初めての家族旅行は、子供たちが全員小学生のときだった。武夫は「韓国に行くぞ」と三人をワクワクさせた。「かちがらす計画」で親交のあった釜山韓日文化交流協会の朴明欽事務局長に案内してもらう計画だった。

出発の前日、子供たちはリュックに着替えやおやつをいっぱい詰め込んで早めに床に就いた。ところが、みなが寝静まったころ、ビザを取っていないことに気づいた。韓国には何度も渡り、旅慣れていたはずが、「観光で行く分にはいらんと思った」と頭を抱えた。すぐに飛行機をキャンセルし、青年会議所を通じて知り合った中村元に電話を入れた。現在、水族館プロデューサーとして全国を飛び回っている中村は、当時、三重県の鳥羽水族館で副館長を務めていた。武夫は「どがんかしてくれ」と中村に頼み込み、水族館と遊園地を巡る二泊三日のコースを急ごしらえしてもらった。

二度目が鹿児島と沖縄、三度目が北海道。そのいずれも地球市民の会の会員や仕事の関係者に会うことを優先し、「家族旅行じゃなかやん」と子供たちからブーブー言われた。とくに沖縄では、平和の礎《いしじ》や資料館に立ち寄っただけで、水着を用意してビーチで遊ぶことを楽しみにしていた愛理をがっかりさせた。

長女・愛理

長女の愛理は、物心つく前から英語と空手を強制的に習わされた。嫌で嫌で仕方なく、やめたいと言ったら、「おまいがやりたいと言ったからやらせたんやろが」と返された。子供なら誰だって興味を持ったら後先のことを考えないで軽はずみに言う。そこを見極めるのが親なのに。まったく理不尽だと思いながら、空手は小学六年で黒帯をとるまで続けた。親子の関係ではなく、先生と生徒の関係。どこにいてもよその子と一緒に扱われているようで親近感がもてなかった。

城東中学校に通っていたころは、正月に「あけましておめでとう」の挨拶を交わした以外、父と会話した記憶がない。講演や海外に出かけて半年以上は家を空けている。朝は自分たちが学校に出かけてから起きてくる。夜は食事を終えて部屋に引き揚げてから帰ってくる。会話がないというより、そもそも顔を合わせる時間がほとんどなかった。たまに家にいるときでも、一日中夜遅くまで仕事をしているので、どうしてそんなに仕事ばかりするのかと訊いたことがある。

「起きて寝るまでが仕事やろもん」

バカだなと思った。休息の時間や余暇の時間が人間をいちばん支えているんじゃないか。とんがって、粋がって、お山の大将みたいな父。無駄にコミュニケーションをとりたがって、本当のコミュニケーションの取り方を知らない父。それが嫌で、母に相談できることも父には言えなかった。お父さんがこう言っているよ、愛理がこう言ってたよ。母を通訳にして意思の疎通を図った。母は、悪く言えば振り回されて、よく言えばうまく付き添っていた。両親の姿を見て、「仮面夫婦だ」と言ったこともある。

中学時代は顔の出来物にも悩んでいた。コンプレックスを感じ、プリクラが流行っても、それを楽しむクラスメイトの輪に加われなかった。父との関係もしっくりせず、暗く沈んで部屋に籠りがちになっていたころ、家庭の事情を抱えた友達を家に招いて半年ほど一緒に暮らした。そのときの時間が楽しく、嫌なことから解放された。

長男・慈猛

子供たちには、形式ばった家の行事や当てにならない家族旅行などより、洋子の実家に集ってバーベキュー大会などを開くほうが、「ふつうの家族っぽくて」楽しかった。愛理にしても、常識人のおばあちゃん（民子）と話をしていると、むしゃくしゃした気分もすっきり晴れた。その祖母から武夫はしょっちゅう叱られていた。みんなで和気藹々としているところへ、武夫は遅れて参加してくることが多かった。遅刻してくるときはたいてい別の飲み会から抜け出してきていた。酔った武夫が加わると、それまでのムードが「ぐちゃぐちゃに壊れた」。祖母が嫌な顔をするのを子供たちも同じ思いで見つめていた。

長男の慈猛には、酒を飲んで調子づく父の気持ちがよく理解できなかった。家でも客を呼んでは夜遅くまで酒盛りをする。寝床に入って、階下からわーっと歓声が上がってくると、少しはこっちの迷惑も考えろ、本当に勝手なことばかりする親だなと煮えくり返っていた。

慈猛もまた、姉に続いて四歳から空手を習わされた。父の指導は暴力的で楽しいと感じたことは一度もない。稽古のある日は絶望感にさいなまれ、朝起きると母に「世界でいちばん嫌な日が来た」と嘆息を漏らした。英語は、空手より少し遅れて始めた。父の授業は発音が中心で、受験で必要な文法や長文読解は一切やらなかった。海外での体験談を聞かされ、「英語を使って何をするか」を繰り返し吹き込まれた。

「古賀道場の息子さんね。すごかねー、英語でくっとやろ」

佐賀では有名な父の存在がいつでも肩に重くのしかかった。道場で勉強していて成績が悪いと言われたくなくて、「めちゃがんばった」。おかげで佐賀県英語弁論大会で二位になった。怖いだけの空手に比べれば、英語はまだ楽しかった。

高校には四年間通った。私立の龍谷高校に入学したが、肌に合わず半年で自主退学した。学習塾に通いながら浪人生活を送り、両親と同じ佐賀西高校に進学した。最初に入学した高校をやめるとき、両親はあっさりOKを出してくれた。肩透かしを食ったようで、本当にこれでいいのかと物足りなさを感じた。

大学は東京芸術大学を受けて三回失敗し、結果的に多摩美術大学のグラフィックデザイン学科に進んだ。イラストやアニメーションを学び、芝居の勉強もした。働くことは念頭になく、親の仕送りで好き放題に過ごした。そのせいで就活の時期を迎えたとき、ああ、どうやって食べていこうかと頭が錯乱した。就職については、父は、好きなことをやれ、やるなら一流のところでやれと言うのみだった。他の家庭ならしているかもしれない具体的な会話は父だけでなく母ともまったくしなかった。最初から相談しても無理と諦めていた。

幼いころから父のルールに従っていさえすれば、「とりあえず安心」と自主性のない生き方をしてきた。坊主頭にしろ、黒帯をとるまでやめるな、ご飯のときはテレビを見るな。天皇陛下（額入り写真）には毎日挨拶しろ、お経も読め。ご先祖様がどうの、八百万の神がこうの。父は自分の思想や信念に基づいていろんなことを一方的に強要してきた。何を言っているのか。そんな大きな思想より、そんなわけのわからない話より、もっと身近な、家族としての現実的な部分を共有して欲しかった。それをやってくれなかったから、ずっと距離が遠いままだった。激しく反発することはなかったが、互いに一歩引き、コミュニケーションが極めて浅いところでよそよそしく会話していた。そのいっぽうで、父をファン目線で見るようなところもあった。父親としてではなく、「古賀武夫」として見れば、面白い人間であって、嫌いではなかった。講演会場で父の話が大受けすると、照れくさくもあり、誇らしくもあった。

次男・友大

次男の友大にとって、父は「先生」であり、「ちょっと怖い人」だった。姉や兄と同じように幼児期から空手を習わされた。小学一年の寒い冬、コンクリート床の冷たさに耐えきれず、泣いておしっこをもらした。「なんば泣きよっか、みっともなかぞ」。他の道場生の前で一喝され、恥をかかされた。それが悔しくて、やりたかったバスケットを我慢し、厳しい指導に食らいついていった。小学四年で初段を取得。道場では二番目の最年少記録をつくった。

三人の中では父との接触度がいちばん高かった。中学二年のとき、父に連れられてミャンマーに行った。発展途上国なのになぜこんなに木が少ないんだろう。気候変動の問題、先進国による伐採の問題。内戦で指を失った通訳ガイドから国の実情を聞き、父が日頃話していたことを身をもって実感した。海外ではご飯もろくに食べられない。蛇口をひねってジャーッと水が出てくるのは世界で何か国。「おまいたちは恵まれすぎばい」。ふつうってすごいことなんだなと思うようになった。

高校は佐賀東高校に進んだ。このころから少しずつ酒を飲み始めた。父は「外では飲むなよ」と、家で飲む分には寛容だった。大阪芸術大学（工芸科染織コース）に入って大っぴらに飲めるようになると、父のほうから誘ってくるようになった。出張で大阪に出て来ると、「ここにおるけん、お前も来んね」。父は日本酒を飲み、自分は焼酎を飲んだ。酒を介して父との距離がぐっと近くなった。

ケチで買い物下手

友大が、「うちは一切余裕のない家だな」と気づいたのは父が死んでからだった。少なくとも自分たちは、お金の面で苦労を実感したことはない。

三人の子供を養う家計は、火の車とはいかぬまでも、どの年も決して楽ではなかった。地球市民の会の事業収益が職員の給与に回ることはあっても、家には一銭も入ってこない。英語と空手の道場から上がる、サラリーマンの平均給与にも満たない収入のみが一家の生計を支えた。保険にも入らず、遺産も残さなかった。

武夫は財布の紐を洋子に預け、小遣いも毎月五万円ずつを洋子から受け取っていた。財布の中の千円札が残り二枚になると、「洋子さん、二千円になりました。お金くんしゃい」と、律儀に子供のように求めてきた。酒をおごってパーッと散財することでもなければ、途中で補充を要求してくることはなかった。

私生活での武夫は「ケチで買い物下手」というのが定評だった。スーパーの半額品に目の色を変え、十円、二十円の違いにこだわった。通販で千円のダウンジャケットを手に入れると、「これよかろー、見えんやろ」と誇らしげに着て見せた。玉屋デパートのチラシを朝から入念にチェックし、いそいそと出かけて買ってくるものと言えば、便利グッズなど誰も褒めない他愛のない小品が多かった。億単位のお金に無頓着でも、家では徹底した節約家だった。

洋子は、実家に帰っていたとき、妹の春美が母の民子にこんな話をするのを聞いた。

「武夫さんはいっぱい悪かところもあっけど、ほんとお金にはきれいかよ」

春美が事務所の経理をあずかっていたころ、武夫は出張先から帰ってくると、講演料などが入った封筒をポンと渡してきた。それには食費など自分で立て替えた分も含まれていた。「これは古賀先生がとってよかですよ」。「ああ、そがんね」。そんなやりとりは日常茶飯のことで、事業の経理に関わることは、「意外と抜けてる」ところがあった。

洋子も春美と同じように、武夫の清廉潔白さだけは認めていた。映画の資金集めに奔走していたとき、二百万円貸して、三百万円貸してと、知人にファックスを送っていた。そんな大金を誰が貸してくれるかと見ていたが、ちゃんと貸してくれる人がいた。「お金にきれいな人だったから信頼されたんだと思う……」。

いつだったか、武夫が佐賀・東京間の格安航空チケットを手に入れて三万円を浮かせたことがあった。大喜びし、東京にいる教え子たちにこれで酒を飲ませると張り切っていた。佐賀から飛行機に乗るときは、たいてい洋子が運転して空港まで送った。出発前はいつも慌ただしいが、その日も案の定、間に合うかどうかギリギリになって家を出た。少し車を走らせたところで、武夫からストップがかかった。

「洋子さん、英語道場でちょっとコピーしていくけん」

「えっ今から？　飛行機、間に合わんとやなかと」

「大丈夫、大丈夫」

コピーを取り終えて助手席に乗り込んでからも、焦る洋子に「大丈夫」を繰り返した。空港のビルが見えてくると、武夫はチケットを取り出して素っ頓狂な声を上げた。「ありゃあ、一〇分ちごうとったばい」。出発時刻を見誤り、空港に着いたときにはすでに五分前になっていた。「おいがカウンターに走っけんが、あんた荷物ばもってきて―」。全力疾走で向かったが完全にアウト。「はがいかー」と地団太踏みながら、「しょうがなかけんが、福岡に行く」とすぐに踵を返した。洋子にすまないと思ったのか、「おいが運転すっけん」とハンドルを握った。

車中で武夫は、格安チケットの片道分がパーになったとしきりに嘆いた。よっぽど悔しかったのか、アクセルを踏み込む足に力を入れすぎた。検問にひっかかり、「十三キロオーバー、一万三千円」。浮いた三万円の中から支払うと福岡・東京間のノーマル料金に不足が生じた。「洋子さん、一万円貸して」。洋子はほとほと疲れて自宅に戻ってきた。

子供たちへの思い

武夫と洋子は、互いを「あんた」「洋子さん」、「お父さん」「武夫さん」と呼び合い、子供の前で喧嘩することはなかった。子供たちも両親が激しく言い合う場面を見たことがない。それでも夫婦の間には、一度だけ離婚の危機があった。映画の製作に首を突っ込み、家を抵当に入れて一億円以上の借金を抱えたとき、洋子は、父の正也に「帰って来い」と諭された。武夫の事務所で五年ほど経理を手伝い、英語道場の法人化手続きもしてくれたが、「一億円も借金をこさえて返せるわけがなか」と、めったに見せない厳しい表情を作った。洋子は父の言い分もわからないではなかった。正直、子供を連れて実家に帰ろうと心がぐらついたこともあった。だが、踏み止まったのは、愛情表現がうまくできなくても、武夫が子供たちのことを大好きなのがわかっていたからである。「この人から子供を引き離したらかわいそう」。その思いだけは揺るがなかった。

長女の愛理が十五歳の春を迎えた平成十年、武夫は会報誌にこんな文章を載せた。

「私は、父親としてはまったくの落第生だと思っています。自分勝手なところが多々あって、子供たちにとっても、私が大事だと思い、伝えようとしてきたことが裏目に出たこともあったように思います。自分がやらなければならないと思っている仕事をやっているうちに、あっという間に三人とも大きくなって……。この間、私にはほんの一瞬のように思えたのに、愛理にも、慈猛にも、友大にも、何もしてやれず、全部お母さんに任せっぱなし。とても申し訳なく思っています。でも、親子関係は、学校と違って、親が落第し、反省したからといって、また一からやり直すことは難しいようです。親はその気でも、子供はもう大きくなってしまっているからです。だから私は、もし家族全員が今までのような形で暮らせるのがあと三年（愛理が高校を卒業するまで）であるのならば、一日一日を大切にし、できるだけ楽しくいい家庭、いい家族として暮らしていきたいと思うのです」。

この年、佐賀女子高等学校に入学した愛理は三年後に家を出て、フリーターをしながら友達と福岡で暮らした。父へのわだかまりはそのころから徐々に薄れていった。福岡から戻ってきた平成十六年、「夢の学校をつくる会」（後述）の事務を任され、「事務なんてしたこともなかったのに、案外、私できるんだ」と自信がついた。けれども二年目、人間関係でひどく傷つき、だれにも相談できず、つらくなって父に打ち明けた。「お前がいちばん大事に決まっとろうもん。やめてよかよ」。それから福岡の美容学校に通い、通いながら佐久間の化粧品店でアルバイトをさせてもらった。そこで資生堂やカネボウの講習を受け、自分のコンプレックスだった肌の勉強をした。美容学校ではメイクの技術を身につけ、イギリス政府認定の国家ライセンスを取った。

照江の英語日記

子供たちへの思いを綴ったのと同じ年、武夫は母の照江についても会報誌で語った。愛理、慈猛、友大が自分と洋子の子供であるように、自分もまた母・照江の子供であることに変わりなかった。親の心とはどういうものか、子の側に立って胸中深く見つめ直した。

珸江は日本舞踊の名取で、実質的な「お師匠さん」であったが、同時に武夫にとっては、最も身近にいる人生の師であり続けた。稽古事であれ、賭け事やカラオケであれ、何事にも熱心に取り組み、ひとたび取り組めば人に抜きん出た。珸江の一声で周囲は動き、動けば楽しみを与えられた。どこからあれだけのエネルギーが出てくるのか。武夫が驚くほど、歳を重ねてからもバイタリティーは衰えなかった。まさに女傑と呼ぶにふさわしかった。

七十二歳のとき、道場最高齢の生徒として英語を習いたいと言い出した。「五人以上集めんと授業はやらん」というと、歯科医の妹や地球市民の会の理事らを強引に巻き込んで特別クラスを作らせた。ＮＨＫのラジオ講座で中学一年レベルの基礎を学び、英語劇祭の練習にも熱心に取り組んだ。珸江がいれば教室は寄席の会場のように抱腹絶倒の場と化した。授業が終われば、飲め、風呂に入れ、泊まっていけと、お節介な母親に転じて「大きい生徒たち」の世話を焼いた。

その母が、平成十年の年頭に英語の日記をつけるという目標を掲げた。月末になってから、一冊の大学ノートをもって武夫の前に現れた。「ENGLISH DIARY TAMAE KOGA」。表紙には丁寧な鉛筆の筆記体でタイトルがつけられていた。

「書いてみたばってん。いっちょん書き方のわからんで、恥ずかしかばってん、こいでよかろうかにゃ。書いたとは、どがんすっぎよかかい。出して見てもらわんばとかい」

武夫は受け取ってぱらぱらとページを繰った。苦労のあとが滲み出た緻密な文章が綴ってあった。母が立ち去ってから、ペンを手に取って添削を始めた。

「よう調べて書いてあっばい。立派なもん、なかなかでくっことじゃなかばい」

感心しながらチェックを入れていった。一月二十五日のページを読んだところで手が止まった。この日は、午前中に母と妻子六人でエイジ写真館に行っていた。二日前に愛理の高校の推薦入学が決まり、友大も小学校の卒業間近。家族の絆を新たにするいい機会だと考え、十数年ぶりに家族写真を撮りに行っていた。六人のポーズと笑顔がなかなか決まらず、カメラマンも手こずり、時間がかかった。その間母はずっと口を閉ざしたままだった。撮影後、家族で昼食会を開いたときも、母は写真のことにほとんど触れなかった。一月二十五日、日曜日。母は日記にこう綴っていた。

My grandchild Airi　passed the examination to high school. Yasutake, Yudai　Takeo and I celebrated it and we went to take a family photo to Eiji Photo Studio. I remembered Takeo's first boy's festival. That day was so much like this. Children's　growth time passed so-fast. I　was full of emotion.

「家族みんなでエイジ写真館に家族写真を撮りに行きました。感激しました。武夫が生まれて初めての端午の節句を思い出しました。感動で胸が一杯になりました」

初めての端午の節句を武夫は覚えていなかった。五人の子供を抱えて再婚し、六番目の子として産み落とした息子の祝い日。母はこの日、どんな思いで赤子を見つめていたのか。

武夫はこの日記を読んだとき、高校時代の恩師・堤浩康先生の書いた文章の一節を記憶の底から呼び起こした。「石鹸は体のために、涙は心のために」。先生は自分のことを泣き虫だと書いた。武夫は、おいのほうがもっと泣き虫ばいと涙をぬぐった。いくつになっても、親は子を思っている。その思いが子にはわからない。やっとわかったときには、ただ、手を合わせて懺悔、感謝するだけである……。

がん発覚

平成十一年六月、武夫の肝臓にがんが見つかった。動揺は隠せなかった。だが、まったく予期せぬことではなかった。昭和六十年に口内炎が出て食事もままならなくなり、県病院で精密検査を受けて「慢性肝炎」

穏やかな日々

と診断された。当時は夜の遅い時間にたくさん食事をとり、そのせいで体重は八十キロを優に超えていた。脂肪肝もあって体重を落とすよう言われ、三か月の入院期間中に二十五キロ落とした。このとき医師から非A非B型ウイルスに感染していると告げられた。のちにC型肝炎ウイルスと判明したが、肝臓にできた腫瘍もこのウイルスが原因だった。

武夫は当初、「(手術は)気が乗らん」と逃げ回っていた。代替療法や霊能者の祈祷などによる手立てを探り、近親者の言うことにあまり耳を貸さなかった。しかし、佐賀医科大学附属病院(当時)の宮崎耕司に、手術がいちばんいい方法だと説得されると、「そがんね」と、ようやく大人しくなった。

宮崎は附属中学の同級生だった。九州大学医学部に進んだ優等生だったが、中学時代は自転車に乗って有明海などに遊びに行く仲だった。平成十一年十月四日、武夫は宮崎の執刀を受け、二センチ大の腫瘍とその周囲(肝臓全体の八分の一)を切除した。

手術した日の夕刻、武夫は全身麻酔が完全に抜け切らない身体を集中治療室のベッドに横たえていた。翌朝にかけて、不思議な体験をした。頭は朦朧としながらも、コンピュータのようなスピードと強度でいろいろなことを考え出した。突然、「神を信じるか」との問いかけが身の内から突き上げ、思わず「信じる!」と爆発するような大声を発した。夜半、そばで付き添っていた洋子と三人の子供たちが帰ってからも、頭は考えることをやめなかった。さまざまな自問自答を繰り返させ、最後の最後に「いちばん大事なものは何なんだ」と問うてきた。「家族」という二文字が浮かんだ。しばらくして幽体離脱が始まり、オレンジ色のまばゆい光の宇宙を彷徨《さまよ》った。幻覚症状を伴う意識障害に陥ったのか、いわゆる臨死体験と呼ばれる神秘的な現象に夜通し晒された。

手術からおよそ二週間後の十月十九日、武夫は無事に退院した。体重は八キロほど減り、高校卒業以来最軽量となる五十七キロにまで落ちた。倦怠感と脱力感で身体の自由が利かず、三十センチ以上切った傷口も痛んで、横になる日が続いた。

生き方を根本的に変え、心身のバランスを取り戻さなければならない。この状態は決して嫌うべきものでなく、自分が変わり、成長するために天からいただいた修業のチャンスなのかもしれない。武夫はこのたびのがんを「天啓」と捉えた。反省すべきことの数々が頭の上にのぼってきた。本当に楽しいと思うことをやること、ストレスのたまることをしないこと、自分の生き方を他人に押し付けないこと、家族や親族・友人をはじめ無数の人々に支えられ、生かされていることに感謝すること。それを肝に銘じ、「自己変革」と「家庭の再建」を図ろうと心に誓った。

退院から一週間後に抜糸を済ませると、体力も日を追うごとに回復していった。空手道場に顔を出し、少しずつ身体を動かすようにした。家で持て余していた時間は、NHKのラジオ講座に充てた。英語六講座に加え、スペイン語、フランス語、イタリア語、ロシア語、ドイツ語、中国語、韓国語の七か国語を、この際だからと毎日聴いた。

武夫の生活は、手術の前後で大きく変わった。公式の席に出ることをすべて辞退したため、佐賀市内から出ることもなく、手術前に年間約百泊を数えた出張はほぼゼロになった。外出は道場と自宅間の往復のみ。一日の約半分は、肝臓に負担をかけぬよう横になって休み、毎食後と運動（空手）後には、三十分間横になってマッサージ器を当てた。そうすると身体がポカポカ温まり、心地よいまどろみのなかに沈むことができた。英語と空手を教えられるだけの体力と体調を維持することを目標に、医師に指示されたことを忠実に守った。そうして以前の武夫らしい生活を取り戻していった。

がんの手術以後、子供たちの目には、父からギスギスしたところが消え、人間がまるくなったように見えた。友大は父を病室に見舞ったとき、手を握られて泣かれてしまった。自分から握ったのか、求められて握ってあげたのか、記憶はあやふやだが、そんな経験はそれまでなかった。

夜遅くまで家で仕事をすることも、酒でどんちゃん騒ぎすることもなくなった。穏やかな時間には、英語やフランス語の本を読み、太平洋戦争や幕末の歴史ビデオを鑑賞し、映画の製作に関わったころから凝り始めた戦闘機のプラモデル作りに没頭していた。無心に何かしている姿を見ていると、「先生」から「父」に寄ってきた感じがした。

洋子のがん

平成十二年十二月、武夫にとってショックな出来事が二つ相次いだ。最初に訪れたのは、長年武夫を支えてきた佐賀新聞社論説委員の原徹雄の死だった。十二月十六日、英語道場開設二十周年式典の打ち上げ後、夜中の二時まで一緒に飲んでいたが、その三日後に急逝した。原は武夫を支え続けた盟友中の盟友。その死は言語に尽くせぬ悲しみを武夫にもたらした。

盟友の死の悲しみを倍加させた二つ目のショックは、洋子のがん発症だった。腫瘍の大きさ五センチの子宮頸がん。社会保険病院からの紹介状をもって受診した佐賀医科大学付属病院で医師からそう告げられた。

十二月二十一日、洋子が入院したその日の夜から、武夫は睡眠薬を飲んでも眠れなくなった。仕事はまったく手につかず、洋子のことを思って涙にくれた。

こんな悲しいことはない。洋子にもし何かあればもう生きていても仕方がない。洋子の命を助けてくれるのであれば、自分の命を代わりに奪われてもいい。わが妻をこんなにいとおしいと思ったことはない。こんなに愛を感じたことはない。こんなにさみしい思いはない。洋子がすべてである。涙がこぼれて仕方がない……。

十二月二十七日に一回目、その三週間後に二回目。洋子は二クールの抗がん剤治療で腫瘍を小さくし、その一か月後に手術を受けた。術後の痛みは苦にならなかったが、抗がん剤の副作用には苦しめられた。髪の毛はすべて抜け、車酔いのような吐き気に二十四時間悩まされた。主治医に「意識不明にしてください」と頼み込んだのも、決して冗談で言ったのではなかった。それでも予後はよく、入院から約四か月後の三月二十一日に家族のもとに戻ってくることができた。武夫ががんで病院の世話になったときは、「私もたまには入院して、心置きなく眠れたらなあ」と思っていたが、副作用の苦しみを体験したあとは、「とんでもない」と罰当たりな考えを引っ込めた。

再生する家族

平成十三年二月、洋子の入院期間を挟んで、福岡の西日本クロステレビから三か月にわたる取材を受けた。「家族の絆をテーマにしたドキュメンタリー番組を作りたい」。担当の有隅俊治ディレクターからそんな趣旨説明が事前にあった。テレビの取材を受けたのはこれが初めてではなかった。平成七年にもサガテレビ（STS）が制作した「面白語学バラエティ」に家族全員で出演した。このときは玿江が主役だった。

病後の武夫は以前より優しくなったとはいえ、子供たちとは特段に仲がよくなったわけでもなく、かといって悪いままでもなく、どこかにぎこちなさを残しながらも「ふつうの父子関係」を保っていた。

撮影が始まると、カメラマンを含む三名のクルーが特定の日にやってきて、父子のそれぞれの一日を少しずつ切り取っていった。収録したうちの半分以上はカットされたが、出来上がった内容は、アンチヒーローに祭り上げられた友大が、父との葛藤を乗り越え、家族の絆を再生していくというストーリーに仕立てられていた。

「ふだん通りに、あくまで自然体で」と言いながら、撮影中にはいろいろな注文をつけられた。慈猛は「やらせはよくないんじゃないか」と父に抗議したが、武夫は「そがんかあ」と取り合わなかった。愛理は卒業式の日にカメラに入られた。そのことが不満でプリッとしたら、父との確執がまだ続いているように描かれた。

五月十二日の土曜日夕刻、番組は、九州、沖縄、山口の計九県で放映された。放映の直後から「見たよ、感動したよ」の電話が鳴り続いた。しかし、当の武夫はそのときまだ見ていなかった。そもそも「電撃黒潮隊――再生する家族」というタイトル自体、当日、新聞のテレビ欄を見て初めて知った。洋子の看病やら何やらで、テレビのことなどすっかり忘れていた。

出来上がった番組を愛理は一度も見なかった。「再生なんて、壊れているのを前提にした番組なんか最初から見る気がしなかった」。慈猛は一度見たが、そのあとは見ていない。父の三回忌にビデオで流したときも、トイレに行くふりをして見るのを避けた。友大は面白くて何度も見た。再放送を見た高校時代の友人から「お前テレビに出ているよ」と電話があったときも、照れ隠しも言い訳もせず素直に喜んだ。

「これは古賀氏への応援歌です」。有隅ディレクターは礼状にそう書いて武夫に送ってきた。武夫はこれに「家族が真剣に生きてきた一コマ一コマの真実を語り、予想と期待をはるかに超えていい番組に仕上がった」と返礼した。「再生する家族」は、子供たちにはやや不満の残る内容となったが、武夫には上出来の内容だった。「反面教師としてご活用いただきたい」。のちに頒布用のビデオを制作し、関係者に配った。

地球平和道場の落成

妻のがん発覚から退院するまでの約四か月間は「苦しくつらい冬の時代だった」。洋子の入院ですっかり弱気になり、やる気を失い、ガタガタになった。周囲から父親失格と説教され、経営者失格の叱責も受けた。そうしたなか、懸案だった一つの事業が春の到来を告げるかのように大きく芽を膨らませた。新道場の開設である。

武夫からこの構想を聞かされたとき、誰もが耳を疑った。佐久間もその一人だった。「そがんもんばつくってまた借金すっとね。誰がどがいすっとか！」。商売をしているから借金のきつさがわかる。「やめとけ、悪いことはいわんけ」。周囲の本音の代弁でもあった。しかし、武夫は「おいは間違ったことはしとらん。絶対、天が何とかしてくるっけん」と突っぱねた。その言葉どおり、構想は具体化し、人を動かした。長兄の眞佐夫が設計を担当し、森永勝馬の勤める会社が工事を請け負った。槌音が高鳴るのに合わせ、周囲の鼓動も高鳴っていった。

道場創立二十一周年に当たる平成十三年七月十七日、新道場は竣工の日を迎えた。道場名をどうするかで一悶着あったが、世界へ向けた平和の発信基地にしたいという武夫の強い希望から、「地球平和道場」と命名された。

建坪約三三〇平米の木造二階建て。一階にバスケットコートほぼ一面分に相当する百畳の武道場を配置し、二階には多目的な使用が可能な四十畳のラウンジをつくった。

入口には三つの看板を掲げた。向かって右側に、幣立神宮の春木伸也宮司が墨書した「地球平和道場」の看板。左側に、浄土宗潮音寺の副島雅雪和尚が筆をとった「和道流空手道柔術拳法古賀道場」の看板。そして上方には、特別養護老人ホーム・ロザリオの園のアレグリーニ・アレグリーノ神父に新約聖書（ルカによる福音書第二章十四節）から選んでもらったラテン語の金文字「IN TERRA PAX HOMINIBUS（地上のすべての人々に平和を）」をはめ込んだ。

武夫は新道場の門出に際し、「語学と空手で世界に雄飛」をモットーに掲げ、単に教育の場としてでなく、国際理解や地域づくりの新たな交流拠点とすることを宣誓した。

秋口から本格的な使用が始まると、一階からはあぶさん道場から移ってきた道場っ子の気合の声が上がるようになった。二階では高校生以上の英語教室が開講し、ディスカッションや講習会・ミニコンサートなどが順次開かれていった。ラウンジには和書のほかに英・仏語の本を設置していつでも異国の文化に触れられるようにし、また、酒の飲めるカウンターを設けて大人たちの吸引力を高めた。地球平和道場は、国際間の壁、地域間の壁、職業間の壁、老若男女の壁を取り払い、交流拠点の名にふさわしい機能性を高めていった。

この年、福岡市大濠体育館で開催された第十三回和道流空手道福岡大会（男女十九部門、九団体三百六名が参加）で、古賀道場は、十七部門に八十九名が出場し、十部門で優勝、入賞者三十七名という大会史上最高の成績を収めた。道場生の数は一五〇名に達した。

第十六章　零戦

零戦の残骸を引き取る

平成十六年四月、下関に住む映画関係者から地球市民の会の事務局に電話がかかってきた。映画『人間の翼』で使った零戦の模型を保管しているが、邪魔になるので処分したい……。

電話を受けた春美は、先方の用件をそのまま武夫に伝えた。

「わざわざ電話してきたっちゅうことは、おいに引き取りに来いということやけん」

武夫は、子供に英語と空手を教えている運送会社「古賀組」の社長・古賀安浩と連絡を取り、下関まで十トントラックを飛ばした。そして下関からとって返すと、板金塗装業者「馬場ボデー」の社長・馬場憲治に電話を入れた。

「おう、どがんしよんね。零戦ば作りたかけんが、あんたしかおらんけん」

何の話か、馬場にはちんぷんかんぷんだった。今から行くというので、工場の事務所で待機していると、ほどなく武夫が現れた。

「前に映画ば作ったろうが。そんときの零戦の残骸が残っとる」

「どこにあんね」

「そこまでもってきとるばってんが、ボロボロで運ばれん」

見るだけ見ようとトラックターミナルに行ってみると、ブルーシートに覆われた物体が横たわっていた。

「下関からで運んできたと。元の状態に戻したばってんが、どがんしようかね」

「戻すったって、どがんもこがんも……」

九年間放置されていたという模型は、外板のベニア板が剥がれ落ち、金属の骨組みが剥き出しになっていた。馬場は、「瀕死の張りぼて」を呆れたように眺めていたが、やがて「しょうがなか」と観念して工場まで運ばせた。事務所に戻り、改めて武夫から話を聞いた。

零戦の機種について22型がどうの52型がどうのと説明されても、馬場にはその違いがよくわからなかった。零戦といえば、幼いときにプラモデルを作った記憶しかない。ただ、武夫の話に耳を傾けているうちに、元海軍の整備兵だった父のことが思い出された。

馬場の父・初夫は、サイパン、グアム、テニアン、ペリリューなど、七つの島を回って戦闘機などの修理に当たっていた。ペリリュー島の整備場で作業をしていたとき、艦砲射撃を受け、血だらけで動けなくなっているところを上陸してきた米兵に捕えられた。玉砕する者もいた。山に逃げ込む者もいた。捕虜になるのが早かった父は、幸運にも生きて日本に帰ってこられた。その父が生前、馬場によくこんな話をしていた。

「戦争で死んだもんに比べたら、わしらはどがんがんばってもがんばり足らん。傷を負って日陰に寝かされ、飲まず食わず、ただ痛い痛いと呻いて一週間くらいで息絶えた。彼らに、死んで損したと言わせんような世の中にせんばいかん」

父の十三回忌の年に零戦復元の話を持ち掛けられたのも妙な話。最初は厄介な仕事が舞い込んだと思ったが、話を聞き終わるころには気持ちが前に傾いていた。

「よっしゃ、作らせてくんしゃい。あんたのいうとおり、こいは平和のシンボルたい。おいのほうから頼むばい」

話が決まると、武夫が「お金はどれくらいかかっか」と訊いてきた。

「やってみらんばわからん」

「概算でも言ってもらったほうが、おいも集めやすか。早いほうがよかよ」

せっつかれても馬場には答えようがない。言いよどんでいると、「どれくらいかかっか」と今度は日程について訊いてきた。

「二年はかかっと」

「わー、今からね」

「作るもんからすれば、二年て、すぐで」

ミニエッフェル塔を作ったときは六年以上の時間をかけた。そこから割り出して二年と見当をつけたが、これとてやってみなければわからないことだった。復元費用についても、いくら積まれても赤字になるだろうと腹をくくった。それよりもいかに忠実に再現するか、そのことだけで頭がいっぱいになった。

馬場にとって零戦の復元は、ミニエッフェル塔の制作以来、二十三年ぶりとなる大仕事だった。若いときから磨き上げてきた板金の技能も、心底から情熱を傾ける対象から久しく遠ざかって感覚が鈍っていた。整備兵の父から受け継いだ血が騒ぎ、腕が鳴った。

ミニエッフェル塔

馬場は昭和二十三年、佐賀県神埼郡三田川町（現吉野ケ里町）に生まれた。学年でいえば武夫より一級上に当たる。佐賀実業高校（現佐賀学園高校）を卒業後、就職した福岡の車体メーカーで鉄板打ちなどの技術を磨き、五年後に郷里に帰って「馬場ボデー」を興した。板金・塗装・塗料の一級技能士や二級自動車整備士免許など二十六の国家資格をもち、昭和五十九年には四十五度の登坂能力をもつ「階段昇降車椅子」で国際特許を取った。そうした職能以外に、山伏としての顔も持ち、ＮＨＫのドラマに出演して法螺貝を吹いたすることもあった。ホラも吹けば、トランペットも吹く。異才にして変人。郷土愛の強い点も含めて武夫と共通するところが多々あった。

馬場と武夫の最初の接点は、高校時代までさかのぼる。馬場は平成十四年に中国の大連で開催されたアジアマスターズ陸上競技大会に棒高跳びで出場し、男子五〇～五十四歳の部で金メダルをとったが、陸上は高校のときから始めていた。佐賀大学に進んだ二年上の先輩に可愛がられ、同大学のグラウンドに出かけて練習に励んだ。グラウンドは佐賀西高校に近かったため、武夫もそこに来て走り込みをしていた。会話することはなかったが、馬場は武夫の顔をよく見知っていた。

二度目の接点は、昭和五十五年、武夫が佐賀日仏文化会館を開設した年だった。馬場は講演を聴きに行き、そこで初めて言葉を交わした。「陸上部の馬場いうが、知っとっか」。武夫はきょとんとした。しかし、「エッフェル塔を作ろう思っとる」と話すと、ピンと来ないようだったが、少し興味を示した。武夫がフランスに留学していた時期、馬場もヨーロッパに「ちょろっと勉強」に出かけていた。そのときパリで目にしたエッフェル塔に魅了され、自分の手でミニチュアを作る計画を立てた。実際、二年後には三田川町の工場敷地内に高さ約十七メートルの塔を建設し、世間をあっと言わせた。出来上がったとき、武夫にも報告に行ったが、「ああ、そういえば、そないな話ばしとったね」と、反応はあっさりしたものだった。その後、馬場が十年ぶりに武夫と再会したのは、佐賀日中学院が主催するスピーチコンテストの会場においてであった。

両者とも韓国語のスピーチでエントリーした。武夫は「優勝はおいばい」と余裕綽々《よゆうしゃくしゃく》で臨んだ。かたや馬場は、「間違わんごとしゃべろう」と直前まで原稿を諳んじていた。結果は馬場が武夫の鼻をへし折って優勝。武夫は事務所に戻ってくると、スタッフや道場の子供たちに馬場のことを話した。

「意欲が素晴らしか。人間、伝えたいことがあれば必死でがんばるもんばい。見習わんば」

馬場はそのころから二代目のミニエッフェル塔の制作に取りかかった。初代の塔は吉野ヶ里歴史公園の整備に伴い、工場を現在の神崎町尾崎に移転する際に解体していた。二代目の塔は六年の歳月と約千七百万円の費用をかけて平成十一年に完成させた。高さ約二十二メートル（実物の二十分の一）。電飾も施し、忠実に再現した。

初代の塔のときとは打って変わって、武夫は大きく反応した。落成式のテープカットにフランス領事を連れてきて、おにぎりやちくわの天ぷらを酒肴に盛り上がるだけ盛り上がった。それが終わると、ハイさようなら。零戦の話を持ちかけられるまで、武夫とは約五年間、会うことも電話で話をすることもなかった。

復元機の完成

馬場が父の遺していた設計図を見つけて制作準備を始めたころ、武夫は資金繰りの算段をすべく新たな行動を起こしていた。映画製作から十年、戦後六十周年の節目。『人間の翼』のメッセージを再び世に発信しようと、平成十六年五月に「零戦復元実行委員会」を発足させ、自ら代表に就いた。実行委員七十四名。佐賀県知事（当時）の古川康をはじめ、俳優の藤岡弘や漫画家の松本零士もそこに名を連ねた。

馬場は、通常の仕事を終えてからの時間を零戦の制作に充てた。工場の事務所をねぐらにし、乏しい資料をにらみながら夜中の二時・三時まで作業に没頭した。板金塗装業の職業柄、交通事故があれば、破損した車両をレッカー車で運んできて修理しなければならない。そのために何度も作業が中断された。睡眠時間は減ったが、「ぐっと絞って寝きった」。

そんな生活を送っていた矢先、「零戦の会」を名乗る元兵士が五〜六人連れ立って工場に現れた。町工場の一介の職人に何がわかる、手慰みで作ってもらっては困る、なめるな。即刻中止を要請するような口吻で迫ってきた。口で説明してもわからぬと思った馬場は、彼らの目の前に鉄板を持ち出し、プロペラスピンを寸分の狂いもなく瞬く間に仕上げて見せた。さらにトランペットを取り出してきて、特攻隊員の愛唱した「海ゆかば」を高らかに吹き鳴らした。彼らは感涙し、しまいには激励の言葉を残して立ち去っていった。後日、同会から「零式艦上戦闘機52型」の設計図が届いた。第一級の資料を手に入れた馬場は、たとえレプリカであろうと、「本物ば作っちゃるばい」と気合を入れ直した。

武夫はときどき馬場の作業場をのぞきにいった。

「わー、捌《さば》けよんね」

感心していると、馬場は「こいは資料と違う、直さんばいけん」と、得心のいかない表情を見せた。武夫には何が不満なのかよくわからなかったが、「馬場さんがそがん思うなら、気が済むようにやってくんしゃい」と多言するのを避けた。いつ行っても、お互いちょろっと立ち話をする程度。十の話を十する必要がなかった。しかし武夫は、工場から事務所に戻ってくるたびに饒舌になった。

「馬場さんはすごかよ。おいがあがん言うただけで熱うなってしもうて。何かが乗り移っちょる。あれは本物ばい」

いっぽうの馬場は馬場で、「古賀さんはパーンと熱くなる。おいはゆっくり熱くなる。それでちょうどバランスがよかけんが」。火花が散らなかったことで、馬場は心置きなく作業に集中できた。工場の従業員や鳥栖工業高校の生徒もボランティアで作業に協力した。武夫は馬場を連れて、靖国神社の遊就館や呉市の海事歴史科学館（大和ミュージアム）などを訪れ、研究を重ねた。二人とも本物を作るために本気になった。

平成十七年十一月十一日、作業開始から一年七か月を経て、ついに零戦は完成した。全長十メートル、両翼幅十二メートル。外板のベニア板をジュラルミンに替え、プロペラやコックピットも再現した。プロペラは、回るように発動機を取り付けた。コックピットは、乗り込めるようにタラップまで作った。大きさ、形、色、機材ともに、もはや模型のレベルを超え、戦時そのままの姿で甦った。板金を接合するリベット（鋲）

も一個一個手作りする徹底ぶりだった。

「子供でん大人でん、爺さんでん婆さんでん、見に来たもんが乗られるごと作ったと。そうせんと、プラモデルといっしょやっか（いっしょじゃないか）」

駆けつけた武夫は開口一番、「どこさ出しても絶対勝つやろね」と馬場の労をねぎらった。そうして、上から眺め、下から眺め、横からも斜めからも眺めて、「靖国よりこっちのほうが寒気のする」とひとりごちた。機体の深緑色に寒気を感じたのか、「本物」に搭乗する石丸進一の霊気を感じとったのか、馬場には真意がつかめなかった。

656広場で一般公開

零戦復元委員会の西村一守副代表は、佐賀県庁の一室で記者会見に臨んだ。二〇〇一年のアメリカ同時多発テロ（9・11）に端を発して、キナ臭いニュースが連日茶の間に届き、アフガニスタン紛争からイラク戦争へと場面を移していた。そうした時期とも重なり、戦争を想起させる零戦復元には反発する人も多かった。委員会では、復元機の今後の活用や展示をにらんで、なぜいま零戦なのかを世間に説明しておく必要性を感じていた。零戦は兵器であるが、当時のものとしては世界に誇れる日本の技術の集大成である。目に見える形として残すことの意義、命や平和の貴さを伝える手段としての価値。それを知っていただき、平和学習に役立てていただきたいと、西村は趣旨を訴えた。

翌年の十二月、佐賀市呉服元町の656（むつごろう）広場で初めて一般公開された。機体は馬場の工場で分解してから会場に持ち運んだ。いろいろなところで展示したいという武夫の希望で、最初からバラして組めるように設計してあった。航空機ファンをはじめ、三日間で二千人を超す市民らが復元機に見入った。

借金回収

零戦の復元は、スタート時から順風満帆とはいかなかった。そもそも下関から事務局に電話がかかってきた時点で、春美は、「また始まった、もういやだ」と全身から力が抜けるのを感じた。『人間の翼』からやっと解放されたばかり。武夫が動き出してまっさきに頭に浮かんだのが金策のことだった。

馬場が制作費の見積もりを出してきたとき、あまりの低予算に武夫は「なんか！」と叱りつけた。

「こいだけ魂ば入れて設計しとって、そこらへんのもんとは違うとじゃなかか」

「そがん言うてもらって有難けんが、おいはこれで作るけん」

「本物ば作らんばいかんばい」

武夫の頑とした態度に、馬場はどう返していいのかわからなくなった。

「一千万でどがいね。どっかに貸し出してお金ばつくるけん、心配なかよ。こいから何かよかことがいっぱい生まれてくるばい。おいにはそげん気がすっとよ、馬場さん」

これも運命と武夫は一人気を吐いた。その陰で、身辺は振り回される気苦労にため息をついた。あるいは遠くから冷ややかな視線を送った。

「またおかしなことを始めよった」

「どんだけ借金すれば気が済むんか」

息子を道場に通わせ、『人間の翼』にも協力的だった佐賀を代表する会社の社長でさえ、零戦の話には拒絶反応を示した。寄付を当て込んで出かけていった武夫は、「あん人なら、絶対うんて言うてくんさると思った」と落胆して事務所に戻ってきた。その落ち込みように、スタッフはかける言葉もなかった。自己の思惑と世間一般とのギャップに武夫は再び悩むはめになった。

一千万円。映画のときより総額は少ないが、回収は容易ではなかった。趣旨に賛同する人たちだけが頼りだった。姉の広栄は、何度もお金の無心をされた。後日、返済の目途が立ったとき、春美は「あんたもようお金ばもらいにきよって、気の毒かったね」と広栄に慰められ、「気の毒かったです」と正直に答えた。窮状を救ってくれたのは、大阪で飲食業を営む社長だった。これが最後、女房にも内緒、墓場までもっていく秘密だと五百万円を拠出してくれた。

永遠の0

平成二十二年三月二十日から青森県立三沢航空科学館で、「零戦がやってきた」と題する企画展が開かれ、馬場の制作した零戦が展示された。航空史百周年。実物大の零戦（レプリカ）が福島県以北に飾られたのは戦後初めてだった。

館内では特別のブースを設け、入館料とは別に三百円の観覧料を徴収した。当初の契約では、平成二十三年十月までを貸出し期限としていたが、三月十一日に東日本大震災が起きたため、復興支援を目的に約半年間、無料で展示を延長することになった。最終日となった平成二十四年五月二十日までに十万人を超える来場者があり、同館企画展の最高記録を塗り替えた。

翌二十一日、零戦は三沢航空科学館を離れ、東京へ移送された。映画『永遠の0』の撮影に使うためである。三沢での展示中、映画関係者が使用機の候補選びのため、視察に訪れていた。撮影ではシーンによって数種類の機体を使い分ける必要があった。その機体を自分たちで作るか、既存のレプリカを借りてくるかで検討がなされていた。凄まじい空中戦での墜落シーン。主人公・宮部久蔵役の岡田准一が搭乗する愛機に「これでしかできん」と馬場の零戦の採用を決めたのは監督の山崎貴だった。馬場の零戦は、完成度もさることながら、分解して持ち運べるのも大きな利点の一つだった。

馬場は奄美大島などのロケ地へ同行し、現地で零戦を組み立てた。

「ぶっ壊れたって文句いわんけん、ぐんぐん撮影ばしてくんしゃい。腫れもんば扱うごとしてもろうたら困る。残骸になって帰ってきたかてよか。また作り直すけん」

六月にクランクインし、年末に機体はボロボロになって馬場の工場に戻ってきた。

武夫は、十万人を集めた三沢の展示会場でも、七百万人超の観客を動員した映画会場でも、佐賀以外の土地で零戦の晴れ姿を目にすることはなかった。武夫が馬場に言った「何かよかこと」とは何を予言していたのだろうか。多くの人に見てもらえたことか。完済せぬまま残していった借金が無事返済されたことか。それともまだほかに「何かよかこと」が起きるのか。「言ったことを最後は必ず形にする男」。その男の言だけに、武夫を応援した人たちは、次なるサプライズを胸中密かに待ち望んでいるのである。

肖像画

馬場には、塗装用のエアブラシでスプレー画を描く趣味もある。日仏現代美術展でも入選を果たした。工場内にはマリリンモンローをはじめ、往年の映画スターなどの肖像画が壁のあちこちに飾られている。零戦制作中にそれを見た武夫は、「おいのもいっちょ描いてよ」と馬場に頼み、元絵となる肖像写真を亡くなる一年前に渡していた。

馬場は気分が乗ったときだけスプレー画を描く。下描きはせず、一枚を一日かけて、突き詰めて突き詰めて仕上げていく。武夫の絵のときはなかなか調子が出なかった。何枚か描き上げたが、気に入らず、武夫には見せなかった。

「侍のごたる人やけん、ほかのもんと違うけんが、塗り絵ば描くごといかんさい」

武夫から催促があったときには、そのうちとお茶を濁した。

「そのうちって、いつね」

「そのうちさい。本気で描くけんが、絶対描いてやるけん。なあに、末代まで何回見てもびっくりするごと絵ば描くっけん」

それから気合を入れ、馬場が身上とする実物・本物の再現にこだわった。両拳を胸前に構え、半身を切ったファイティングのポーズ。上半身裸。割れた腹筋。鋭い眼光。馬場が何回も描き直したという空手着（下衣）の細かい皺。出来上がったモノクロの絵は、写真と判別がつかない写実的な仕上がりになった。今にも動き出しそうなその絵は、武夫のいない地球平和道場に収まり、道場生を鼓舞することになった。

「べったりじゃなかけんが、ずっと一緒におっかというとそうでもなかし。ばってん、あん人はおいを燃やして楽しいという感じやった」

馬場は今でも武夫にぞっこんという。

第十七章　夢の学校

ジャナロンの死

馬場憲治と零戦の制作に取りかかったころ、武夫は次の事業に向けて走り出していた。それは、まったく新しい形態の共学の場をつくるという壮大なプロジェクトだった。

循環、畏敬、感謝。自立、協力、共生。感動、安らぎ、思いやり。光り輝く志を胸に、つよくやさしく、やさしくつよく、世界に貢献できる人材を育てる——今ある道場の教育機能を包括し、さらに大きく発展させた「夢の学校！」。その建設に向けて周囲の説得と賛同者の獲得に動いた。

武夫がこのとき、いつにもまして慌ただしい動きを示したのは、前年（平成十五年）の九月に盟友のジャナロンを失ったことが大きい。

「夢の学校」の原型は、タイのメートー村で始めた「テラトピア計画」にあった。あそこに行けば勉強ができ、ごはんが食べられる。卒業後は自立して生きられる。そういうモデル校をつくり、これを中心軸にして村全体を理想郷に変えようというのが、スタート時の計画だった。この試みは村人たちの関心を集め、自分の子供を学校に入れたいという親を増やした。滑り出しはよかった。しかし、百人の収容がせいぜいのところへ倍の人数が殺到したときから、ジャナロンとの間に齟齬《そご》が生じた。

武夫は、様子を見て少しずつ受け入れ人数を増やしていけばいいと考えた。ところがジャナロンは、希望者全員を受け入れるべきだと主張した。

「寮はどがんすっとか」

「畑に増設すればいい」

「お金はどがんすっとか」

「日本で集めればいい」

「違うじゃろうが！」


支援は大事だが、行き過ぎれば自立を妨げる。たとえゆっくりであっても、理想の学校と理想の村は、現地の人たちの自助努力によって築かれるべきだと武夫は考えていた。しかし、ジャナロンは納得せず、その前提は崩れた。崩れた以上、撤退もやむなし。武夫はメートー村から手を引いた。兄弟の契りまで結んだジャナロンとの関係もこれによって崩れた。夢にも思わぬことだった。

ジャナロンは来日しても武夫に会おうとしなかった。武夫を素通りして、こっそり日本の支援者に会っていた。武夫はその支援者からあらぬ噂を流され、窮地に追いやられた。和解の機会さえ与えられないままだった。

ジャナロンの突然の訃報は、隔たっていた心の距離を一気に縮め、武夫を原点に立ち返らせた。アジアに目を向けさせ、本当の豊かさとは何かを気づかせてくれた男。その死を無駄にしたくなかった。ジャナロンと夢を語る中から生まれた「テラトピア計画」。メートー村で成功したら、いつか日本に持ち帰ろうと考えていた。盟友の死がその時機が到来したことを告げてくれたように思えた。

幼稚園から高校へ連なる一大学園構想

理想の学校作りの夢を一緒に見てくれませんか——そんな呼びかけで始まる設立趣意書のなかで、武夫は次のように「夢の学校」の構想を漢文調で謳った。

健全な精神と健全な肉体、そして明晰な頭脳（体・徳・智）を持ち、「友の憂いに我は泣き、我が喜びに友は舞い」という人々が一人でも増えてほしいと心から願う。私はここに至り、ついに敢然として我が友人諸兄、ミャンマー、タイ、スリランカ、韓国ほか世界の同志と連繋し、地球維新の志士たる「つよくやさしい」人材育成の新たな「場」づくりに挑戦することを決意した。我々は敢えて、泥の中に咲く蓮の花になりたいと思う。百万人と云えどもわれ行かんである。自分を「西海一狂生」と呼んだ奇兵隊の高杉晋作。「世の人はわれを何ともいわば言え、わがなすことはわれのみぞ知る」とうそぶいた坂本龍馬。「かくすればかくなることと知りながらやむにやまれぬ大和魂」と謳った吉田松陰。錯覚と勘違いが「狂」という爆発的、超人的な自信とエネルギーを生む。曰く、①日本の歴史伝統文化、②武道、③語学、④国際協力、⑤農業を五本の柱とした学校づくり、農場づくり、生活の場づくり。曰く、幼稚園、小学校、中学校、高校と連なる一大学園構想。この大いなる夢は、現在が我々のために何の役に立つかではなく、我々がこの国そして地球の将来のためにいかに貢献できるかを問うているのである

タマテ箱

平成十六年二月、武夫は夢の学校設立準備委員会を設置し、関係者を集めて学校の雛形づくりを始めた。通訳のどんちゃんこと土井美智子もブレーンの一人としてをこれに参画した。土井は英語道場を補佐していたころから、「どんちゃん、いつか全日制の教室ば作りたかなあ」と武夫から聞かされてきた。放課後にやって来て夜遅く帰っていく。そんな子供たちが忍びないというのだった。全日制など、夢のまた夢。二人ともそう思っていた。

「ああ、いよいよ動きんさった」

土井は万感の思いで会合に臨んだ。ところが、会合を重ねていくうち、武夫の目標へのアプローチの仕方に違和感を覚えるようになった。スクリューのように渦を巻き起こし、人を巻き込んでいくのが武夫のスタイルだったが、このときは違った。最初から大きな組織をつくりたがった。土井は心配になった。合議制になるとなかなか決まらない。できない理由ばかり挙がって前に進まない。こうしたプロジェクトは強い意志をもった人間が他を牽引して一気に進めていくのがいい。「先生、そう言ってきたじゃなかとですか！」

土井はムッとした。武夫の心境の変化が理解できなかった。

「どんちゃん、大切なんは本質的、長期的、複眼的。仲間がいっぱいおるほうがよかろうもん」

「どんちゃん、会議は笑いながらせんと。楽しゅうなかぎぃ、いかんばい。込み入ったことば眉間にシワ寄せて話しよったら、活路は見いだせんよ」

学校をつくりたいという思いは同じ。土井は自らを納得させるほかなかった。

武夫は、教育課程の素案づくりを土井に任せた。土井は英語道場のカリキュラムを土台にしながら、放課後だけでも毎日通えるプログラムを考え、徐々に全日制に近づけていくイメージを描いた。

平成十六年八月、武夫は記者会見に臨んで夢の学校の構想を発表した。その二か月後の十月、夢の学校のパイロット版ともいうべき週末スクール「土ようタマテ箱」を開校した。タマテ箱の名称は、「そこからどんな素敵なものが飛び出してくるかわからないワクワク感」から付けられた。このプレスクールは、芸術・文化、自然科学、武道、ことば、農といのち、ふるさと・地球、生活の達人などの分野を教育プログラムの柱とし、小学生全学年が対象になった。

十月十六日、市内兵庫町のひょうたん島公園で行われた開校式には、道場生九名を含む二十八名の第一期生が保護者に伴われて元気な顔をそろえた。このなかには、開業したばかりの九州新幹線で通学してきた鹿児島県の児童もいた。川上義幸佐賀県副知事（当時）や木下敏之佐賀市長（当時）などが祝福に訪れ、県内外から多数の報道陣も駆けつけた。開校式や初回の授業の模様はテレビでも特集を組んで放映され、教育関係者や親たちの高い関心を呼んだ。

夢の学校をつくる会

能学、茶道、華道、書道、空手、英語、料理、農業体験……。「土ようタマテ箱」が始まってしばらくすると、「学校より、ここだけのほうがいい」と言い出す子も現れた。武夫は嬉しく思う半面、いじめや不登校が横溢している日本の学校現場のことを思って少し複雑な気持ちになった。

毎回の授業で子供たちを笑顔にさせたのは、「おかしら」と呼ばれる講師陣だった。約半分はプロの専門家。残り約半分が、学校の趣旨に賛同し、ノーギャラで協力してくれた大人の道場生や児童の保護者だった。「一流は誰もいません。全員が超一流です」。武夫は笑いを取りながら、でこぼこの講師陣をそう紹介した。

平成十七年五月、武夫は、「土ようタマテ箱」の活況に明るい見通しを抱きながら、特定非営利活動法人「夢の学校をつくる会」を発足させた。そして本開校に向け、次のような具体的目標を打ち出した。

・学校形態　私立学校法人
・名称　夢の学校（仮称）
・開校日　平成二十年四月
・開校予定地　佐賀市および周辺
・課程　小中高十二年一貫共学、一学年一クラス各十五名
・教職員　教育者、医・食・農・武・科学・語学等の専門家、社会活動家、企業人、宗教者など

目標が定まると、三年後の完成形をにらんで新しいプログラムを逐一追加していった。八月に宿泊型自然

道場・夢の学校合同保護者会にて古賀武夫講演　平成十九年七月二十八日

体験・国際交流スクール「夏タマテ箱」、平成十八年三月に保護者・親子スクール「ときどきタマテ箱」、同年四月に放課後スクール「月～金タマテ箱」。そして平成十九年二月には、教育の原点を探り、考え、行動するきっかけをつくる場として、一般人向けの「教育シリーズ」を開始した。国内外からプロの専門家や実践家を招き、講演会やディスカッション、コンサートなどを開いた。

地球が教室

プレスクールは、「地球が教室、毎日がいのちのまつり」を謳い文句にした。その言葉通り、地球平和道場を拠点にして、屋内外のさまざまな場所に教室を移した。中心市街地のショッピングモールで開くときもあれば、自然公園や農園、能楽堂などの専門施設に出かけてやるときもあった。その根底には、「地域（地球）のなかにすべての教育資源がある」という考え方があった。地域のなかには図書館も博物館も美術館もある。いのちのしくみと尊さを教えてくれる自然環境もある。人という何でも教えてくれる最大の資源もある。「万物が師」。その考えに立てば、身の回りにある豊かな資源を最大限に活用しない手はなかった。

武夫は、不便・不自由・不親切をあえて子供たちに体験させた。低学年の児童を教室で自由に遊ばせておくと、あれもない、これもないと最初はぶつぶつ言った。しかしそのうち、どこかから棒切れやボールを見つけてきて、障子の敷居の溝でコロコロころがすような遊びを始めた。放っておけば、知恵を絞って工夫するようになる。

「基地を作りたい」と言ってきた子もいた。でも、囲いを作る箱がない。どうする？　電気屋さんにある！　しどろもどろに交渉し、ダンボールをもらってきた。店の主人は、「大きな冷蔵庫が売れた」と演技してくれた。地域の人的資源がコミュニケーション能力を育ませてくれる。

武夫は、低学年の児童をも大人と等価値で見ていた。プロの講師陣には「子供用にいろいろなさらなくて結構です」と事前に断りを入れた。プレスクールのプロジェクトに関わった義妹の春美は、授業を参観するたびに指導者の口から難しい専門用語が飛び出すのが気になっていた。それであるとき、武夫に苦言を呈した。

「あれでは理解できないと思います。もう少しわかりやすく教えたらようなかですか」

「そがん迎合すっとはいかん」

一蹴された。その場でわかる必要はない。今はわからなくても、ある成熟点に達したときに、ああ、そういうことだったかとわかればいい。そういう喜びもある、そういう喜びのほうが大きい。

「ことば」に対するこだわりは、土井美智子も常々感じていたことだった。武夫は小説の類はほとんど読まなかったが、フランス語と英語の蔵書は本棚にあふれていた。どの本のどのページをめくっても、ウソでしょというくらいマーカーが引いてあった。徹底した調べによって語彙力を増やす。傑出した語学力の背景にそうした努力があったことを窺わせたが、それは外国語ばかりでなく日本語に対しても同じだった。

土井は武夫の書いた文章を読んでいるとき、途中でよく引っかかった。用語や言い回しが気になり、わかりやすい日本語に書き換えようとすると、「ことばにはもともとそれがもつ本来の意味がある。書き換えたら損なわれる」と修正を許されなかった。ひらがな、ルビ、解説。親切すぎるものには苦労して調べて知る喜びや感動がない。万物が師、ことば一つにも、その視線が注がれていた。

体徳智

子供たちへの教育法で、武夫が参考にしたのは、「ヒトの教育の会」を主宰していた井口潔会長（日本外科学会名誉会長、九州大学名誉教授）の教育理論だった。

武夫は井口会長の講演で、大脳の発達から見た「生物学的教育論」に初めて触れた。それが自分の体験智とぴったり付合するのを感じ、以来、親交を重ねて多くの教唆を受けた。

首から下の大きな部分の感性智が、上の頭の部分の知性智を支え、調和することによって「体徳智」となり、ヒトは「人間」になる。

その理論を自分なりにこう解釈した。

感性は、先祖代々生まれながらに伝え持っているもので、測定できず、実利とは無関係。精神的、哲学的、宗教的で、時代が変わっても変わることがなく、時空を超越する。真・善・美、忠孝仁義礼智信などの徳を求める。

いっぽう知性は、成長の過程で身につくもので、一代限り。測定が可能で、実利的、論理的、現実的で、経済を生む。効率や要領を身につけるが、それは時代とともに激しく変わり、束の間の儚《はかな》いものである。

知識だけを詰め込んで頭でっかちになるのはダメ、体だけを鍛えてマッチョになるのでもダメ。心と体と頭をバランスよく磨き、「体徳智を備えた人間」になることが大事である。

井口理論は、それまで自分が学び、信じ、唱えてきた教育の理念を実践に生かすことに自信と勇気を与えた。また、井口理論からは、子供たちが外遊びの中で人間に必要な三十六の基本動作を身につけること、それが二〜三歳から三〜四年生までの時期に培われるということも学んだ。

転んでは起き上がる体徳智を備えた立派な人間とはどんなものか。それをわかりやすく子供たちに伝えるため、武ちゃんマンバッジ以来となるキャラクターグッズ「起き上がりこぼしHERO君」を作り、「七転び八起きです。七転八倒ではありません」と親子に手渡した。

グッズを製作した博多人形師の久保博盟《ひろちか》は、日本画も描き、多久市に孔子の絵を寄贈していた。その孔子の教えも武夫は好んで実践に生かした。

「子曰く、之《これ》を知る者は之を好む者に如《し》かず。之を好む者は之を楽しむ者に如かず」

それを知っているというだけでは、それが好きな人間にはかなわない。好きというだけでは、それを心から楽しんでいる人間にはかなわない。

「子曰く、憤せざれば啓せず。悱《ひ》せざれば発せず。一隅を挙ぐるに、三隅をもって反せざれば、則ち復《ふたたび》せざるなり」

わかりたくてうずうずしているのでなければ、教えてやろうとは思わない。表現できずもどかしそうにしているのでなければ、示してあげない。隅《すみ》の一つを示したら、後の三つを自分で探すくらいでないと、それ以上教えてやらない。求めていない者には教えない。

プレスクールは、そのまま行けば順調に「本開校」につながっていくはずだった。誤算は、牽引役の武夫に変調が現れたことだった。会合での発言がトーンダウンし、計画の実現が遠のいていった。

第十八章　いのちのまつり

キャバレー「ハリウッド」

甥の草場一壽は、高校卒業後、日大の芸術学部演劇学科に進んだ。しかし、入学したその日から挫折感を味わった。周りの学生は小さいころから子役で名を挙げているような有名どころばかり。あまりにもレベルが違うと落ち込んだ。学業への意欲を失い、かわりにアルバイトにのめり込んでいった。

キャバレー王・福富太郎が経営する「ハリウッド」。その店のショーに出演する人たちのマネージメントをしていた先輩に「手伝ってくれ」と誘われた。働き始めて半年後、社長の福富に「面白いやつだ」と大宮店の店長を任された。そこでの働きが認められ、次に銀座本店の支配人に格上げされた。連夜の官官接待。田中角栄、児玉誉士夫、笹川良一が頻繁に訪れて豪遊を重ねた。戦後をたくましく生き抜いてきた黒幕たちの強力なネットワーク。そのすごさをまざまざと見せつけられた。

そのころ父の重治は武雄市山内町の町長を務めていた。その父に迷惑をかけられないと、一時姿をくらましていたが、どうやって調べたものか、不意打ちで銀座店に現れた。「おまいは夜の帝王になっとか」。こってり油を搾られ、辞めざるを得なくなった。大学を三年で退学し、その後共同通信社に入社したが、母の病気を機に、昭和六十二年、二十四歳のときに佐賀に戻ってきた。

陶彩画

親元で暮らし始めてまもなく、父から、佐賀屈指の有田焼メーカー・深川製磁に「遊びに行ってこい」とけしかけられた。訪ねていくと、社長の息子が同じように就職もせずぶらぶらしていた。親にはめられ、二人とも深川製磁で働くことになった。

会社では、絵付けから焼成まで、有田焼のいろはを仕込まれた。当時はバブルの最盛期で、有田焼も作るはしから売れるような時代だった。機械化が進み、より安く、より大量にという方向性は他の業界と変わらず、その裏で、職人を育て、伝統工芸の技術を愚直に伝えていくスタイルも失われつつあった。このままでは有田焼が衰退してしまう。そう思いながら働いているうち、型通りのものを作らされるより、何か新しい形の焼き物を創ってみたいと思うようになった。敢えて試練を背負い込んだほうが人生面白いだろうと、会社を一年で辞めた。

一壽が頭に思い描いたのは、絵具を重ね合わせて、油絵のような焼き物（陶彩画《とうさいが》）を創ることだった。その構想をもって有田焼の工房を何軒も訪ね歩いた。行く先々で、「無理、無理。ありえない」と足蹴にされた。ふつう焼き物は、多くても三～四回の窯入れを経て完成するが、一壽の構想する陶彩画は、絵付けと窯入れを十数回繰り返さなければ完成できない代物だった。「焼成中に絵具が全部剥がれ落ちてしまう」。焼き物業界の人たちは、常識を振りかざしてまったく相手にしてくれなかった。

孤立無援のなか、一壽は、有田出身の陶芸家・葉山有樹と巡り合う。葉山は当時、山内町で開窯していたが、彼だけが唯一、一壽の構想を「面白い」と評価してくれた。午前中は葉山の工房で下働きし、午後は陶彩画の研究開発にいそしむ生活が始まった。師匠もおらず、自分でコツコツ実験していくしかない苦行の日々を重ね、平成二年、ついに悲願の技法を確立させた。

一壽は山内町の自宅に「今心工房」（当初は「いましん」、のちに今＋心＝「念」から「いまじん」の読みになる）を開き、世界初の陶彩画を世に送り出すべく、本格的な創作活動に入った。とはいえ、無名作家の作品がおいそれと売れるはずもなく、生活はたちまち困窮に陥った。同居する親に頭を下げることもできたが、それだけはしたくなかった。学生時代もアルバイト収入だけで乗り切った。それは、親に頼らず自活を貫いた武夫から学んだ生き方の姿勢だった。実際のところ、陶彩画で食えるようになるまで十年かかった。その間、山内保育園の子供たちに絵を教えて糊口をしのいだ。

いのちのまつり

陶彩画と同様、子供たちに教える絵の指導方法にも長く悩んだ。いい絵って何だろうか。親が喜ぶ絵だろうか。先生が「いいね」といってくれる絵だろうか。そうじゃない。自由な発想で思うがままに描くこと、そして絵を描くことが好きになること。いい絵よりそのほうが大事なのだと子供たちに寄り添うなかで気づいた。三歳児、四歳児、五歳児。子供たちと一緒に過ごした時間は、まるで発達心理学の生き字引を見ているようだった。一年違うだけでどんどん人間形成がなされていく。いのちの不思議を思った。

平成十二年五月、佐賀県で西鉄バスジャック事件が起きた。十七歳の少年が人質の乗客三人を牛刀で切り付け、女性が一人死亡した。その三年前には神戸での連続児童殺人事件。いじめの問題も含め、子供たちが起こす事件が後を絶たなかった。彼らの心の中でいったい何が起きているのか。評論家はああだこうだいうけれど、どうもそれとは違う。だが自分ではうまく説明できない。いのちの大切さ、いのちの尊厳。それをどうにか伝えたくて、絵本を作ってみることを思い立った。

陶彩画を製作するかたわら、少しずつ原稿を書き進めていった。そうして手作りの絵本が完成したのが平成十六年。表紙に、沖縄の方言で「いのちのまつり」を意味する「ヌチヌグスージ」のタイトルをつけ、卒園記念に園児らに配った。それで済むはずだったが、工房のスタッフから自費出版して売り込もうと声が上がった。いちばん大きな声を上げたのは、原作を読んで感動した武夫だった。

「かずひさ、すごか。おいがやりたかったとは、いのちのまつりばい。こればい。おいが売っばい！」

今ある自分のいのちは誰のおかげか——武夫もまた、いのちの不思議を思わぬときはなかった。両親、その両親、そのまた両親。師、友人、知人。戦争で逝った人々、大震災で犠牲になった人々。有言・無言のメッセージから「光り輝いて生きよ」と教えられた。見えざる糸で結ばれたいのちのネットワーク。すべては、いのちを縦横につなぐ、「万物の彼方にある大いなる力」のおかげである。生まれ落ちてから今日まで自分の力でなしえたことは何一つない。父母なしには毛の一本すら存在しえない。ご縁なしには生きる感動も得られなかった。いのちに感謝。一所懸命恩返し——

武夫は、義弟（山下雄司）の印刷所（サガプリンティング）に発注し、初版五千部を刷らせた。定価千円。地球市民の会の会員を巻き込み、「一人一〇〇冊！」の過酷なノルマを課して売り込みに動いた。甲斐あって増刷五千部、英語版も三千部を追加発注した。勢いはこれにとどまらなかった。

商業出版へ

ドラゴンボールなどで知られる脚本家の小山高生《こやまたかお》は、一壽の絵本を読んで、サンマーク出版の編集長・鈴木七沖《なおき》に声をかけた。「いい本があるんだけど、どうだい」。

同じ日、伊豆哲也（クエスト経営研究所代表）も、同社社長の植木宣隆に絵本を持ち込んでいた。伊豆は、武夫が人生の師と仰いだ末次一郎の甥にあたり、武夫から空手を習った延長で「夢の学校をつくる会」の理事に就いていた。また、独立する前まで、サンマーク出版の宣伝部に十二年間籍を置いていた。社長の植木はそのときの同僚で、昭和五十六年に八十万部を超えるベストセラーとなった『母原病』（久徳重盛著）を編むなど、辣腕編集者として活躍していた。

伊豆から絵本を受け取った植木社長は、パラパラと本を繰ってすぐに編集長の鈴木を呼びつけた。

「おい、なおき、こういう本が来てるぞ」

「うえーっ、たった今見てきたところですよ」

年間に何百本もの持ち込みがあるなかで、目利きの編集者を動かす企画はそう多くない。ところが一壽の絵本には、二人とも「これはいける！」とピピッときたという。

同社から出版することが決まった数日後、武夫と一壽は、伊豆の手引きで高田馬場にある会社を訪ねて行った。武夫はいつもの作務衣に風呂敷包みという出で立ちだった。

武夫は会社に着くなり、受付の女性に「ちょっとトイレば借りますけん」といって場を離れた。数分後、紋付き袴姿で現れた。最初が肝心やけん、ピシッと決めんば。

「社長、変な人たちがこられました」

受付の女性が声を潜めてそう取り次ぐのを、入り口に立っていた一壽は、顔から火が出る思いで見ていた。

応接間に通され、社長と編集長の前に三人で座った。武夫は、挨拶後、ほとんど何の前置きもなく、「発行部数はどれくらいになっとですか」と訊いた。

「五万冊はいけるでしょ」

「そがんですか。じゃ、わしらは帰らせていただきます。ほかの出版社からもオファーがありますけん」

まあ、まあ、まあ。武夫が腰を浮かすのを先方は慌てて制した。

「いのちのまつりですばい。私は、二百万冊はいく思うちょります」

真顔で言い、この絵本がベストセラーにならない世の中はおかしいと言葉をつけ足した。主張は通らなかったが、信念は伝わったようだった。

原作・草場一壽、絵・平安座資尚、監修・古賀武夫。『ヌチヌグスージ〜いのちのまつり』は、初版五万部からスタートし、十年で三十九万部を売るロングセラーになった。一壽は、同社からいのちのまつりシリーズ五作を立て続けに出し、そのうち三作が小学校の道徳や生活科の副読本に採用された。これらの採択数も含めれば、累計二百万冊を優に超え、武夫の言ったことが本当になった。

玿江の死

武夫はあるとき、一壽にこんなことを言った。

「お前は良かな。モノば作り、モノば残せてよかばい。おいは口だけやもんね」

やっかみでなく心底からそう思っているふうだった。しかし口だけの男は、その口をフルに動かして一壽を陰日向から支えた。陶彩画がまだ日の目を見ないころ、「こいつはバカばってんが、絵はよかっちゃ。何とかしてくれんね」と、会う人ごとに個展の案内資料を配って回った。一壽には「恐れることはなか。よかもんは、よかもんたい」と励ました。

映画『人間の翼』が完成したときには、一壽の陶彩画「アイ・リメンバー・ユー」を強く推してポスターデザインに採用させた。また、絵本が上梓されたときには、どこへ行くにも鞄に収めて持ち歩いた。

「かずひさ、こいはおまいが書いたもんでなかぞ。ご先祖様が書かせてくれたもんや。おいもかずひさもこいば伝える伝道者にすぎん」。絵本を鞄に詰めながらそんなことも言った。

一壽が驚いたのは、玿江が危篤状態に陥ったときに武夫がとった行動だった。南麻布のフランス大使館でレセプションがあった。佐賀にとどまるか、東京に行くか。誰もが大好きな母親をとると思っていた。ところが武夫は、「いのちのまつりばせんといかんけん」と東京へ飛んだ――

「ねえ、おばあさん、ぼくのご先祖さまって何人いるの？」

「そうだね～……」

コウちゃんは、指をおって数えてみることにしました。

「ぼくのいのちをくれた人、二人」

「お父さんとお母さんにいのちをくれた人、四人」

「おじいちゃんとおばあちゃんにいのちをくれた人、八人」

「ひいおじいちゃんとひいおばあちゃんにいのちをくれた人、十六人」

「そのまだ上に、三十二人」

「そのまた上に………」

「もう数えられないよ」

「ぼくのご先祖さまって、一〇〇〇〇人くらい？」

「もっともっといるさあ～ね」

「じゃあ、一〇〇万人くらい？」

今度は思い切って言ってみました。

「どうだろうねえ～。ずっとずっと宇宙のはじまりからいのちはつづいてきたからねえ～」

「オバアにわかるのは、数えきれないご先祖さまが、誰ひとり欠けても、ぼうやは生まれてこなかったと言うことさあ～。だから、ぼうやのいのちは、ご先祖さまのいのちでもあるわけさあ～ね」

「なんだか、ぼく不思議な気持ちがしてきたよ」

「ぼうやも、大きくなって結婚して子どもが生まれるさあ～ね。また、その子どもが大きくなって結婚して子どもが生まれる。いのちは目に見えないけれど、ずっとずっと、つながって行くのさあ～」

「へえ～、ぼくのいのちってすごいんだね」――

レセプションの会場で、武夫は、いのちのまつりをフランス語で朗々と読み上げた。それが終わると、すぐさま羽田空港に引き返した。

一壽は、母の文子から病室で玿江を看取ったときの様子を聞かされた。息が絶え絶えになると、お母様がんばれ、お母様がんばれと頬をパタパタ叩いて目を開かせた。お母様、パタパタ。がんばらんば、パタパタ。もうかわいそうやけん、そのまま逝かせせんば。いや、武夫が来るまで逝かせせん。パタパタパタパタパタ。武ちゃんが、今きたとですよー。

玿江が亡くなってから、武夫は母が書いた原稿を『悟への道』という本にまとめて自費出版した。その巻末に「母・古賀玿江のこと」と題する追悼文を載せ、右の顛末について触れた。羽田を立ってからの経緯をこう記している。

――一刻の猶予もならぬなか、夕刻六時半の羽田発の佐賀便に乗った。午後八時十五分、佐賀空港着。すぐに車で病院に向かった。駐車場から病棟まで迂回して二百メートル。二階の病棟に早足で上がり、階段から廊下に出ると、三十メートル先の母の病室の前に兄姉が立ち、私を確認すると、早く来いと手招きした。私は「おかあさまー」と叫び、涙を流して走り出した。病室のベッドの周りに兄姉弟・家族が勢ぞろいしていた。母は喘ぎながら呼吸していた。長女の広栄が母の頬を何度も叩いて「武ちゃんですよ、お母様、ほら、息せんば。武ちゃんが帰って来たとですよ」。そのとき二十時五十分。母は私の帰りを待っていてくれた。聞けば、その日、朝から十回以上危篤状態に陥り、そのたびに、「武夫が帰ってくるまで」と姉が頬を叩いていたという。平成十六年六月十二日二十二時二十二分、偉大なる母は大往生を遂げた。母が亡くなる二週間前、孫の草場一壽が『ヌチヌグスージ　いのちのまつり』という絵本を出版した。私はすぐに母に読んで聞いてもらった。「よか本やっか。みんなに読んでもらわんば」。この本に母をして生み出させた大きな力を感じた。東京出張は本を広めるのが目的だった。東京にいる間、母と草場と一心同体、共にいると感じていた——。

第十九章　病魔

酒は禁物

三センチ大の腫瘍が一個。「手術以外で出来んね」。そう問われて宮崎耕司は、「成績が一番いいのは手術だ」と説得した。武夫が附属中学時代の旧友の腕を頼んで最初の手術を受けたのは平成十一年十一月のことだった。

手術後に宮崎は、「酒は禁物」と武夫に厳しく忠告した。C型肝炎ウイルスは酒と親和性が強い。酒が入るとウイルスが活発化し、細胞を破壊する。壊れた細胞は繊維芽細胞に置き換わって固くなり、同時に肝臓の発がんリスクを高めることになる。

武夫は手術後、宮崎の言いつけを素直に守った。そのため定期的に受けた検査でも肝機能を示すGOTとGTPの値にまったく変化がなかった。ところが、二年を経過したあたりから数値が急激に動き出した。

「おまえ酒飲んどるやろ」

宮崎が問い質すと、武夫は「ごめん」とあっさり白状した。

「寝れんさ。それがきつかよ」

「起きてたらいいじゃないか」

「起きとるさ。ばってん、布団に入ってから目が爛々として寝れんのよ」

もともと不眠症の武夫だったが、一回目の手術を受けてからますます眠れなくなった。体力が徐々に回復していくのに合わせて仕事の量が増し、あれこれ頭を悩ますことも多くなった。また、人と接する機会が増えたことで、付き合い上の酒も断り切れなくなった。

手術前、家で飲むときは三日で一升を空けていたが、術後は好きな日本酒を控え、かわりにビールを嗜むようになっていた。洋子が同じアルコールだからダメじゃないのというと、「ビールは大丈夫やけん」と取り合わず、定期検査の結果が出るたびに「絶対ダメとはいわれんやった」「酒もちょっとはよかと言われた」などと都合のよい御託を並べて酒量を増していった。

宮崎は「酒に頼ったらいかん」と窘《たしな》めたあと、「どうしても眠れないときに飲め」と作用の軽い睡眠薬・マイスリーを処方した。睡眠薬も肝臓で代謝されて肝臓に負荷をかけるが、酒よりはまだましという寛大な措置だった。

武夫はその睡眠薬で当座をしのいだ。しかし、だんだん効かなくなると、内科の医師に頼んでレンドルミンなど作用の強い睡眠薬を二～三種追加してもらった。

毎日三～四錠を手のひらにとり、カポッと飲む。洋子が「そがん飲んで大丈夫？」と心配すると、「よかよか、今の睡眠薬は副作用がなかけん」と気にも留めなかった。

酒と睡眠薬で二重に負担のかかった肝臓の悲鳴も武夫の耳には届かなかった。ひとたび動き出したGOTとGTPの値は、それからブレーキが利かなくなった。

再発

平成十九年四月、がんは再発した。久留米大附属病院での定期検査で見つかった。新しい腫瘍は門脈の血管の近くにできており、それほど大きいものではなかった。肝機能の予備力はだいぶ落ちていたが、治療に耐えうると判断され、ラジオ波で焼灼した。これで一時の安堵を得たが、いっときするとまた新たながんが顔を出した。今度は血管の股にできており、血管により近いがために焼灼するのも難しくなった。血管合併切除により取り除いたものの、甲斐なく、がんはまた頭をもたげてきた。

八月、武夫は佐賀大学付属病院に入院し、次の治療方針が決まるまで、宮崎のそばで一時的に待機することにした。

宮崎は、治るならどこへでも行くという武夫に重粒子線治療で知られる千葉県の放射線医学総合研究所（放医研）を紹介した。武夫は紹介状をもらい、レントゲン写真の入った大きな画板入れを肩に下げて千葉に向かった。だが、行って調べてみると、「適応外」と診断された。

そうこうしているうちに腫瘍の数がさらに増えた。幸い、肝臓の外に転移はなく、腫瘍も三個以内三センチ以内の範囲に収まっていた。生体肝移植なら何とかクリアできる可能性があった。宮崎は過去の実績から安全が担保されている京都大学と北海道大学のどちらかで治療することを勧めた。ところが武夫はこの提案を頑として受け入れなかった。

「おいは子供の肝臓をもらってまで長生きしとうなか。そがんことは家族に言えん」

宮崎は武夫の意思を汲み、「わかった、もうその話はしない」と約束した。

宮崎は知らなかったが、武夫はその直後、洋子を伴って京都を訪れていた。

生体肝移植

京都大学付属病院。東京と大阪から駆けつけた息子二人を加え、親子四人が顔をそろえた。待合のロビーで、武夫は二人の息子を前に、今後のことをいろいろ語って聞かせた。生体肝移植のことに話が及んだとき、息子たちは「どがん？」と問われた。友大は「おいんとばやっよ（俺のをあげるよ）。おいの肝臓やっけんが、早うようなって」と父を励ました。慈猛は、弟の発言にえっと驚きながら、「おいは絶対嫌だ」と声を尖らせた。

そのとき慈猛は父との距離を感じていた。すごく大事な人とも、近い人とも思っていなかった。そんな人に自分の肝臓をとられて後遺症でも残ったら、自分の人生が狭められるような気がした。

「自分勝手にやってきて、好きなだけ酒も飲んで、自己責任だと思う。そこは自分で責任とってください」

貯め込んできた不満を言葉に載せて一気に吐き出した。今すぐ父がどうなるとも思えず、まだほかに治療の望みが残されていると思った。

武夫は友大にありがとうと言った。慈猛にはお前のいうこともわかったと言った。そして、「おまいたちからもらうことはせんけん、安心しろ」と言った。

慈猛には、そのときの父の顔がなんとなく優しく見えた。古賀武夫の顔でなく、家族にしか見せない父親の顔になっていた。別れ際、ショックで悲しかっただろうと、自分の言ったことを少し悔やんだ。

男泣き

京都から帰って、武夫は親しい仲間たちとの飲み会に顔を出した。その席で、自民党議員の河野太郎に会ってきたことを話した。河野太郎は平成十四年四月、肝硬変の末期状態に陥った父の河野洋平に肝臓の一部を提供した。いわゆる生体肝移植のドナーとなって父を救ったわけだが、武夫はこのとき河野の口から、移植手術の苦痛や後遺症の悩みなどを聞かされた。

「息子に痛い思いばさせとうなかけん、おいは肝移植ばやらんことにした」

強がって言ってみせたが、言った瞬間、わっと声を炸裂させた。

「友大が、おいのあぐ（俺のをあげる）って言うた……」

そばにいた西村一守は、わんわん男泣きする武夫を呆然と見つめていた。西村は、馬場憲治が制作したミニエッフェル塔の除幕式で初めて武夫と出会った。フランス大使に付き添う男を見て、「坊主がフランス語の通訳？　何者なんや」と強烈なインパクトを受けた。外資系の会社を辞めて東京から帰郷してきたばかりのころだった。外国と都会の匂いをまとった西村は、地元の人間から妬み嫉みの矢を受け、なかなか馴染み切れずにいた。その西村を武夫は「佐賀から風穴を開けよう」と誘ってきた。地域おこしと国際交流の二本立て。イタリア人神父を介して、地元の名物「神埼そうめん」でパスタ交流をやろうと気勢を上げたその発想力にも驚かされた。それからは、車座になって、地酒を飲んで、雑魚寝していう定例儀式をはじめ、武夫の横で酒を飲む日々を重ねてきた。

　飲んで泣くのを見たのは数知れないが、素面で号泣する武夫を見るのは初めてだった。ああ、こいつも人間やなあ。そう思いながら、代われるもんなら、おいが代わってやりたかばってんと胸を詰まらせた。

神戸大学附属病院

　がんが悪化し、いよいよ打つ手がなくなると、宮崎は最後の切り札として、神戸大学附属病院で抗がん剤治療を受けることを提案した。神戸大学の肝臓外科には、経皮的肝灌流化学療法（ＰＩＨＰ）を開発した具英成教授のチームがいた。従来の抗がん剤治療（動注化学療法）は、薬剤が全身に行き渡って骨髄抑制や正常細胞の損傷などのマイナス影響を与えていたため、高濃度の薬剤投与ができなかった。具教授は高い濃度の薬剤を肝臓だけに送り、正常細胞にも影響を与えない方法で有効率六〇％の好成績をあげ、世界的にも注目されていた。

　平成十九年十月、宮崎は神戸に行くよう武夫を促した。「行く、行くばい」。武夫は世界でただ一か所、神戸大でしかやっていないという療法に望みを託した。「なんとかなっさい」。洋子にそう言って、博多から新幹線に乗った。

自称「押しかけ主治医」の満岡總は、八田工作所の八田康博社長、道場ＯＢの松尾大輔、元オリックス球団チーフトレーナーの松元隆司を伴って神戸で入院中の武夫を見舞った。満岡がグリーン車で来たと話すと、武夫は「そげん金があるならおいによこせ」と相変わらずの憎まれ口を叩いた。気丈にふるまっていたが、黄疸が出て顔色は悪かった。

「飯食いにいくぞ。病院じゃ飲めんのよねー」

外出許可をもらって近くのうどん屋に入った。武夫は見舞客にビールを注ぎ、神戸大がだめならホスピスに行くかもしらんと、母の玿江が最晩年に世話になった施設のことを話した。満岡たちは湿っぽくならぬよう、バカ話をして場を盛り上げた。武夫は最後に写真を撮ってくれと頼んできた。自分が口にできなかったビールの瓶を手にもち、真ん中に入って写真に納まった。

四人と別れてから、武夫は病室のベッドに潜った。目覚めると、窓辺にオレンジ色の光が差していた。タイの夕焼けが懐かしく思い起こされた。

自然の中で村人たちと車座になり、歌を歌い、なごやかに夕食をとった。熱帯の蛍が清流の上を舞い、手の届くような空に月や星々が美しく輝いていた。横隔膜をよじらせ、腹の底から笑った。胸がグーッと締め付けられ、魂が震え、よく泣いた。

ワットサーキャオの子供たちは、今頃どうしているだろうか。どんなに疲れていても、あそこに行けば、身も心も洗われた。あんな居心地のいい場所はなかった。

（行きたかなあ。あの笑顔にまた会いたかなあ……）

十一月二十九日、武夫は退院し、佐賀に戻って自宅療養に入った。

翌月の十九日、神戸大学の治療結果を聞くため、再び神戸に向かった。二十日に大阪で知人と会い、二十一日に病院に入った。その日、大阪から友大が合流する予定になっていたが、寝坊して間に合わなかった。

武夫は一人で結果を聞いた。

夜、帰ってきた佐賀の家に洋子はおらず、愛理が一人待っていた。

「どうやった？」

「お母さんが帰ってきてから」

笑顔のない父に、愛理はすべてを読み取った。

これと相前後して、宮崎のもとにも具教授から電話があった。

「先生、申し訳ない。予備力に自信がありません。このままだと肝不全になる危険性が高い。治療を続けるわけにはいきません」

結局、肝灌流療法は奏功せず、むしろがんは広がり、肝機能は急激に落ちていった。

越えられぬハードル

宮崎のもとを訪れた武夫は肩を落として言った。

「ほかになかね」

「ごめん、もう思いつくカードは全部出し尽くした」

「そがんね」

「だけど古賀、肝臓がんは一気に症状を出すわけじゃない。数はどんどん増えていくけれど、肝臓はぎりぎりまでがんばる臓器だ。まだ時間はある。それまでおまえのやりたいことを全部やれ。もうそれしかない」

「わかった」

武夫はそう言い残して、宮崎の部屋から出て行った。

腫瘍の数の問題、発症する場所の問題、肝機能の予備力の問題。どうしてこう一つ一つ関所を作ったのか。

ふつうはどこかが悪くても必ず抜け道がある。医者はそれを探して治療に当たる。しかし武夫の場合は次々とハードルが出てきて、カードがなくなるところまで追い込まれてしまった。ほとんど全種類に近い治療をあそこまで提供した患者はいない。

旧友への手立てを失った宮崎には忸怩たる思いが残った。武夫は、大きくなったら外国に行くと言い、有明海で「おいはフランスにいくどー」と叫んでいた。中学一年で、外国のどこそこへ行くと明確に言ったやつは他にいない。東京外語大の仏文科に受かったとき、「合格した」と知らせてきた。それからフランスに留学し、佐賀日仏文化会館を開設し、地球市民の会をつくって世界に出て行った。言っていたことは本当になった。

飲まざるを得ないようなストレスが多かったのか……。武夫が部屋を出て行ってから、中学時代の生き生きとした顔が瞼に甦ってきた。

洋子に託した願い

平成十九年の十一月初め、洋子は武夫から数枚のプリントを手渡された。地球市民の会について、夢の学校について、空手道場について、英語道場について——プリントアウトされた用紙には、引き継ぎに関する要望が項目別に事細かく書かれていた。病院での脱走事件後、武夫が宮崎から今後のことを考えておくよう忠告されていたのは洋子も知っていた。おそらくそのころからまとめ出したものなのだろう。文面に目を通し、これは武夫の遺書なのだと受け止めた。

「地球市民の会は佐藤昭二と大野博之を中心に。夢の学校は土井美智子を中心に」。武夫はそう説明したうえで、「空手道場と英語道場はあんたに任せる。続けてもよか、やめてもよか」と言った。任せると言われても、洋子にはどうしていいのか判断がつかなかった。

再発してからの武夫は、空手も英語も留守がちになった。道場生の親にしてみれば、古賀先生の空手道場だから、古賀先生の英語道場だから、入門させたのだし、月謝も払ってきた。古賀先生が不在となれば話が違う。情報は人づてに広まって、生徒数は激減した。

そんな先の見通せない危うい道場の代表に収まる自信などない。かといって、今いる道場生を無下にもできない。洋子は、頭の片隅に迷いを這わせながら悶々と日を過ごした。

師走に入って、武夫に呼び出された。

「あんたがしきらんというなら、しきらんでもよかよ」

空手道場は古賀大之、英語道場は青柳達也。それぞれに相談して了解をとったと告げられた。「ああよかった」。洋子は胸をなでおろした。ところが、ひとたび胸のつかえが降りると、逆に今度は自分で引き継ごうという気持ちが沸き起こってきた。ゆくゆくは大之と青柳に任せるとして、当面は自分が代表を務めてみよう。そう結論を下し、武夫に話した。

「それでよかよ。あんまりがんばらんでよかけん」

古賀大之――空手道場を継ぐ

甥の古賀大之は、中学三年で空手をやめて以来、武夫とは疎遠になっていた。嫌で嫌でしょうがなくてやめた空手だったから、進学した佐賀東高校では三年間ハンドボールに打ち込んだ。高校卒業後は祖母の店（新古賀）に入り、日を置かず大阪に修業に出された。三〜五年は辛抱しろと言われ、古物市場で宝石などの仕入れをしたが、修業先の旦那と折り合いが悪く、一年で見切りをつけて佐賀に戻ってきた。それからは商売のしくみと掃除の仕方を一から叩き込まれ、朝の九時から夜の九時まで毎日十二時間拘束された。そんな生活を続けていた。

和道流全国大会、東京武道館にて　平成十八年八月

道場から遠ざかって約十年、目と鼻の先に住んでいながら武夫には意識的に近寄らないようにしていた。たまに顔を合わせると、「空手せんか」と誘われたが、仕事を理由に体よく断り続けた。ところが、二十六歳になったとき、俄然、空手をやってみようという気になった。なぜなのかよくわからない。商売のことで叱られ通しだったのを、武夫がいちばん気にかけてくれたからか。それもあったかもしれない。

十年ぶりに復帰した道場は陣容がかなり充実し、在籍していたころには一人もいなかった有段者が幅を利かせていた。初心に帰ってやろうと白帯からスタートした。始めてすぐ福岡の大会に出場し、有級の部で優勝した。武夫は喜んで、一か月もすると茶帯（三級）をくれた。二年後には中学のときに果たせなかった「約束の黒帯」を取らせてもらった。思えば、六歳から始めて二十年以上かかった計算になる。それからは、二段、三段と順調に昇段した。亡父・学から受け継いだ「強い血」が、道場を背負う実力者にのし上げた。

平成十九年の秋口から夜の道場に武夫が姿を見せない日が多くなり、有段者が輪番で教える体制がとられた。大之にも呼び出しがかかり、仕事場（新古賀）から抜け出して道場に直行する日が続いた。年が明けると、事業関係者が集められ、引き継ぎに関する正式な要請依頼があった。大之も武夫から「道場ば頼む」と頼まれた。覚悟はできていた。二十六歳で結婚し、子供も授かった。家族を養い、借金の残る道場をこの先ちゃんと維持していけるのかと不安はあったが、「大丈夫」と太鼓判を押してくれる人がいた。妻も反対しなかった。十七年間勤めた「新古賀」をやめ、道場に生きる道を受け入れた。

青柳達也——英語道場を継ぐ

青柳達也は、武夫の甥（和夫の長男）の愛基《よしき》とカトリック幼稚園で同じときを過ごした。五歳のとき、その「よっちゃん」に誘われて英語道場の教室を覗いた。このとき武夫から英語の文章を暗唱させられ、一回で覚えてしまうと、「お前は天才だ！」。おだてられてそのまま英語と空手を習うことになった。

青柳は、武夫と同じ循誘小学校、附属中学校のコースをたどった。空手は中学に入ってからやめたが、英語は東明館高校の三年の夏まで続けた。夏にやめたのは、アラスカの高校に留学したからである。ホームステイをしながら、島にある高校に半年間通った。

いったん帰国し、進学先を再びアラスカの四年制大学に定めて、アンカレッジに移り住んだ。大学では演劇にのめり込んだ。アメリカは演劇人口が多く、都市と呼ばれるところには必ずといっていいほどプロの劇団があった。その劇団も日本では考えられない桁違いの寄付金や助成金をバックにＮＰＯ法人として成り立っていた。市民には週末の夜に食事に出かけて芝居を見る習慣があり、演劇は一つの文化を形成していた。

大学卒業後、一年間、デラルテ身体演劇専門学校に通った。その後、メリーランド州にあるタウソン大学の大学院に進み、演劇の理論や実技などを幅広く学んで専門性を高めた。大学院を出てから非常勤講師として大学を転々としたが、平成十八年にマサチューセッツ州のセーラム州立大学に着任し、安定収入を得られるようになった。

アメリカ在住中も武夫とは頻繁に連絡を取り合った。里帰りすれば必ず訪ねて行って英語道場のことなどを語り合った。その道場の引き継ぎを巡って打診を受けたのは、セーラム州立大学での教員生活にようやく馴染んできたころだった。武夫本人からも、周囲からも期待されていることは十分に理解できた。ただ、アメリカには安定した職業があり、マンションや車もある。それを手放してまで日本に帰る勇気はなかった。踏ん切りのつかぬまま平成十九年の暮れを迎えた。英語道場恒例の英語劇祭の演劇指導を頼まれ、急遽、帰国することになった。変わり果てた武夫の姿を見て、ああと心が揺れ動いた。

ミュージカル　いのちのまつり

古賀英語道場が毎年開催する英語劇祭。平成十九年は、一壽の「いのちのまつり」が演目に選ばれ、ミュージカル化された。脚本は小山高生の弟子の加賀美恵《みさと》、音楽は松崎由美、英語の作詞はケイト先生。主催者である英語道場の児童・生徒に加え、夢の学校（タマテ箱）や空手道場の子供たち、地球市民の会の職員などが出演することになった。

開催日が十二月二十四日のクリスマスイブに決まると、十一月からさっそく稽古が始まった。しかし、例年の英語劇に比べてセリフや歌が難しく、また、主導者たるべき武夫の不在も相まって、練習は思うように捗らなかった。十二月の声を聞くと、誰の顔にも焦りの色が滲み、先行きが不安視された。そこへ一時帰国した「青柳先生」の加勢。プロの演出家の手ほどきを受けると、練習は一気に前へ進んだ。

二十一日の夜、武夫は神戸大学附属病院から佐賀に帰還した。身体は疲れ切っていたが、稽古の仕上がり具合が気になって、翌日と翌々日、稽古場に足を運んだ。最後の追い込みは例年になくすさまじいものだった。一年分を三日でこなすような集中力。出演者たちの取り組む様子に本気を感じ、「心配なか」と安堵の表情を見せた。

二十四日の開演当日、会場となった東与賀ふれあい館の文化ホールに三百人を超す観客が詰めかけた。武夫は一番前の席に痩せ細った身体を沈めた。幕が上がって一時間、後部席のほとんどの観客が目にハンカチを当てていたことに武夫は気づかなかった。緞帳がいったん下りたあと、フィナーレで「いのちのまつり」が日本語で歌われた。

〽おとうさん　おかあさん　ぼくが　わたしが　今ここにいる
これってほんとはすごいこと？
ぼくが　わたしが　今　生きている
これってほんとは　すごいこと？
ぼくがうまれたとき　おとうさんは　きっとわらった　おかあさんもわらった
よろこびにつつまれて　うまれてきたんだ　おぼえてないけどおぼえてる
おとうさんとおかあさんが　うまれたときも
おじいちゃんとおばあちゃんが　うまれたときも
はじめはやっぱりあかちゃんで　よろこびにつつまれて　うまれてきたんだ
ぼくがわたしがあるいたみちを　いのちは　ずっとたびをしてきた
今ここにきらめいている　みんなのいのちが　つぎのいのちを輝かせていく
いっしょにきらめく　おわることない

かぞえきれない　いのちのひかりは　どこまでもとどく
今も昔もてらしてきたよ　これからずっとずっと　てらしていくよ
いっぱい　いっぱい　いのちがあって　どのどれもだいじで　たいせつで
だれがかけても　なにがかけても　ぼくにならない　わたしにならない
ヌチヌグスージ　いのちのおいわい　ヌチヌグスージ　いのちのおまつり
今ここにいる奇跡　いまここにある　この奇跡
いのちは目にはみえないけれど　たしかにここに生きている
みんなでつないできた　いのち　これからもつないでいく　いのち
ヌチヌグスージ　いのちのおいわい　ヌチヌグスージ　いのちのおまつり
いのちをありがとう！

「夢の学校がここにあっとばい……」。弱った体にもまだ感動する力が残っていた。武夫は涙を流すままにした。

終演後、武夫は世話になった関係者に舞台に上がってもらった。原作者の草場一壽、脚本家の加賀美恵、演出家の青柳達也……。出演者たちからの花束贈呈が終わると、武夫は「一言ずつ感想を」と舞台上に声をかけた。トップバッターに指名された一壽も、マイクを手渡された青柳も、声が詰まって言葉にならなかった。

ミュージカルの翌日、武夫は、愛理が開設したブログのなかでこう語った。

「私は人のできないことをやるのが好きです。どんな学校にも塾にもできないことをやってみたい。今回の参加者の中には、一年間学校を休んでも世界ツアーをしたいという子もいます。世界の各都市に一定期間とどまり、そこの言葉を学び、その言語で、いのちの不思議と奇跡を訴える。私はそれが実現すれば、交換留学するよりも絶対よい経験ができると思っています」

おいは武士ぞ

平成二十年の年明け、武夫は五日に初稽古をつけ、十五日にも昇級審査を行うために道場に姿を現した。空手着からのぞく手足はすっかり痩せ細り、逆に腹水がたまった腹部は黒帯を本来の位置で結べないほど膨れ上がっていた。体力が落ち、判断力も鈍って、通常なら一時間で済む審査に三時間を費やした。審査が終わると、武夫は道場生を食堂に集め、黒帯の生徒たちに、これから闘病生活に入る、どうか道場を支えてくれと頭を下げた。

「やっぱ子供たちとおると、元気が出よるね」

話を終えてから武夫は西村尚子に声をかけた。西村は、NHKのニュースでタイの里親を募集しているのを見て武夫と知り合った。ボランティアを申し出て奨学金の事務を手伝い、里親ツアーにも十回以上同行した。四十の手習いで空手を始め、怒鳴られ、居残りさせられ、汗と涙の黒帯を手にした。タイでも道場でも、武夫が子供たちに向ける眼差しは温かかった。子供たちと一緒にいるときが何よりも楽しそうだった。その大好きな子供たちが帰っていくのを見送るとき、武夫の目にうっすらと涙がにじんでいた。

その日を境に武夫が道場に立つことはなくなった。家では一日の大半を床のなかで過ごし、見舞客があれば半身を起こして対応した。

佐久間が見舞ったときには、「桃ば食いたか」と所望してきた。季節外れの果物に佐久間ははたと困ったが、自分の経営するスーパーからいちばんうまそうな缶詰を選んで持っていくと、武夫はゆっくりと舌にのせ「うまかー」と目を細めた。

前年の夏には古湯温泉に出かけて、十年来続いている三組の夫婦同士の慰安会を楽しんだ。ワイワイ気炎を上げて飲んだ酒はそれが最後で、二月に付き合ってくれと誘われた「あぶさん」と「かのこ」では、酒にほとんど口をつけなかった。店を出た別れ際、「佐久間、おいは武士ぞ！」と目を剥いた。

死にとうなか

二月に入ってからも、病身を押しながら親しい仲間たちとの酒席に加わった。二月三日には、ゴルフ場でプレイしていた八田工作所の社長・八田康博を電話で呼び出した。

「おう、今日、洋子の誕生日よ。『かのこ』におるけん、すぐ来んね」

八田が駆けつけてビールを注文すると、武夫は「おいも飲む」と言ってきた。八田は驚いて、「大丈夫ね？」と洋子の顔を見た。「本人が飲みたい言いしゃんなら、飲ませてあげて」。武夫はコップ一杯のビールを飲み干し、「ああ、うまかー」と声を上げげた。妻の誕生日を祝うのはこれが最後だと、八田には武夫の胸の内が透けて見えた。

八田は、昭和五十五年に低温溶接による機器の製作補修を行う会社を設立して以来、水力発電用の水車ランナーやガイドベーンの主軸メタルなどの補修加工で実績を積み上げてきた。武夫と出会ったのは昭和六十三年。青年会議所が主催した「ＪＣ青年の船」の船上でだった。「あの人なに？」。「えっ、八田さん知らないの。あの人佐賀よ」。「ええっ、知らない」。引き合わされて挨拶すると、「八田さん、名刺を一枚、それと千円ちょうだい」。何のことかと思いながら財布から一枚抜き出して渡した。「はい、これであなたは立派な地球市民の会の会員です」。御多分に洩れず、八田も問答無用で武夫の餌食にされた一人だった。

「私は八田組の組長。ばってん、古賀武夫と一緒にいるときは弟分みたいな感じ」

武ちゃん、武ちゃんと慕い、世の中の辛い部分を明るくしようと一緒に酒を飲んで励まし合った。「武ちゃんは飲まないと人前で話せないタイプ。それは私とまったくいっしょ」。そういうタイプであるはずの武夫が、飲まずに人前でこう話した。

「みんな『おいはいつ死んでも良かと腹を括《くく》っとる』と思うとるやろ。ところが、おいは死にとうなかもんね。せめて六十は生きたかな。ばってん六十になったら、もうちょっと長く生きとう思うとやろな」

空手着の背中に「葉隠」の精神を書きつけ、「武士と云うは、死ぬことと見つけたり」などと死をも恐れぬふうの蛮勇を振るっていたが、いざ病が深刻化すると、「死にとうなか。おいはまだ、いっぱいせんばことのある」と八田に泣き言を吐いた。

第四代会長

平成十九年の夏、武夫は例年通り幣立神宮の例大祭に姿を見せた。世界平和道場の大広間で宮司の講話に耳を傾け、そのあとに懇親の酒盛りへと流れたのは例年と変わらなかった。武夫はウーロン茶を飲みながら他と打ち解けたが、深更まで座席に居残ることなく、早い時間に床の延べてある小部屋に入った。翌朝、食事を終えて帰り支度をしていたとき、武夫は「また再発してしまった」と、佐藤に寂しそうな顔を向けた。病院から脱走してきたとは一言も言わずに帰っていった。

秋、熊本から佐賀に出向いた佐藤は、武夫から遺書のようなものを見せられた。今後の地球市民の会について……。「佐藤さん、やってくれんやろうか」。次期会長を打診された。佐藤は前々から「絶対引き受けない」と言い張ってきた。そのときも、若い人にやってもらうほうがありがたいとお茶を濁した。

長崎の諫早に行く予定を立てていた日の前日、佐藤は地球市民の会の役員と佐賀で会合を持った。

「佐藤さん、今のところ佐藤さんしかいない。ワンポイントでやってくれんか」

返答を渋っていると、「会長は会の象徴、実務は理事長。そういう形でやってはどうか」と一人が提案した。

「え、会長がいて、理事長もいるの？」

「象徴というのは象徴天皇と一緒やね」

居合わせたメンバーからいろいろな声が上がった。

「地球市民の会の会長も天皇陛下みたいなもんです。佐藤さん、それだったらどがんね」

もはやノーと言える雰囲気ではなかった。

「わかりました」

第四代会長は佐藤昭二、理事長は山下雄司。それで話はまとまった。

翌日、長崎へ向かう途中の道の駅で、佐藤は妻の勢子に電話を入れた。「どうしても断り切れんかった」。かねてから反対していた妻の声が受話器の向こうからがんがん響いてきた。怒る顔がはっきり見えた。牙も出ていた。言いたいことを言われてさすが切れた。「きさま、なんだって……」。

諫早の知人と会うまでにまだ三時間あった。こんな顔で会ったら先方に失礼だと、近くのホテルに飛び込んだ。ひと眠りしてクールダウンしようと思った。

ベッドに横たわろうとしたとき、ケータイが鳴った。

「さっきはごめんなさい」

反省する妻の詫びの言葉が続いた。佐藤から報告を受けて電話を切ったあと、紙とペンを用意しなさいという声が聞こえてきたという。もともと勢子には、気が高ぶるとトランス状態に陥り、いわゆる自動書記を始める性質があった。そのときは佐藤の母方の祖母の名前が出てきて、こんなことを書かせた。「この件はずっと前から決まっていたこと。あなたが口をはさむ権利は爪の先ほどもありません」。無意識に書き上げたものに目を落とし、「あ、そういうことなの」と合点したという。妻の怒りがぴしゃりと収まったことで、あらぬ方向に行きかねなかった夫婦の危機もどうにか収拾がついた。

最後の写真館

平成二十年二月、大学の春休みに帰省した慈猛は床に臥す父の看病をした。起き上がるときには身体を支え、寝るときには布団をかけ、水を飲ませ、風呂にも入れた。

枕元に座っているとき、「この父と子の関係はおかしい」と急に意識し出した。このまま死なれたらまずいんじゃないか。ちゃんと話さないといけないことを全然話していない。あせって、疑問に思っていたことを矢継ぎ早に質問した。

こういう家族の関係ってなんか変じゃないか。あのときこう言ったけど、本当なのか。自分のことを本当に大事だと思っているのか。

「そりゃあ、おまいがいちばん大事に決まっとろうもん」

「じゃあ、なんで」

問答しているうちに父は泣き出し、混乱したまま、意識を失うように眠ってしまった。

二月十日、父は突然起き上がって、写真を撮りに行くと言い出した。詰襟の黒服に着替え、日本刀を手にした。通販で買った百万円もする日本刀。竹を割り、刃をこぼし、三十万円かけて修理していた。

「やすたけ、乗れっ」

慈猛を助手席に座らせると、洋子が引きとどめるのも聞かず、自分で運転して若宮にあるエイジ写真館に向かった。

「先生、笑ってください」

カメラを構える主人に促されても、武夫の表情は固いままだった。それでも何回かシャッターを押し続けているうちにようやく白い歯を見せ、幕末の志士の顔になった。家にたどり着くと、ぐったりとして床に伏した。自分の目の前で見せた父の奇妙な行動が、何を意味し、何を伝えたかったのか、慈猛には判然としなかった。

二月末から三月にかけて、武夫は起き上がるのも辛くなり、見舞客には、寝たままでごめんと詫びながら、五分程度の短い会話で応対した。

夜の不眠はますますひどくなった。トイレに行きたい、背中が痛い、苦しいと、洋子をまったく寝かせてくれなかった。洋子が寝返りを打って武夫のほうに背中を向けたとき、「なんか！」と怒鳴った日もあった。大学の春休みに帰ってきた息子二人に愛理を加えた四人で看病のローテーションを組むようになってから、日常の雑事に紛れて体も気分も休まった。そうした矢先、枕元に呼びつけられた。

「おいの最大の汚点けん、悪かばってんが、見らんで焼いてくれんね」

Ａ４版のぶ厚い日記帳。武夫は毎年同じものを買い求め、洋子の目を憚るようにしてほぼ毎日つけていた。日記は全部で十冊あった。英語やらフランス語やら、日本語で書かれていないので、洋子には内容がわからなかった。巻末には体重の記録もあった。知られたくない秘密の束を、洋子は自分で燃やさず、ゴミの日に出した。

吐血

三月十三日の夜、押しかけ主治医の満岡医師が「明日は長崎で学会があるので来られない」と、わざわざ挨拶に来た。在宅ホスピスを受け持っていた満岡は、朝の開院前と夜の閉院後に武夫の往診に来ていた。武夫は満岡と看護師がやってくるのを毎日心待ちにしていた。朝は必ず八時十五分に来てくれる。一分でも過ぎると、「まーだね、まーだね、電話してくれんね」と洋子を急かした。その日の夜も、満岡が帰っていくと、「みっちゃん来んとねー、明日来んとねー」とひどく落ち込んだ。

三月十四日の朝、洋子が武夫の寝ている部屋に入っていくと、武夫は布団の上で身をかがめ、ごぼごぼと咳込んでいた。口を押えていた手を開くと血しぶきが付着しており、洋子は最初、歯茎から出血したのかと思った。「大丈夫、大丈夫」というものの、咳はやまなかった。満岡のクリニックに電話を入れ、看護師を呼び出すと、長崎にいる満岡と連絡を取ってくれた。「消化管からの吐血だと思いますから、病院に運びましょう」。満岡からの指示で救急車を手配してくれた。洋子ら家族もおろおろしながら社会保険病院に向かった。

病院で武夫は胃カメラを飲まされた。その検査室から「うわあ」と喚く声が廊下で待つ家族の耳元に届いた。あらゆる治療を経て消耗しきっている病人に、いまさらなぜ胃カメラなのか。「吐血の原因を特定するため」と説明されても納得がいかなかった。

入院中、武夫は大声を出してベッドで暴れた。点滴の管を引き抜き、おむつをはがし、意識朦朧となってうわごとを言った。「私が知っている武夫じゃなか」。洋子はかわいそうで見ていられなかった。

吐血したと聞いて病院を見舞った日、弟の芳夫は人工呼吸器をつけた兄の顔をベッドサイドから見下ろした。いちばんいい医療を受けて生き延びる努力はすると言っていたが、努力の人にも限界が近づいていた。規則的な呼吸を続けていたとき、ふっと表情が動いた。口論してつかみ合った昔を思い出したのだろうか、芳夫には、はにかんだように見えた。

甥の一壽は、黄疸で顔が変色し、老人のように痩せこけた叔父の寝姿を見て、もうダメだ、これで最期だと、ベッドに寄り添って泣いた。

「武にいちゃん、ありがとね、本当にありがとねえ」

すると武夫の目がギョロッと開いた。

「かずひさあ、まだまだあ」

一瞬、身体が固まった。同時に可笑しみが込み上げてきた。どこまで人をおちょくるのか。昔からずっとそうだった。楽しかほうがよかろうもんと暗い雰囲気を嫌った。みんなを喜ばせ、びっくりさせたい。虫の息なのに、最後の最後まで武にいちゃんらしいと思った。

兄の和夫が見舞ったとき、武夫はおかしなことを言った。

「兄ちゃん、笑いながら屁ぶると死ぬよ」

西高のグラウンドで佐久間と走りながら交わした他愛のない話。そのときの夢でも見たのか、武夫が口にした最後の言葉になった。

心臓マッサージ

三月十七日、確定申告の最終期限だったこの日、洋子は自宅の部屋で申告書を書き終えてから税務署に出かけた。前日、病院で「おしっこの出が悪くなりましたね」と言われて少し気になっていたが、とりあえず所用を済ませることを優先した。昼近く、税務署から戻ってくる車中でケータイが鳴った。

「お母さん、はようこんと間に合わんよ」

へえーっ。いったん家に立ち寄り、友大を乗せて病院へ急いだ。

愛理と慈猛は、午前中から病院に出かけ、酸素マスクをはめた父のベッドサイドで様子を見守っていた。容体は落ち着いていた。

「ちょっと、おい出ろうかな」

「うん、わかった」

慈猛が病室を出ようとしたとき、武夫がハーと大きく息をした。それから呼吸困難に陥った。「やばかかもしれん」。ナースコールで主治医を呼び出し、母にも電話を入れた。

心臓マッサージが始まった。心電図モニターの波形がだんだん平らになっていった。

母と友大が病室に飛び込んできた直後、主治医は武夫の胸から手を離し、「じゃあこの時間で」と臨終を告げた。十二時十七分。空は雲一つなく晴れ渡っていた。

別れ

武夫の遺体はその日のうちに自宅に運ばれ、起居していた部屋の隅に安置された。仮通夜にはごく親しい人たちだけが弔問に訪れた。深更、家族だけになると、武夫の周りに四人分の床を延べ、十数年ぶりに水入らずの時を過ごした。

翌十八日、前日の天候と打って変わって、朝から嵐のような暴風雨が吹き荒れた。

「お父さんが行こうごとなかていうて暴れよる」

愛理は悪天候を恨んでそう言った。出棺の段になって、「ああ、これで帰ってきんさらんな」と思うと胸が張り裂けそうになった。

霊柩車は北佐賀草苑に向かった。死の四日前、春美のところへ和夫から電話がかかってきた。「春美ちゃん、洋子さんにはよう言えんが、葬儀場どこにしたらよかろうか。来られる方に迷惑ばかけられんけん、大きいところがよかろう思うけんが」

義兄の意向に配慮し、春美は佐賀市内で一番大きい斎場を手配した。

佛心寺の住職は、前方の車がまったく動かないのに苛立った。「なんでこげん混んどるんか」。しばらくして車の縦列が斎場につながっているのがわかった。駐車場の前には入り切れない車が立ち往生し、「余裕こいて」家を出てきたのに遅刻してしまった。

千三百人を収容できるホールは、次々と訪れる弔問客で埋め尽くされ、用意した席が追い付かなくなった。世話役代表を務めた佐久間は、斎場の担当者に尋ねられた。

「何をされていた方なのですか。佐賀の財界の方などいろいろ見てきましたが、こんなに人が集まったのは初めてです」

本通夜は予定していた午後七時より少し遅れて始まった。黄檗宗の読経が流れるなか、延々と焼香が続いた……。

通夜振る舞いは、武夫が元気だったころの大宴会の様相を呈した。武夫らしく楽しくやろうと、飲んでは泣き笑い、泣き笑っては飲んだ。だれも帰りたがらず、宴は深夜にまで及んだ。最後は、みどりや茶舗の土井敏弘が万歳三唱で締めくくった。

夜の十二時を回り、酔った弔問客が三々五々引き上げていくと、あとには遺族や近親者だけが残った。八田工作所の八田社長は、頃合いを見計らって日本酒の瓶を手に取った。祭壇に進み、棺の前に膝まづいて蓋を外すと、指に酒を垂らし、武夫の唇を湿らせた。

「お疲れさん、飲みたかったとやろ」

八田は線香が途切れぬよう、朝まで寝ずの番をした。

三月十九日、天気は回復し、のどやかな春の陽が差した。午前十一時から始まった告別式が終わると、斎場の前は春休み中の子供たちであふれ返った。武夫の棺が載った車が目の前を通り過ぎると、「せんせー、古賀せんせー」と、車に詰め寄って泣き叫んだ。

「これだけ子供に泣かれて出棺した例はありません」

斎場の係員が驚いたように言った。

棺への点火を告げられると、長姉の広栄は焼却口の前に進み出て、「ありがとねー」と手を合わせた。あんたのおかげで楽しか思いばいっぱいさせてもろうた。武夫は死んでおしまいやなかもん。死んでもちゃんとあとに続くもんがおる……。

古賀先生、武夫さん、武にいちゃん、アニキ——火加減はいかがでしょうか。

武夫は白い煙になって春の空に帰っていった。

第二十章　受け継がれる魂

B型の子

武夫は財産も何も残してくれなかったが、思い出だけはたくさん残してくれた。楽しいこともあった。嫌なこともあった。苦しくて泣きたくなることもあった。けれど洋子には、なぜか良い思い出しか浮かんでこない。情に厚くて目立ちたがり屋、子供みたいなピュアな心、そして何より、全人類愛的なやさしさをもった人だった。

強がって偉そうにしていても、実はシャイで子供たちにはずいぶん遠慮していた。全然触れ合いがなく、長い時間をかけてやっとどうにかまともに話せるようになった矢先、父親の役割を十分果たせないまま逝ってしまった。そのことが、残念で仕方がない。

家族のなかでは自分だけがAB型で、子供たちはみな武夫のB型を継いだ。俺は俺、私は私。それぞれやりたいことが明確すぎて交わるところがない。互いに干渉しあうこともない。それでいて仲はよい。

三人のなかで、いちばん父親に似ているのは「長女の愛理」と思う。平成二十六年、内と外から身体をきれいにしていく「内外美容」をしたいと、玿江が使っていた部屋を改装してエステとファスティング（断食）の店を開業した。切り替えが早く割り切った考え方をする。そこが武夫とよく似ている。

長男の慈猛はいろいろな葛藤を抱えていたが、父には従順だった。武夫のエンターテインメント性を受け継ぎ、ピエロ的な役回りを演じた時期もあった。それが成長するにつれてどんどん冷静になり、「俺は俺」

と口では言っても、人の目を気にする性格を帯びていった。武夫の死後、大学を卒業するまでの一年間を千葉にある芳夫夫婦の家で過ごした。叔父から父親の過去を聞き、深かった溝を埋められたことで気持ちに整理がついたようだ。大学を出てから横浜市に本社のあるゲームソフトの会社に入った。社会人になって、「今の俺は負けている」と父の力を意識するようになった。父が活躍した九州にいずれ戻ってきたいと話している。

次男の友大は武夫と器用な付き合い方をした。酒好きの血を引き、一緒に飲んであげることで不器用な父の心を溶かした。三人のなかでは武夫の活動にもっとも深い関心と理解を示し、築いたネットワークのすごさに敬意を払った。大学卒業後、美術教師を目指したが、採用枠がなく、六本木にあるインドカシミール地方のストールなどを扱う輸入・卸販売の会社に入った。道場生のころは不熱心だった英語の必要性を痛感し、「できない自分が嫌だから」と、四十四万円の受講料を払って英会話スクールに通い直した。飄々としていながら決断は早い。次にどんな突発的な行動を起こしてくるのかまったくの未知数。「今の職場も次への勉強の場」。武夫と同じように海外へ出ていくのだろうか。

洋子は、三人の子供の行く末を案じながらのんびりと日を過ごす。新婚当時に行ったヨーロッパ旅行を思い出す。武夫の先導で見るもの聞くものすべてが楽しかった。仕事が落ち着いたら、二人で世界を回ろうと約束していた。暇になったら夫はいない。また一人で行きんしゃった。あ〜あ。

英語道場——語学を使って世界に飛び立て

青柳達也はアメリカで武夫の訃報に接した。覚悟していたとはいえ、大学生のときに逝った父の死よりも衝撃は大きかった。さまざまな思いが一つに結着し、十四年間に及んだアメリカ生活にピリオドを打った。未練がないと言えばうそになるが、武夫の遺志に比べればどうということもない。平成二十年七月、裸一貫で日本に帰国した。

英語と演劇の指導。佐賀に活動の拠点を用意してもらえたことは、望むべくもない幸運といえた。故郷のために、日本のために、何か貢献したい。アメリカ在住中は意識にも上らなかった思いが、帰国後に沸々と込み上げてきた。

英語道場に着任した当初、青柳は日本での英語教育をつくづく難しいものだと感じた。日本の学校の教室は、ある意味、安全地帯になっている。教室ではそれなりの会話ができるのに、外で生身の外国人に接すると、間違えたら恥ずかしいといって言葉を発することができない。自分の中高時代は、道場で「英語を学ぶんやなか。英語で学んでいかんば」「語学を使って世界に飛び立たたんば」と実践力を鍛えられた。世界各国から来た講師に学び、海外ツアーに連れていってもらううちに、言葉や肌の色が違う異国の人たちに偏見や抵抗を感じることもなくなった。「人間だれでん一緒」。アメリカ暮らしをしてみてよくわかった。

武夫が病に倒れてから英語道場の生徒数は減少の一途をたどった。青柳が引き継いだときには、賑やかだったかつての面影はもうなかった。二十人台に落ち込んだ現実を前に、再建を担う道場主としての責任も感じている。

アメリカで個人主義に徹して生活してきた青柳には、日本は生きにくい。さまざまなしがらみ、関係性をつくるうえでの面倒な手続き。何か協働で活動しようとするとき、根回しもせずにとる行動が唐突すぎると非難される。言葉は通じても、日本ではコミュニケーションのとり方が難しい。武夫も同じ道を通ってきた。時間はかかるが、乗り越えるべき道である。

空手道場――「場所」を繋げる

夜の部の稽古が終わると、武夫は「下におるけん」と、あぶさんに誘ってきた。甥の大之はそこで亡き父のことをよく聞かされた。柔道が強かったこと。野球がうまかったこと。体格に勝る兄貴を見返すために空手を始めたこと。そのなかでこんなことも言った。

「ここで英語と空手をしよっとは、お前のお父ちゃんが死んでくれたおかげやけんな」

父が商売をしていた「場所」が空いたので、自分は食い扶持をつなぐことができたのだと。

大之は母子家庭で育ち、貧しい幼少期を送った。ガス・電気・電話。水道以外は何度も止められた。「あのころのあんたらを思い出すと、涙がでよる」。大人になってから伯父や伯母たちに言われるが、当時はまったく気にもとめていなかった。あっけらかんとした性格は今も変わらず、道場を背負うプレッシャーも感じていない。

平成二十年、大之はそれまで個人事業として運営してきた空手道場を法人化し、一般社団法人「和《なごみ》スポーツクラブさが」の代表理事に就いた。一時五十人台に落ち込んだ生徒数は百人台まで回復し、運営にも明るい見通しが立った。

今、空手を教え、生活が安泰しているのは、古賀道場という「場所」を明け渡してもらえたからである。小学生のころ、不謹慎にも死んでくれればいいと思っていた叔父が死んでくれたおかげで、自分は生かされている。父の死が武夫を助け、武夫の死が自分を助けている。学校で教わったことは頭にあまり残っていないが、武夫から教わったことは心身に染みている。今の自分は、ほぼ武夫から教わったもので形成されているといっても過言ではない。これからやるべきことは、古賀道場という「場所」を次代に繋げること。自分ができなくなったとき、「俺がやるぞ」というのが出てくるように。

夢の学校――一流に触れる

夢の学校の理事長を務める岩崎正は、タマテ箱の教室に通う子供たちの笑顔に満足の表情を浮かべる。地球市民の会で会計事務をしていたとき、自ら志願してプロジェクトに加わり、プログラムの開拓と改善に努めてきた。武夫が亡くなった翌月、「土ようタマテ箱」と「月~金タマテ箱」を統合し、「夢の学校タマテ箱」として新装スタートさせた。また、翌年四月には、自然体験を重視した「ぼうけんタマテ箱」を追加し、内容の充実を図った。

月額二万円の共学料（授業料）は、公立の学童保育より割高だが、毎年コンスタントに入学者が集まってくる。「ここに来たら、本当にいい」。その自負は、プレスクールとして開校した当初から少しも変わっていない。

武夫は、能楽や茶・華・書道などの講師陣に、地元でも一流と呼ばれる人たちを集めてきた。こうした日本の伝統芸能・文化を基本プログラムとして授業に組み込んだのは、人と接する際に必要なふるまいや作法を早い時期から身につけてもらうためである。三つ子の魂というように、三歳ころから学んだ技能や作法は将来にわたって生きてくる。どんな世界の人と出会っても、心からのもてなしができ、気持ちよく触れ合える。どんな修羅場に立たされても、取り乱さず乗り越えられる。だから、たとえ子供であっても「一流に触れさせせんば」。武夫から引き継いだ教訓である。

自立――何でも自分でできる人になろう
協力――お互いに助け合うことの大切さを理解しよう
共生――思いやりの心をもって、共にゆたかに生きていける人間になろう

小中高一貫の本開校へは、いまだ足踏み状態。しかし、諦めてはいない。「古賀先生は、一つも二つも先のことをやりすぎた」。ゆっくり追いついていけばいい。

地球市民の会――武夫が追い求めたもの

四代目会長になった佐藤昭二は、「古賀武夫が求めたものをみんなで求めよう」と会合の席で語った。人それぞれの中にそれぞれの古賀武夫がいる。ここが好き、ここが嫌い。何もかも礼賛する必要はない。これだという部分があったなら、それを追求しようと。

武夫が亡くなった平成二十年は、秋のリーマンショックで世界の金融市場が大揺れに揺れた。国内では年末、日比谷公園で年越し派遣村のイベントが行われ、生活困難者への支援が呼びかけられた。持てる者と持たざる者の経済格差が浮き彫りになり、同時に都市と地方の地域格差がクローズアップされた。それからは限界集落、消滅集落といった過疎化への対策が喫緊の課題とされ、全国で地方創生の動きが活発になった。

こうした背景のもと、地球市民の会も、Think Globally, Act Locally（地球規模で考え、地元から行動せよ）の考えに立って、国内外の協力事業を積極的に展開してきた。

国内では、佐賀県内の中山間地で地域活性の再生事業に着手した。富士町や吉野ヶ里町では、耕作放棄地を利用してオリーブの植樹や木綿の栽培を始めた。都市部から小学生の親子を呼んで夏休みキャンプを実施し、味噌や漬物・そば打ちの伝統技術を学ぶ体験授業も行った。あるいは日中韓大学生を招いて民泊交流をする「ＴＯＭＯＤＡＣＨＩ１００」を開くなど、地域住民を巻き込んで地域にお金が落ちるしくみを作ってきた。また、海外では、タイやスリランカの子供たちへの奨学金事業、ミャンマーへの農業支援、開発支援、環境保全支援、教育支援など、武夫が先鞭をつけた事業を拡大しながら継続実施してきた。こうした事業は現在、二十代から三十代の若いスタッフが中心になって事務調整に当たっている。みな、武夫の生前を知らない若者たちである。

会長を引き継いでから、佐藤には「どうも昔と勝手が違う」と感じる場面も多くなった。国からの助成を受けて事業範囲を広げていくうちに、心の通わない事務的なやりとりが増えた。細かい指示や注文に腹が立つこともある。しかし、考えてみるまでもなく、自分たちのしている活動は義務でも強制でもない。ただ好きでやっている。極端に言えば、やらなくても誰も困りはしない。やめられないのは、恵まれない人々に光を当てたいという思いがあるからである。タイで協力事業を始めたころは、支援する側もされる側もみな純粋に感動し、喜びを分かち合っていた。自分たちのしていることが相手にとって本当に喜ばしいことなのか、原点に立ち返ってみる必要がある。

古賀武夫が求めたものは何だったか。それを追求しようと発した佐藤自身の思いは、やはり「循環型共生社会」の構築というところへ行きつく。武夫に「土偶」呼ばわりされた秋田生まれの土民が考えることは、「農業」に根差した自立への道である。飢えている人たちに釣った魚をあげるのではなく、魚の釣り方を教えるというスタンス。そうした支援活動を国内はもとより、海外各地に広めていくのが今後のさらなる目標である。

うだるような暑さの中で、体を酷使して倒れる寸前まで働く。一杯のうまいビールを飲むために——。武夫が生きた五十七年間は、まさにそのような人生だった。人生とは、かくも面白く、明るく、元気に生きるものだということを身をもって示してくれた。武夫のような人物が三人いれば日本を変えられると周囲に話したこともあったが、そのような三人は今のところ現れそうにない。

全国に十二の本・支部、登録会員数七〇〇名、事業収入年間七千～一億円。ＮＰＯ法人地球市民の会の頂点に立つ佐藤は、武夫が終生言い続けてきた言葉を胸に地球市民運動を伝え続けていく覚悟である。感動なくして何が人生ぞ。友の憂いにわれは泣き、わが喜びに友は舞う……。

光り輝いて生きる

大野博之は、ミャンマーからの帰国後、地球市民の会の不安定な財政を支えてきた。ＮＰＯ法人としての生き残りをかけ、国内外の深刻な問題に焦点を当て、さまざまなプロジェクトを立案して国からの助成を引き出した。平成二十一年、地球市民の会は武夫の悲願であった国税庁認定の「認定NPO法人」となった。公的にも信用に足る組織として認められた。

平成十八年四月、障害者自立支援法が施行されたのに伴い、国内では障害者の就労支援事業が急速に広まった。ところが、発達障害や知的障害などの軽度障害者は見落とされがちで、仕事をしたくても叶えられずにいるケースが目についた。社会にアクセスできない「目に見えないバリア」。大野は赴任したミャンマーでも同じものを見てきた。彼らもまた貧しさゆえに教育の機会を失い、延いては就労の機会を逃していた。

大野は、社会的弱者に社会性（居場所）を獲得させ、保護される立場から社会を支える戦力にしたいと考え、平成二十六年五月、障がい者ビジネススクール「ユニカレさが」をJR佐賀駅の駅北に開設した。運転資金の二千万円は、有志からの出資金と銀行の融資で賄った。当初は地球市民の会の事業に組み込むことも考えた。しかし、国際協力を主とする地球市民の会が障害者福祉を行うことは会員の理解を得るのは難しい。そう判断し、副理事長の立場を保持しながら独立・起業する道を選んだ。

大野は今、社会的弱者のネットワークを国境を越えて構築できないかという視点から、途上国の人材育成に取り組む計画を進めている。ASEAN統合によって日本企業の海外進出が加速すれば、途上国にも日本企業のしきたりに合う人材が必要になる。いっぽう国内では農業や介護などの福祉分野で人材が不足している。日本語と農業と介護ができる人材を現地で育成し、日本に来て活躍してもらう。現地でも日本企業の戦力となって働いてもらう。従来のビジネスは飽和状態を迎え、これからは社会貢献活動とビジネスを両立させた「ソーシャルビジネスの時代」と言われている。それは、国際協力に長く携わり、目に見えないバリアを取り除く作業をしてきた地球市民の会の得意分野にほかならない。事務局長・理事として培ってきたノウハウを生かし、ニーズに対応していきたいと考えている。

神戸出身の大野は、何の因果か武夫と出会い、それがために佐賀の地を離れられなくなった。その佐賀は、四十七都道府県の魅力度調査で、毎年最下位近辺にランクされている。大野はそれを屁とも思っていない。観光客を呼ぶためのお金があるなら、それを使って自分たちで存分に楽しみたい。観光は光を観ると書く。地上にあるもので自ら光るものはない。すべて太陽の光を反射している。唯一、物質として自ら光ることができるもの、それは人。武夫はいつも「光り輝いて生きろ」と言っていた。光り輝けば、その周りに人が勝手に集まってくる。まずは自分たちが、ふんだんにある地元の資源・産物を楽しみ、まばゆい光を放って輝くことだ。

シンプルライフ

武夫は良くも悪くも人脈づくりの天才だった。人と人の輪をつくり、人から人への流れをつくり、流れの先に多くの幸福をもたらした。その恩恵をだれよりも享受しているのが自分ではないかと草場一壽は感謝する。

人脈づくりの根っこにあったのは、「おいは困っている人を助ける」という思想だった。百年以上前、和歌山の串本沖で地元民が難破したトルコの船を助け、その逸話がトルコの教科書に載った。何かあったときに手助けするのが人の心。「あんたん国、なんで困っとるとね、何が問題ね。そういう話し合いの席をつくらんといかん。どこの国の人間でも、誰でんいっしょさい」

深刻な問題を楽しく解決していこうというのが、「武にいちゃんの流儀」だった。

ネットワークを広げていく陰に人一倍の苦労があったことも忘れることができない。父の重治が存命中、前触れもなく家にやってきて話し込むことがあった。お金の悩み、活動の悩み。しんみり相談するのを一壽もそばで聞いていた。「きつか」。自分個人の生活ではなく、活動の資金が回っていかないことが苦しいと。ミュージシャンなら一回の公演で何万人もの人が集まるのに、自分たちはそうならない。世のため人のためと思ってやっているのは同じなのに、彼らの活動と何がどう違うのか。どうしてこんなに差が出るのか……。

「武夫君はどっちがよか思うか」

「派手に着飾ってやるのも面白かことは面白か。ばってんおいは、ノーマルが良かくさ。シンプルが良かくさ。そうね、シンプルライフね」

簡素であっても貧しくはない。小さい地域でどれだけシンプルに生きていけるか。「いのちのまつりばい」と武夫が言ったのは、生きとし生けるものすべてが、平たいいのちをつなげて生き続けられる世の中を創っていくということ。生まれた地域に密着し、地域を元気にしていくことが、本当の国の強さになっていくということ。二十年も三十年も前に言っていたその深いところの意味が、ほぼ同い年に達した今になって時代感覚としてわかってきた。若い人は都会にあこがれて地方から出ていく。地方は、都会生活に疲れた人たちが帰ってくるだけの場ではない。

「ぼくは、佐賀の、父の実家があったここを拠点にして陶彩画を広めていきたい。今ここで作ったものを外に売り出しにいくのではなく、世界中から、あなたたちが、ここに来て見てくださいと。そういう仕掛けを今からつくっていこうと思っている」。

つぼみから華に昇格

森永勝馬は、武夫の最期に「五分、間《ま》に合わなかった」。家族のすすり泣きが漏れる病室の入り口で踵を返し、一言お礼を言いたかったと唇を噛んだ。

平成十四年、森永の勤めていた会社は不渡りを出して倒産した。失業した森永を武夫は一年契約で雇ってくれた。当時、地球市民の会で専務理事という要職にあったが、まさか武夫から給料をもらう身分になるとは想像だにしていなかった。

森永は、最初の半年間を英語道場、あとの半年間を地球市民の会の事務局員として働いた。地球市民の会は、このころ特に厳しい財務状況に置かれていた。人件費を削るためにそれまで貢献のあった専従職員やアルバイトがレイオフの対象になった。

森永は運営面の改善に努力したが、思うに任せず、毎月給料をもらうたびに対価に見合う働きをしていないと自責の念にかられた。一年が瞬く間に過ぎ、契約期限となった三月末、最後の仕事を終えて武夫に挨拶に行った。

「迷惑ば、かけました」

「何ば言いよっか、あんたは迷惑なんかかけとらん」

「いや、かけてます、百パーセント」

「うんにゃ、かけとらん」

返す言葉がなかった。

五十三歳、森永は次の就職口を見つけなければならなかった。武夫の兄の和夫から、介護職がよかろうといくつかの施設を斡旋され、面接に臨んだ。最初に受けた特別養護老人ホーム「つぼみ荘」は、残念ながら不首尾に終わった。次に受けた介護付有料老人ホーム「ナーシング華」からは良い回答が得られた。さっそく武夫のところに報告に行った。

「つぼみやなくて華やけん。あんた、昇格できてよかったやっか」

まるで自分のことのように喜んでくれた。華を枯らしちゃいけん……。思い出すと、涙が止まらない。

武夫は、世の中で何か事が起きるたびに自ら先頭に立って行動を起こした。「人間は地球にとったらがん細胞やけん」。おごったらいけない、したい放題やっていていいわけがない。絶対しっぺ返しがくると、地球の救済を本気になって訴えた。モノとカネを求めてあくせくし、年に二〜三万人もの自殺者を出す日本社会を憂い、本当の豊かさを知りたいなら、タイに行け、ミャンマーに行け、行けばわかると言った。「人間は笑顔でいるのが本来の姿」。タイやミャンマーの子供たちのような素敵な笑顔を日本人は忘れていないか。本当の感動を忘れていないか。そんな武夫の声が、佐久間の耳に今なおびんびん響いてくる。

佐久間は、武夫がもう少し長生きしていたら、いろいろな人が教えを乞いに来ていただろうと思う。それこそ、「この世で光り輝く古賀様は、なんと佐賀におった武ちゃんやったか」と、地元からも認められる存在になったと思う。それくらいのことをした男だった。

悪友を失ってから、佐久間は、二十数年前に思いを馳せた。三十六歳だった昭和六十一年、佐賀県総合グラウンドで、土井美智子の立会いのもと、二人で千五百メートル走に挑んだ。四百メートルトラックを三周半ちょっと。最初の一周を佐久間はダーッとダダ走って五十メートルの大差をつけた。あとは開くいっぽう。佐久間が四分四十六秒で駆け抜けたあと、武夫は約三十秒遅れでゴールした。

佐久間が圧倒的勝利を収めた翌年、武夫は、無謀にも佐久間が得意とする長距離に挑んできた。「ハイウェイを走ろうフルマラソン大会」。高速道路が佐賀大和ＩＣから武雄ＩＣまで開通したときの一回こっきりの記念大会。フルマラソンは二人とも初挑戦だった。

佐久間は武夫に負けるわけがないと、後方から余裕綽々スタートした。並みいる敵をバンバカ追い抜き、折り返し点までは「絶好調！」。三時間は切れると見込んだが、折り返し点をすぎたあたりで急にふくらはぎがおかしくなった。我慢して走っていると、今度は腿がつりだした。まったく走れない。「仕方なか」。佐久間は歩け、歩けに切り替えた。

残りあと一キロ。トンネルを超えたところでやっとゴールが見えてきた。このまま歩いていけば五時間の制限時間内にぎりぎり間に合いそうだった。足を引きずり、歯を食いしばって歩いた。すると、どこかで見たようなふくらはぎが横を通った。ぱっと顔を上げたら武夫だった。

「先、行くけん」

止まってくれると思ったら、さっさっさー、さっさっさーと、そのままゴールしていった。佐久間は初めて負けた。

武夫はうさぎと亀のたとえ話をよくした。うさぎはなぜ亀に負けたのか。それはうさぎの目標が亀に勝つことだったのに対し、亀の目標は向こうのお山に到達することだったたから。周囲に惑わされず、自分のゴールを目指して、一生懸命こつこつ歩き続けたから。

武夫の話はここで終わらなかった。

「ばってん、亀さんは未熟だったんよ。どうして、うさぎさんを起こしてやらんかったんか。一人で歩くより、二人で歩くほうが楽しかろうもん……」

短距離走が得意な武夫は人生をダダ走っていった。競走相手がいなくなって、佐久間はつくづく寂しい思いがした。


生きていく上で二つ大切なことがあると思います。ひとつは、自分が本当に好きなことを見つけ、打ち込むことです。それがある人は、充実感があり、笑顔に溢れ、とても幸せな人だと思います。無理はいけません。楽に楽しんでやることです。好きなことなら徹夜してでもやるでしょう。あれです。

二つ目は、どんな結果が出ても、自分で選んだ道ですから、自分が責任を取ることです。決して人のせいにしてはなりません。自分の最善を尽くした結果ですから、表面上の勝ち負けは関係ありません。自分が頑張っていることを人がわかってくれない場合がたくさんあります。でも、自分はわかっている。それが大事です。人がなんと言おうと、亀さんのように自分のゴールに向かって突き進むことです。

　それから笑うことはとても大切なことです。いつも笑えるように好きなことをやってください。そして、周りの人も大いに笑わせてください。明るく笑いの絶えない人は、人から好かれます。人から好かれることは、生きるエネルギーになります。人間は一人では生きられません。（平成八年七月四日）

エピローグ

春、三月二十八日、地球平和道場の二階ラウンジに、大きな額に収まった武夫の遺影と淡いピンクの蕾をほころばせた桜の枝が飾られる。夕刻になると、酒をぶら下げて男たちが集まってくる。手料理をもって女たちが集まってくる。

徹夜で議論した顔がある。タイで涙した顔がある。英語スピーチで活躍し、空手で汗した顔がある。キャンプを楽しんだ親子がおり、飲んで気炎を上げた九州の同志がいる。みな床に車座になり、あるいはテーブル席に陣取って、武夫の生誕祭「武桜会《ぶおうかい》」を祝う。

一年を経ても、三年を経ても、七年を経ても、賑やかさは変わらない。七時をすぎ、八時をすぎ、九時をすぎても、県内外から駆けつけてくる。顔を出せば、わーっと歓声が上がる。誰が来ても、どんなに遅くなっても拒みはしない。それが武夫から引き継いだ流儀だからである。

一時間ごとに起立してハッピーバースデーを唱和する。「ディア古賀先生」、「ディア武夫ちゃん」、一時間ごとに呼び方を変える。

地球市民の会の創設期から苦楽を共にしてきた小原嘉文は、「この男はやっぱり特異な人間なのだ」と感じ入る。佐賀の財界人でも、亡くなってこれだけ長く盛大な偲ぶ会を続けた例を見たことがない。どんなに大きな会社を作っても、何百何千億の取り引きをしようと、ビジネスというのは取り引きが終わったらそれでおしまい。財界の大立者も逝ってしまえば、数年で忘れ去られてしまう。ここにはそれがない。

日付が変わる直前になると、佐賀県議会議員の江口善紀はそろそろ俺の出番と身構える。元早稲田の応援団。飲み会の締めは「江口」と決まっていた。

「ボリュームは、大中小とございますが」

「大、大、大、特大！」

神宮球場で張り上げた同じ蛮声で、武夫の遺影に「特大」のエールを送る。

フゥレーッ、フゥレーッ、古賀武夫！

フゥレーッ、フゥレーッ、古賀武夫!!

地球平和道場――かつてこの敷地にあった日本家屋で武夫は真っ赤な顔をして生まれてきた。年に一度、武夫は無礼講を許されて生まれたこの地に降りてくる。ビールを飲み、焼酎を飲み、日本酒を空け、午前零時、真っ赤な顔をして帰っていく。

See you next year.

また来年、笑顔で会いましょう。

あとがき

私が古賀さんに初めて会ったのは、平成八年二月、NTT総務部社会貢献推進室が発行する広報誌の取材で佐賀を訪れたときだった。そのころ古賀さんは、映画『人間の翼』の仕事にタッチされていた。取材前に映画を観てほしいと言われ、新宿区にある野口英世記念会館のホールで観賞してから出かけていったのを覚えている。

他の人たちが抱くのと違い、「穏やかな人」というのが初見の印象だった。武道者らしく背筋がしゃんと伸び、声は落ち着いていた。タイでの活動に話が及んだとき、「私は一日として、感動して泣かない日はない」と目を潤ませた。胸にじんとくるものがあった。

顔合わせのしっぽりとした取材を終えてから、「あぶさん」に誘われた。大勢の人たちが集まってきた。話の続きをじっくり聞くつもりが、喧騒にかき乱されて取材どころではなかった。酒が入った古賀さんは、昼間に涙を流した同じ人物とは思えなかった。大声で武勇伝を語り、周りの人間の話に茶々を入れて笑いの渦を巻き起こした。どんどん焼き上がってくる串焼きを腹に詰め、注がれるままにビールを飲んだ。河岸を変えてからも、日本酒をたらふく飲まされた。ホテルにたどり着いてから、ベッドの上で天井がぐるぐる回る苦しさに喘いだ。

三日間張り付いて書いた記事は、幸いにも気に入ってもらえた。以来、上京の折に声をかけていただくようになった。出かけていけば、いつでも佐賀での体験が再現された。

雑誌の締め切りに追われていた日の夜九時ころだった。古賀さんから電話があった。「今、新宿におるけん、どうね、来んね」「すいません、今日はどうしても――」「そうね」。十二時をすぎて再び電話が鳴った。「まだね、もう終わったやろが」。こちらも破れかぶれになり、担当編集者に頭を下げるほうを選ばざるを得なかった。

東京武道館で和道流の全国大会があった夏の日も、前夜に居酒屋に呼び出された。大会に出場する子供たちやお母さん、これに在京の古賀さんの知人を交えて賑やかに飲んだ。散会後にもう一軒回り、気がついたときには、古賀さんと二人、焼酎の瓶を一本抱えてホテルの一室になだれ込んでいた。ベッドの布団カバーをはがして床に敷き、その上にあぐらをかいて、パンツ一丁の古賀さんと飲み直した。何を話したのか他のことは覚えていない。ただ一つ、私が小説家になりたいと話したとき、「おいのば書いてくれんね」と頼まれた。酔った勢いで言ったのだろうが、この一言が私から離れなかった。

いつか詳しく取材して書こうと思っていた。いつのときも頭の隅に張り付かせていた。しかし、目先の仕事に取り紛れているうちに古賀さんは彼岸に渡ってしまった。どうしてもっと早く話を聞いておかなかったのか。わが身の愚かさを呪い、がんという病を恨んだ。

半年後、独り身の不摂生がたたって私もがんに倒れた。気力体力ともに衰え、郷里に帰って療養する道を選んだ。北海道の南西部、日本海に面した小さな漁業集落。私がやれそうな仕事は何もない。できることと言えば、懸賞小説に応募するくらいのものだった。時間がないないと忙殺されていた東京と違い、田舎にはありあまるほどの時間があった。腰を落ち着けてじっくり書けると喜んだが、時間があればあったで逆に何も書けなかった。部屋に飾った古賀さんの写真を見るたび、どうして早く……と同じ愚問を繰り返した。

平成二十六年の秋、函館に住居を借り、請負仕事の執筆にいそしんでいるときだった。平成八年の取材に同行していただいた有澤正典氏（株式会社ナチュラル社長、地球市民の会東京会長）から電話があり、古賀さんの本を出すことになったので書いてもらえないかと頼まれた。どういう経緯で私にお鉢が回ってきたのか。そんな疑問が頭を掠めるより先に承諾の返事をしていた。古賀さんが亡くなってから六年の歳月が流れていた。

三月二十八日の「武桜会」が営まれた日に、十九年ぶりに佐賀を訪れ、そこからゆかりのある方たちへの取材が始まった。私などより多くの時間を古賀さんと過ごし、また多くの思い出を胸に刻んでいる方たちを差し置いて、私にいったい何が書けるというのか。取材中も執筆中も、出過ぎた真似をしたとの後悔で胸が苦しくなることもあった。ただ、ともに過ごした時間は限られていたとはいえ、執筆中は古賀さんと毎日いっしょに行動しているような感覚をもった。書きあぐねて手が止まったときは古賀さんの写真を仰ぎ、語りかけてくるのを待った。そんなことで筆は遅れ、予定時間を大幅に超過してしまった。脱稿したときは、重責から解放されたうれしさよりも、古賀さんが「じゃあ」と立ち去っていくような一抹の寂しさを感じた。

古賀さんの人脈の一パーセントにも満たない中から、何を聞き得てどこまで描き切れたのか心許ない。到底、十分とは言いがたい。私自身、古賀さんの口から直接聞いて最も印象に残っているのは、「人間に与えられた唯一絶対の権利は、人を幸せにする権利である」という言葉である。実際、古賀さんはその権利を最大限に行使するために立ち上がった。世界の紛争や貧困、地方の衰退、地球環境破壊などの諸問題を我が事として捉え、国に一任せず、民間の草の根の力で、「昭和・平成維新」ともいうべき世直し改革を推し進めた。人、社会、自然、いのちが、あるがまま、力強く、豊かに、そして笑顔のうちに生と死をまっとうできるように——。古賀さんのような「いひゅうもん」が各地に現れ、ムーブメントを引き起こすなら、深刻に語られる諸事の未来も明るい方向に転じていくに違いない。それこそ、これも古賀さんの言葉を借りるならば、「平和への大志を抱く品格を備えた世界のリーダーよ、出でよ」ということになる。

とにもかくにもこうして一冊の本が出来上がった。これもひとえにご家族やご親族、生前の関係者のご協力があればこそである。とくに有澤氏と大野博之氏には取材の手配から何から何まで一方ならぬお世話になった。お話を伺いながら本書でご紹介できなかった方たちも大勢いる。この場を借りて心からお礼申し上げる次第である。

平成三十年吉日　橋本和喜

古賀武夫の歩み

一九五〇（昭和二五）年	三月二十八日、佐賀市に生まれる（七人兄姉弟の六番目）
一九六八（昭和四三）年	佐賀西高校卒業（陸上部主将）
一九七三（昭和四八）年	東京外国語大学仏語科卒業（空手部主将）
一九七五（昭和五十）年	フランス・ディジョン大学留学（哲学）、佐賀西高校英語講師
一九七六（昭和五一）年	佐賀フランス研究会設立　会長就任
一九七八（昭和五三）年	東松浦高校英語教諭、カナダ・ウィンザー大学留学（比較思想）
一九七九（昭和五四）年	カナダ・マクマスター大学留学（比較思想）
一九八〇（昭和五五）年	佐賀日仏文化会館・古賀英語空手道場開設、洋子夫人と結婚
一九八三（昭和五八）年	七月、地球市民の会設立　事務局長・副会長就任
一九八六（昭和六一）年	小さな地球計画開始
一九八七（昭和六二）年	日タイ協力事業開始
一九八八（昭和六三）年	日韓交流プログラム「かちがらす計画」開始
一九九〇（平成〇二）年	地球市民奨学金（タイの奨学金）開始
一九九一（平成〇三）年	愛媛地球市民の会設立、地球市民の会熊本設立
一九九二（平成〇四）年	テラトピア計画開始、人間の持つべき文明・テラアピール発表、西サモア訪問
一九九三（平成〇五）年	嬉野地球市民の会設立、北海道地球市民の会設立、地球市民の会東京設立、地球共感シンポジウム、アジア太平洋協力会議実施、タイ里親ツアー開始、地球市民の会会長就任
一九九四（平成〇六）年	地球市民の会かながわ設立、地球市民みえの会設立、ベトナム奨学金開始、佐賀ユネスコ協会設立

一九九五（平成〇七）年	地球市民の会ふくしま設立、阪神・淡路大震災支援事業、スリランカ協力事業開始、映画「人間の翼」製作協力
一九九六（平成〇八）年	「人間の翼」九州上映委員会代表就任、鳥栖地球市民の会設立
一九九七（平成〇九）年	地球市民セミナー開始、新潟中越沖地震支援事業
一九九八（平成一〇）年	地球市民の会ぎふ設立
一九九九（平成一一）年	地球市民の会福岡設立、北九州地球市民の会設立、肝臓がん発病
二〇〇〇（平成一二）年	スリランカ小規模水力発電所建設
二〇〇一（平成一三）年	アメリカ同時多発テロ事件を考えるシンポジウム開催
二〇〇二（平成一四）年	ＮＰＯ法人格取得、地球平和道場竣工
二〇〇三（平成一五）年	ミャンマープロジェクト開始、肝臓がん再発
二〇〇四（平成一六）年	絵本「いのちのまつり～ヌチヌグスージー」監修、夢の学校設立準備委員会代表就任、零戦復元委員会代表就任
二〇〇五（平成一七）年	スリランカ津波支援事業、ミャンマー森林復元事業開始、夢の学校をつくる会理事長就任
二〇〇六（平成一八）年	地球市民の会神戸有頂天倶楽部設立、京都地球市民の会設立
二〇〇七（平成一九）年	新潟中越沖地震支援事業、肝臓がん悪化
二〇〇八（平成二〇）年	三月十七日永眠（享年五十七）

主な受賞歴

［地球市民の会］

サントリー地域文化賞（昭和六十三年）
国際交流基金地域交流振興賞（平成元年）
ノルマ賞　タイ王国文部省チェンライ県生涯学習局（平成四年）
タイ王国文部省教育功労賞（平成五年）
県政功労者知事表彰（佐賀県）、小さな親切運動実行章（平成六年）
自治大臣表彰（平成八年）
厚生大臣感謝状（阪神大震災救援）（平成八年）
（財）佐賀国際交流協会感謝状（平成十二年）
臺湾苗票懸長感謝状（臺湾中部大震災被害者支援活動）（平成十二年）
外務大臣表彰（平成十二年）
モンゴル国立子供センター寒害救援感謝状・メダル（平成十二年）
駐日パキスタン大使館アフガン難民救援感謝状（平成十四年）
西日本国際財団アジア貢献賞（平成十五年）
地球倫理推進賞（平成十八年）
文部科学大臣奨励賞（平成二十年）

［個人］

千嘉代子賞国際ソロプチミストクラブ佐賀リージョン（昭和六十三年）
日本青年会議所日本ＴＯＹＰ大賞国際交流特別賞（平成二年）

佐賀県スポーツ少年顕彰・指導者表彰（平成十二年）
日本文化振興会社会文化功労賞（平成十二年）
佐賀新聞文化奨励賞（平成十三年）

主な資格

国連英語検定特A級
実用英語技能検定一級
通訳技能検定英語二級
フランス語フランス国家検定二級
和道流空手道連盟七段・錬士準師範
（財）日本空手道連盟公認三段

著書

「ツイアビ－南海の酋長を訪ねて」（平成四年）
「志と品格－光り輝いて生きる」（平成十二年）
「敬天愛人－一隅より世を照らさん」（平成十三年）
「一所懸命　恩返し」（平成十四年）
「生かし生かされ　生かされて生きる」（平成十四年）
「ひっとでた!!　見よ、このエネルギー」（平成二十二年）

特定非営利活動法人「地球市民の会」

◎地球市民の会
〒840-0822　佐賀県佐賀市高木町3-10
会長／佐藤昭二　理事長／山口久臣　事務局長／岩永清邦
TEL：0952-24-3334　FAX：0952-26-4922
HP：http://tpa.nk-i.net　E-mail：office@tpa.nk-i.net

◎地球市民の会東京
〒103-0012
東京都中央区日本橋堀留町1-5-12
ヤシマ日本橋ビル5F
（株）ナチュラル内
会長／有澤正典　事務局長／佐藤敏行
TEL：03-3662-0331
FAX：03-3662-0400
E-mail：arisawa@nun.co.jp

◎地球市民ACTかながわ
〒231-0821
神奈川県横浜市中区本牧原3-1-203
会長／近田真知子　事務局担当／伊吾田善行
TEL・FAX：045-622-9661
E-mail：port@tpak.org

◎地球市民の会ぎふ
〒501-2104
岐阜県山県市東深瀬213-4
平井八重子様方
会長／森幹治　事務局担当／平井八重子
TEL：058-391-5415
FAX：058-391-8600

◎地球市民みえの会
〒514-1138
三重県津市戸木町7114 秋葉商店内
会長／伊藤洋之　事務局担当／秋葉幸伸
TEL：059-256-2615
FAX：059-256-5395
E-mail：akibashouten@za.ztv.ne.jp

◎神ノ戸有頂天倶楽部
〒657-0045
神戸市灘区下河原通り3-4-3
会長／松元隆司　事務局担当／大西陽治

◎愛媛地球市民の会
〒799-0712
愛媛県四国中央市土居町入野859-1
会長／森高康行　事務局担当／久保浩作

◎北九州地球市民の会
〒802-0006
北九州市小倉北区魚町1-5-14 中央会館2F
会長／河野一郎　事務局担当／大山研児
TEL：093-521-8181
FAX：093-551-2296

◎地球市民の会福岡
〒814-0164
福岡市早良区賀茂2-30-4 （株）増屋内
会長／増田誠司　事務局担当／西村和寿
TEL：092-801-5888
FAX：092-801-5789

◎（一社）アイ・オー・イー
〒861-8039
熊本市長嶺南2-5-31
会長／池永憲貞　事務局担当／富田、田中
TEL・FAX：096-387-7139

◎古賀英語・空手道場
〒840-0822
佐賀市高木町3-10
TEL：0952-25-2295
FAX：0952-26-4922

◎夢の学校
〒840-0822
佐賀市高木町3-10
TEL：0952-22-6262
FAX：0952-26-4922

◎障がい者ビジネススクール
ユニカレさが
〒840-0801
佐賀市駅前中央1-13-5
TEL：0952-20-1333
FAX：0952-20-1334
E-mail：ono@unicolsaga.or.jp
HP：http://unicolsaga.or.jp

橋本和喜（はしもと・かずよし）
　1959年北海道生まれ。東北大学文学部東洋史科卒業。出版社勤務を経て、1993年よりフリーに。教育・医療分野を中心としたルポルタージュを多数手掛ける。2008年に活動拠点を郷里に移し、小説や童話などの創作活動に専念。
　著書に『ヘタな人生論よりやっぱり「論語」』（河出書房新社）などがある。

地球を翔《かけ》た異風者《いひゅうもん》　古賀武夫伝

二〇一八年六月十五日初版第一刷発行

著　者　橋　本　和　喜
発行者　福　元　満　治
発行所　石　風　社
福岡市中央区渡辺通二―三―二十四
電　話　〇九二（七一四）四八三八
ＦＡＸ　〇九二（七二五）三四四〇

印刷製本　シナノパブリッシングプレス

ジェローム・グループマン

医者は現場でどう考えるか

美沢惠子　訳

「間違える医者」と「間違えぬ医者」の思考はどこが異なるのだろうか。臨床現場での具体例をあげながら医師の思考プロセスを探索する医療ルポルタージュ。診断エラーをいかに回避するか——患者と医者にとって喫緊の課題を、医師が追求する　【6刷】2800円

冨田江里子

フィリピンの小さな産院から

近代化の風潮と疲弊した伝統社会との板挟みの中で、多産と貧困に苦しむ途上国の人々。フィリピンの最貧困地区に助産院を開いて13年、一人の助産師の苦闘の日々を通して、人間本来の豊かさとは何かを問う奮闘記　【2刷】1800円

阿部謹也

ヨーロッパを読む

「死者の社会史」、「笛吹き男は何故差別されたか」から「世間論」まで、ヨーロッパにおける近代の成立を鋭く解明しながら、世間的日常と近代的個に分裂して生きる日本知識人の問題に迫る、阿部史学の刺激的エッセンス　【3刷】3500円

斉藤泰嘉

佐藤慶太郎伝　東京府美術館を建てた石炭の神様

日本のカーネギーを目指し、日本初の美術館を建て、戦局濃い中「美しい生活とは何か」を希求し続けた九州若松の石炭商の清冽な生涯。「なあに、自分一代で得た金は世の中んために差し出さにゃ」。佐藤新生活館は現在の山の上ホテルに　【2刷】2500円

長崎県立大学学長プロジェクト〔編〕

波佐見焼ブランドへの道程《みちのり》

江戸時代　日本中を席巻した「くらわんか碗」四百年の伝統を持つ波佐見。生活食器の販売が伸び悩むなか、産地として今後どのような方向をめざすのか。窯元、陶芸家、商社、行政、教育機関関係者らが波佐見焼の歴史と課題、ブランド化への戦略を語る　1500円

原　寛

原三信と日本最古の翻訳解剖書

一六八六年、筑前藩医の六代三信は、長崎・出島にて蘭方外科医の免状を受けた際、ヨハン・レメリン著『小宇宙鑑』の翻訳解剖書（本木庄太夫訳）を写した。一七七四年刊行の『解体新書』に先立つこと87年。日本最古の翻訳解剖書写本である。口絵24頁付　1000円

＊表示価格は本体価格。定価は本体価格プラス税です。

臼井隆一郎

アウシュヴィッツのコーヒー　コーヒーが映す総力戦の世界

「戦争が総力戦の段階に入った歴史的時点で（略）一杯のコーヒーさえ飲めれば世界などどうなっても構わぬと考えていた人間が、どのような世界に入り込んで苦しむことになるかの典型例をドイツ史が示していると思われる」（「はじめに」より）　【2刷】2500円

成《ソン》　元哲《ウォンチョル》［編著］

終わらない被災の時間　原発事故が福島県中通りの親子に与える影響《ストレス》

牛島佳代／松谷　満／阪口祐介［著］

見えない放射能と情報不安の中で、幼い子どもを持つ母親のストレスは行き場のない怒りとなって、ふるえている——。避難区域に隣接した福島県中通り九市町村に住む、幼い子どもを持つ母親（保護者）を対象としたアンケート調査の分析と提言　1800円

あごら九州　編

あごら　雑誌でつないだフェミニズム　全三巻

世界へ拓いた日本・フェミニズムの地道な記録——一九七二年～二〇一二年の半世紀にわたり、全国の女性の声を集め、個の問題を社会へ開いた情報誌『あごら』とその運動の軌跡。主要論文をまとめた一・二巻、『あごら』の活動を総括した三巻の三部構成　各2500円

農中茂徳

三池炭鉱　宮原社宅の少年

昭和30年代の大牟田の光と影。炭鉱社宅での日々を少年の眼を通して生き生きと描く。「宮原社宅で育った自分史が、そのまますぐれて希少な地域史となり、三池争議をはさむ激動の社会史の側面をもっている」（東京学芸大学名誉教授　小林文人）　【3刷】1800円

吉川　敦

〈進学校〉校長の愉《たの》しみ　久留米大学附設での9年

「不健全な業界人」でなく「健全なる素人」をめざせ——一数学者が、不思議な縁で〈進学校〉の校長となり、若者たちと向き合い考えた。目次／校長とは何をする人ですか／附設と現代史／昔の校長先生／さて、わたくしの場合／式辞類　他　2000円

内田良介

子どもたちの問題　家族の力

不登校、非行、虐待、性的虐待、発達障害、思春期危機……子どもたちが抱えるさまざまな問題に大人と家族はどう向き合えるか。長年の児童相談所勤務を経て、スクールカウンセラーを務める著者がまとめた、子どもと家族の物語　2000円

＊読者の皆様へ　小社出版物が店頭にない場合は「地方・小出版流通センター扱」か「日販扱」とご指定の上最寄りの書店にご注文下さい。なお、お急ぎの場合は直接小社宛ご注文下されば、代金後払いにてご送本致します（送料は不要です）。